陈汝惠研究

本书编委会 编

图书在版编目（CIP）数据

陈汝惠研究/本书编委会编.
—北京：人民教育出版社，2010
ISBN 978-7-107-22789-9

Ⅰ.陈…
Ⅱ.陈…
Ⅲ.陈汝惠（1917～1998）—纪念文集
Ⅳ.K825.46-53

中国版本图书馆CIP数据核字（2010）第104586号

人民教育出版社出版发行
网址：http://www.pep.com.cn
北京嘉实印刷有限公司印装　全国新华书店经销
2010年6月第1版　2010年7月第1次印刷
开本：787毫米×1 092毫米　1/16　印张：21.5　插页：1
字数：308千字　　印数：0 001～1 500册

定价：33.70元

如发现印、装质量问题，影响阅读，请与本社出版科联系调换。
（联系地址：北京市海淀区中关村南大街17号院1号楼　邮编：100081）

目录

序：研究是最好的纪念 　　　　　　　　　陈佳洱/ 1

第一编　陈汝惠教育思想研究

一部具有前瞻性的家庭教育教科书
　　——陈汝惠《父母与子女》评介 　　　　林丽珠/ 2

陈汝惠及其《父母与子女》 　　　　　　　吴晓莉/ 27

一本富有科学性和实用性的好书
　　——读陈汝惠先生的《父母与子女》有感 　　余文森/ 37

关于成长与健康的经典之作
　　——《父母与子女》读后感 　　　　　　黄文川/ 41

喜于书海得遗珠
　　——陈汝惠家庭教育思想浅析 　　　　　廖晶晶/ 45

陈汝惠与我国第一部《高等学校教育学讲义》 　林其泉/ 52

再谈陈汝惠与我国第一部《高等学校教育学讲义》 林其泉/ 55

试论陈汝惠的高等教育理念
　　——以《高等学校教育学讲义》为例 　　周建昌/ 60

以科学实践理论指导教育科研的先驱者
　　——纪念陈汝惠先生　　　　　　　　　　　　　李正心／73
陈汝惠关于教学过程之理论原则与实践的主张　　　乃　贺／84

第二编　陈汝惠文学创作研究

有一页尘封的历史
　　——《陈汝惠文集》读后　　　　　　　　　　应锦襄／94
新中国成立前陈汝惠先生在上海的文学创作活动　　陈梦熊／102
爱国作家陈汝惠　　　　　　　　　　　　　　　　沈　寂／108
革命途中的献祭与超脱
　　——陈汝惠小说论　　　　　　　　　罗振亚　于　倩／115
论陈汝惠小说创作的主题　　　　　　　　　　　　余　娜／128
迷惘中的人生探寻
　　——论陈汝惠的教育小说　　　　　　　　　　孙德喜／132
历史的回音　心路的旅程
　　——反思陈汝惠小说的知识分子形象　　　　　杨理佩／139
论陈汝惠小说中的知识分子形象　　　　　　　　　高博涵／146
陈汝惠小说创作的文化影响　　　　　　　唐　琰　刘　洋／154
陈汝惠小说的文化蕴涵　　　　　　　　　　　　　朱郁文／164
论《风尘》中的主人公周天池　　　　　　　　　　廖丽华／172
水底鱼龙欲奋扬
　　——陈汝惠小说创作的异彩　　　　　　　　　苏永延／181
"孤岛"知识分子的爱情和国家责任
　　——论陈汝惠的战时小说　　　　　　　　　　方维保／185
生动的人物　优美的语言
　　——试论陈汝惠小说的艺术特色　　　　　　　涂萤萤／193
论陈汝惠先生文学评论的艺术　　　　　　　　　　姚　楠／200

抗日　爱国　心向共产党		
——陈汝惠杂文浅谈	郭启宗/	206
陈汝惠先生杂文艺术论	李映雪/	213
陈汝惠先生从事抗日和革命活动及文学创作教学研究的初步考证	朱晓明/	218

第三编　怀念与记忆

这样的知识分子形象是厦大的骄傲	朱崇实/	226
陈汝惠老师的精神遗产胜谈	庄钟庆/	228
悲怆十年祭		
——纪念厦门大学教授陈汝惠	陈慧瑛/	232
怀念大学时代的陈汝惠老师	周勇胜/	240
怀念陈汝惠先生	卢润祥/	245
怀念恩师陈汝惠先生	苏景昭/	247
斯人已逝　慈颜永驻		
——纪念陈汝惠先生	苏永卫/	252
师恩重如五老峰		
——忆陈汝惠教授二三事	孙立川/	254
默默为厦门大学耕耘的园丁		
——陈汝惠老师	朱立文/	258
谈陈汝惠的为人与做事	陈伟钉/	264
敬挽陈汝惠先生	王翼奇/	270
怀念陈汝惠教授	罗耀九/	271
陈汝惠教授创作及学术研究研讨会感赋	陈升法/	272
陈汝惠赞	林其泉/	273
陈汝惠教授十周年祭		
——此赋代记先生危苦之思	林丽珠/	274
祭陈汝惠先生文	陆文虎　孙立川/	277

百感交集 思念与感谢 .... 陈佐洱/ 279
回忆父亲 .... 陈佐沂/ 282
再见爷爷 .... 陈 晴/ 287

附 录

陈汝惠年谱 .... 李荷珍/ 292
陈汝惠著作及文章目录 .... 周建昌 朱立文/ 296
陈汝惠研究论文编目（部分） .... 周建昌/ 327

序：研究是最好的纪念

序：研究是最好的纪念

陈佳洱

陈汝惠是我的小叔父，是我少儿时期父辈中最亲近的长者之一。那时因家境比较贫寒，父母为一家六口的生计在上海市区辛劳奔波，我被寄放在宝山罗店镇庙后街的老家由祖母抚养。父辈中年纪最轻的小叔父，经常在半工半读之余回老家来看望和陪伴我们祖孙俩。我至今还留存一张他抱着我去镇上杨王庙游玩的照片，依稀记得当时的情景。

宝山位于上海市的东北部，面临黄浦江出海口，是兵家必争之地。1932年，"一·二八"事变爆发，我们不得不逃难到上海市区（1937年8月13日，日寇再次在上海发动战争，老家被炸成一片焦土）。全家迁居到市区之后，父母经常工作到深夜，往往是小叔父来给我讲故事，哄我入睡。

小叔父年轻时在大夏大学念的是教育心理学，同时热爱科学，常在儿童书局出版的《常识画报》等刊物上发表一些科普作品。我识字之后，喜爱阅读父亲陈伯吹主编的各种少儿期刊，有一篇小叔父写的瓦特是怎样发明蒸汽机的故事给我留下了非常深刻的印象。他和我父亲对科学的热情在我幼小的心灵中撒下了一颗爱科学的种子。

我考入位育中学后，由于学校离小叔父的家较近，就寄住在他那里，和堂弟佐洱同住一室。位育中学的理科师资力量特别强，老师们的言传身教引导我进一步走近科学。高中时，我和王洪等四位同班同学组织了"创造社"，开展课余的无线电制作活动，因而就不时要在家里占用小叔父写作用的书桌。他不但从不嫌我麻烦，还让我从简单的矿石机、电子管单管收音机，一直做到先进的多管超外差收音机。每次他总是要我把电路焊完、调试好等，还鼓励我在技术上要精益求精。周末我父亲来接我回家时，他还表扬我有不怕失败的精神，说我有毅力。

1950年，我中学毕业后，在父亲指导下，报考了老解放区的大连大学工学院电机系。当时没有寄发录取通知书的做法，我只能在指定的日子里从报纸的发榜名单里自找名字。那天我硬是找不着自己的名字，只找到一个与我相似的"陈佳淳"，急得都哭了。小叔父一边安慰我，一边亲自到设在上海交大的华东区招生办公室了解情况，结果发现果真是报纸印错了一个字，"陈佳淳"本应是陈佳洱！我启程去大连上大学之前，小叔父专门带着小婶母和佐洱等三位堂弟到我们家来，和大叔父母、瑾瑜妹妹等一起照了一张半个多世纪来唯一的一张合家欢。

不久小叔父就南下厦门大学任教，和我长期保持南北信件往来，关心我在大学的学习情况，还曾托人买了一把计算尺邮寄给我，鼓励我好好学习。

小叔父是一位令人十分敬仰的热血抗日志士、爱国教育家、作家。上海被日寇占领之后，在全国抗日救亡运动的影响下，年仅20出头的他就在担任中、小学教师的同时，冒着生命危险投身地下抗日斗争。记得在上世纪40年代初，我因就读于新闸路西区小学，不时就近到西摩路他的家小住，亲眼看到他虽新婚不久，却常因参加地下工作深夜不归，使得小婶母为他的安全而万分焦虑。我上高小时，父亲只身绕道前去内迁到重庆北碚的国立编译馆工作并在复旦大学任教，我和母亲只能留沪住到外婆家。那时日本宪兵公开张榜通缉小叔父，严密搜捕，甚至把在华山路医院治病的我母亲关押到有禁闭设施的精神病房中，对她进行严密监视和审问。小叔父通过各种关系请爱国的医生、护士保护她，同时也扶老携幼、东躲西藏。由于叛徒出卖，情况十分危险，但他依然决定留在上海坚持抗日活动。出于对我的关心，只要环境稍有好转，小叔父就从外婆家把我接去小住几天。我还记得，入夜后，他数次带上我去附近的杜美大戏院看电影，并借电影放映时的黑暗与有关人员接头。他的大胆、机智令我非常钦佩。有一次，他戴上墨镜，用自行车带着我从日本宪兵司令部门口从容穿过，

序：研究是最好的纪念

还轻声对我说:"他们不是要抓我吗？我偏要从他们的大门口过一过，看看他们有多大的本事!"

抗战胜利后不久，小叔父就和中共地下党恢复了联系，一方面在大夏大学教书，一方面兼任上海《正言报》教育版主笔。他在《小言》专栏发表大量反饥饿、反迫害、反内战的时事随笔、杂文，受到来自南京教育部和市政府的训斥，被迫离职。1947年，国民党和三青团搞"党团合并"，利诱他当合并后的国民党市党部委员。他始终没加入过国民党，不但坚决拒绝了这一"好机会"，而且公开登报声明退出三青团，甘守清贫。做出这样的决定，在当年是要有巨大勇气的!

在上海地下党和民主进步人士马叙伦等的影响下，小叔父越来越认清国民党反动派专制腐败的丑恶面目。他着手创办上海市立江湾中学，把它作为实践先进教育思想的新型中学实验基地。在我父亲的推荐下，他聘用了一批有名望的思想进步的骨干教师。该校的训导主任、教导主任及学生会负责人都由地下党员担任。我寄住小叔父家时，不时见到孔另境、钱今昔、汪刃锋等上海有名的作家、木刻家和共产党员丁惠兰等到他家里来访问、商谈。他们都成了小叔父的知心好友。在小叔父等的共同努力下，远离市中心的江湾中学，在不长的时间里就变成了充满生气、小有名气的中学。为此，小叔父上了国民党市府警察局长的格杀勿论的"黑名单"。

为了发展进步的文化教育，为了与反动派的独裁统治作斗争，小叔父笔耕不止。常常，我入睡时看见他在书桌旁伏案疾书，清晨起床时他还坐在那里孜孜不倦地写着。他的辛劳付出，换来一批如《长短集》《三人行》《中学国文教学的研究》等书籍的出版，对当时社会文化的进步产生了积极的影响。父辈的这种敬业献身精神也是激励我毕生不断进取的重要精神力量。

1949年5月上海解放了。在共产党的领导下新上海处处充满生机，那一段时间小叔父的心情特别好。我放学回到家时，不时听到他哼着"解放区的天是明朗的天……""解放区呀好地方……"等流行的革命歌曲。他和父亲都鼓励我在学校要靠近组织，争取进步。正是在他们的鼓励下，我在1949年年底加入了新民主主义青年团，那一年我才15岁。第二年秋，小叔父在教育部部长马叙伦的建议和推荐下，满腔热情地跟随厦门大学校长王亚南去厦门大学任教了。后来，虽然我一直在北京大学工作，两地相隔数千里，但我永远不会忘记小叔父给予我的关爱和教育，也永远敬仰他热爱祖国、献身文教事业的精神。

"文革"时期，听说小叔父因历史问题蒙受不白之冤，遭到迫害。由于那时我和父亲也都在挨"批斗"，接受隔离审查，尽管我们心里为他叫屈，为他的遭遇愤愤不平，但也无力为他申辩。好在在粉碎"四人帮"、全国"拨乱反正"之后，他也终于重见了天日。

研究是最好的纪念。2008年10月，在小叔父逝世十周年之际，厦门大学人文学院、教育研究院和海外教育学院还联合举办了"陈汝惠教授创作与学术研究研讨会"。会议开得很好，老师们对陈汝惠教授近半个世纪以来在教育与文学领域的贡献做了深入研究和如实评价。这说明学术就是学术，历史就是历史，公道自在人心。我想，小叔父一定会含笑于九泉之下。

研讨会后，承厦门大学校方美意，《陈汝惠研究》的征稿、编选、出版事宜被提上了日程。看着即将付印的文稿，感慨很多。感谢人民教育出版社编辑的辛苦工作，以及厦大领导和众多师生的支持和帮助，特别是林其泉老教授等的仗义直言和严谨学术态度，让很多真相得以澄清，很多真实得以为人们知晓。还要感谢《中国新闻周刊》的蔡如鹏记者，他不辞劳苦，奔波于北京、厦门、杭州，调查采访，写出了公正客观的报道。

是为序。

2010年2月于北京

（本序作者为中国科学院院士、第三世界科学院院士、原北京大学校长）

第一编
陈汝惠教育思想研究

一部具有前瞻性的家庭教育教科书

——陈汝惠《父母与子女》评介

林丽珠

联合国教科文组织以埃德加·富尔为首的国际教育发展委员会于1972年5月完成了《学会生存——教育世界的今天和明天》的研究报告。该文随后被译成33种文字出版。这标志着包括家庭教育在内的现代终身教育思想的形成，并在各会员国及全世界引发了传统教育观念的革命性变革，被认为"可与哥白尼日心说带来的革命相媲美，是教育史上最重要的事件之一"。

现代的父母背负着沉重的家庭教育包袱。他们往往不知道怎样教育自己的孩子，该说些什么，做些什么，有的网友说："我上网就是为了寻找到更多更好的教育方法，希望自己在教育孩子时能有备无患。但是事实上，这些方法，有时却根本用不上。一方面当孩子真的有了问题，我一急，就顾不上什么方法了；另一方面，有时搞不清什么时候该用什么办法，有些'教子妙招'不够具体，我不知道怎样应用。"据一些政府机构、科研单位和调查公司所进行的调查，尽管规模各异、方法不同，结论却非常一致：目前的家庭教育存在许多误区，至少有三分之二的家长教育不得法。家长的教育方式大体分为四类：1. 过分保护型（30%）；2. 过分干涉型（30%）；3. 严厉惩罚型（10%）；4. 温暖理解民主型（30%）。另外，据广州市穗港青少年研究所的一项最新调查显示：十年来（1995~2004），广州青少年对父母教育方式的不满率由23.2%增长到42.8%，呈直线上升趋势。

第一编 陈汝惠教育思想研究

上述调查的结果实在发人深省,家庭教育的重要性已经不容置疑。儿童是一个国家和民族的未来。家庭教育是儿童教育的基础,甚至对其人生起着决定性作用。所以,沉甸甸的现实要求我们的家长和教育工作者必须研究家庭教育学,提供切实可行措施,以挽狂澜于未倾。新近笔者无意间发现了一部被尘封半个多世纪的优秀的家庭教育教科书——陈汝惠先生的《父母与子女》。读后感触多多,我以为这是为人父母和准备为人父母的朋友首选的必读之书;青少年教育工作者也都应该来读一读这本书。

1946年,以一位关注民生、热爱祖国、对社会有高度责任感的作家的敏锐的眼光,在亲历八年抗战的苦难之后,陈汝惠先生对人类社会的一些核心问题进行了严肃认真的思考,研究了一系列关乎整个人类命运的重大课题,同时,于抗战胜利翌年著成《父母与子女》一书。当时陈汝惠先生是上海《正言报》教育版编辑、主笔。他利用该版开辟的"家庭教育新论"专栏,连载了《父母与子女》的篇章长达三个多月之久,以征求广大读者的意见。结果引起了社会的广泛关注。1947年,上海商务印书馆将《父母与子女》编辑成书出版。新书刚一问世即得到大夏大学教育学主任、教育界名流张耀翔的激赏。31岁的陈汝惠先生即被敦聘为该校副教授,1950年,又由新中国首任教育部长马叙伦推荐给新任厦门大学校长王亚南,后随往厦门大学报到,并任教育系副教授。由此可见,该书曾经是如何受到出版界、教育界的器重。可惜!1960年之后,由于极左路线的迫害,陈先生无端遭受严重打击。因人废言,《父母与子女》一书也从此消声匿迹。所幸1971年,台北商务印书馆再版此书。现在台湾各师范院校、各中小学图书馆皆有此藏书。

为讨论之便,先将全书目录提供如下:

《父母与子女》主体部分共七章。之前有"引言"、之后有"尾声",篇外还备有一份"附录",全书总共包括十个部分。

"引言"——我们要教子女过着合理的生活,就要懂他,爱他。了解是智慧,爱是力量、正义、美。——这是作者为本书所定的基调,也是贯穿全书的灵魂。"尾声"——贤父良母座右铭(录自教育杂志第三十卷第一期世界著名教育杂志摘要栏)。陈先生在此有个提示:"如果一个贤明的家长也就是一个良好的教师的话,如果家庭生活也就是学习的生活的话,那么一切良父贤母,就不能不熟读'优良教师的座右铭'来为子女生活指导上的重要的参考。"可见虽然是"尾声"仍然余音缭绕,不应忽视而应反复熟读、常备不懈,作为指导子女生活的法宝。"附录"——陈先生也有提示称:这是"美国哥伦比亚大学心理学教授吴伟士的情绪测验,是测验心理变态的最好的工具,虽然这不能算是量表,然而它有量表的意义"。

从以上这些书后所附资料的选用和说明的细微末节处,足可见作者之良苦用心啊!

第一章 家庭的组织

——父母与子女构成了最原始的社会细胞,不仅因为有生理、伦理、心理、经济上的关系,而是为着自然法则的服从。

第二章 人格的形成

——儿童人格的发展,基于遗传的本质、环境与机会、与适应的方式之上,在完整生活中,遗传与环境的势力,又彼此"矛盾"而"统一"着。

第三章 养护第一

——养护为教育工作的第一页,家庭为最理想的养护环境。

第四章 环境与倾向

——如果遗传本质是生命的种子,环境即是促使萌发决定其生长的种种条件。

环境的势力与环境分析;父母的人格与子女默化;父母的教管与子女训练;父母的工作与子女兴趣;父母的经济与子女活动。

第一编 陈汝惠教育思想研究

第五章 心理秘密的发掘

——问题儿童的合理解决,是心理秘密的发掘,教育功能的奇迹。

天才子女的培养;低能子女的补救;变态子女的诊疗。

第六章 适应是合理的发展

——纵然我们对于现实,有着迷乱痛苦的感觉,对于来世,也是神秘而难以解答的,我们仍要尽力帮助孩子们去构成一幅美妙的图画。

第七章 关系的合理化

——家庭的力量,在于把自然本能当做一种社会结合的凭借,而父母子女间合理关系的建立,应以心理卫生为基础。传统伦理观念的破除;科学心理观念的建设;三种具体的指导——鼓励子女克服自卑心理、协助子女完成艰难工作、给予子女生活上的希望。

《父母与子女》主体部分各章多由论题观点的理论阐述(或由有关门类的科学结论)开始,然后引用古今中外名人名著或有关报刊信息,抑或作者之所见所闻为例证,加以正反两方面分析说明,最后是作者的精辟结论、语重心长的愿望和切实可行的建议。

陈汝惠先生从一个新颖的角度,研究了孩子们的真实生活。他结合心理学、社会学、人类学、生物学、天体物理学等诸学科的最新成就,探讨人类社会发展的规律,研究人类子孙后代应当培养成什么样的人?父母如何教导孩子跟上社会发展的现实?为什么父母与子女关系的调整成了家庭教育的焦点?为什么父母对子女的成长起着决定性作用?家庭对子女的一生有着什么样的影响?家庭教育的大忌是什么?如何对子女因材施教?……然后,他把家庭教育理论通俗化具体化,通过归纳分析整理出明确标准把抽象的理论变成可操作的规范。

如果把《父母与子女》与联合国教科文组织于1972年5月发表的题

为《学会生存——教育世界的今天和明天》的研究报告中所提出的青少年应该具备的四个"学会",即"学会生活、学会做人、学会学习、学会交往"的基本要求来比对,我们不能不佩服陈汝惠先生教育思想的前瞻性、远见卓识与深谋远虑。教科文组织的四个"学会"全面地概括了现代社会人才所具备的能力和素质,也是家长培养孩子的基本目标。然而这些要求和目标正是当年《父母与子女》作者的构想与追求。也正是为了实现这些目标,作者才致力于倡导推广新型的"家庭教育",并提供了《父母与子女》这一范本。

一、关于"学会生活"

"学会生活"也即"学会生存"的起码要求和基本条件。

生存是人的本能,活得更好是人的希望。人类有史以来的经验教训,已经通过科学的研究成果不断总结出来,成为人类的宝贵财富。教育就是传授这些知识,让人们活得更好。生存教育是人生最基本的教育,《父母与子女》一书第三章"养护第一"中,作者强调指出:"教育之首务在养护儿童机体健全,乃是养护的理想条件。"这就是在向父母、家长传授"学会生存"的道理。作者如是说:

"儿童教育有两大使命,亦即教育儿童有两大任务:(一)谋儿童机体的健体(全);(二)使儿童适应社会。前者就是"学会生活",后者就是"适应社会"就是"学会交往、学会做人"。

作者援引斯宾塞(H. Spencer)的理论,再次强调:"健康的机体,是一切人格发展的基础。"然后再以人口学研究者的调查数据说明:从各国人口死亡率上婴孩死亡的指数最高而且高得可惊的现状。婴孩的夭折十有九属于养护的问题。

于是,作者提出了一整套儿童养护详尽方案:(唯其篇幅太大,此间仅提其要)

儿童的养护地点:家庭环境中养护孩子,是最理想最普遍的场所。

儿童的养护条件:注意儿童全部生活,即包括食、衣、住、行、休息

和快乐等条件。儿童的养护范围：生理与心理都要照顾到。

儿童的养护方法：注意儿童的生理卫生与成人的生理卫生的不同；必须随着儿童年龄大小，分别施行各种方法。

儿童的养护的意义：是在保持健康同时也在增进健康，而且应以造就优秀民族的子孙后代为动力。

说到儿童的饮食，作者认为"母亲的奶，是子女应享的第一个'天赋之权'"——要求每一个母亲自己哺乳子女。食物的营养素也不应当忽视，如牛奶、鸡蛋、蔬菜、大豆、番茄、肉片、鱼汤都是不可缺少的主要食料。因当时处于战后物质紧张时期，作者专门进行了调查，提出素食、肉食的利弊比较。衣着如能保暖，并防止毒物的侵入就够了，绝对不能流于华美，并不得压迫身体，阻碍呼吸，总之，以轻快而能够自由行动为相宜，养成薄衣的习惯。居住，最大的要素是采光，引"日光不来医生来"的俗谚，说明了日光射入住屋的必要，通气温度的调整，比氧氮多少的斤斤较量更为重要。其他如清洁、活动、休息、保健等方方面面都提出明确要求。"扁平足""左手性（左撇子）"等问题，都一一留心。归根结底篇末一句话，作者要求父母像好园丁一样细心养护栽培子女。他说："儿童是人类的花朵，父母要做一个画心栽培的好园丁。不要把子女视为案头的盆景梅桩，但必须看作一株一株欣欣向荣的会结果子的花树。"

我以为这就是对"学会生活"的具体、详尽、科学、最好的诠释。

二、关于"学会做人"

《学会生存——教育世界的今天和明天》报告书对教育目的作了如下论述："把一个人在体力、智力、情绪、伦理各方面的因素综合起来，使他成为一个完善的人。"这就是对教育基本目的的一个广义的界说。并进一步指出，"这种教育的终极目的必然是特殊的，同时也是普遍的。这一目的又常体现在对以下事物的追求中，即体现在对科学的人道主义、理性的发展、创造性及对社会负责的精神的追求上；体现在对构成人格因素的智力的、伦理的、情感的、身体的均衡发展的追求上；体现在对有关人类历史命运的积极认识的追求上等方面"。可见,这里所要求的"学会做人"是指对人的总体素质的要求,不是几个条件、几个标准、几个方面可以概括得了的。

《父母与子女》的作者正是出自"成为一个完善的人"这个教育目的来构想和进行一整套家庭教育的。

1. 作者提倡:用爱的教育,使孩子做一个好人。

"我们要教孩子过着合理的生活,就要懂他,爱他。了解是智慧,爱是力量,正义,美。爱里面,有勇敢,真实,忍耐,你可以用爱使孩子做一个好人。"(引言)

"使孩子做一个好人"是作者倡导家庭教育的目的,也是一切进步思想家、哲学家共同的思想。大哲学家康德认为,"人的目的是做人","人只有靠教育才能成为人",教育目的即在于"发展人所有一切自然禀赋和才能"。

2. 把孩子看成未来和真善美的化身:"在这样悲惨黑暗的世界里,只有他们的心智,代表了人类的光明,当我们看到许多天真烂漫的笑容时,才敢相信世界的前途还有和平,还有真善美的境界底存在。但愿藏在千万个纯洁的心灵中底小小的太阳,不久就拨开了我们这一代的愁云惨雾。"(引言)

3. 把人类最终实现真正的和平和自由的历史使命寄望于子孙后代:"我们忘记不了历史上人类为争取自由而有的若干次的流血,人类的子孙,应该继续向这伟大的目标前进,19世纪德国哲学家黑格尔,已经指出人类生存的最终目的,乃是'自由'。我们要使未来世界能获得公理的伸张与真正的和平,为什么不在婴儿堕地先后,首先检点做父母的思想与行为呢?"(引言)

4. 为了未来世界不会再出现毁灭文明摧残人权的野心家:"世界上尽有许多为物质文明和精神文明奋斗的聪明人,也有不少以毁灭文明摧残人权为得意的倒车手,我们相信历次世界战祸的掀起,决不是所有参战者的志愿,而只是少数野心家的一念之错,这里的'一念之错',也许是'疯狂'也许是'贪欲',在心理学立场上,便是变态行为。所有涂改世界地图的'英雄好汉',以及所有把自己名字写在石碑上或永久刻在人心上的才子佳人们，都是常态分配曲线上的极端人物，这些'大人物'的幼年时代，可能属于特殊儿童的范围。而且，谁敢说我们的子女，不会发展成为一个惊天动地的怪杰呢——于是我们得到了什么要重视特殊儿童的第一个结论。"（第五章）

5. 从解决家庭关系的不合理入手，从根本上治疗社会的不平衡："我们将说：父母子女关系的不合理，乃是社会关系不平衡的基本因素，保守的家庭，会阻碍社会的发展，对于儿童生活的处置失当，任何一着都是不可补偿的损失。"（引言）

综上可见，作者所倡导的家庭教育是正义的教育，是面向全人类的文明的教育，是站在继承人类历史使命的高度来培养后代的综合素质的教育，是追求人性的完美与人生真正价值的实现使他成为一个完善的人的教育。这里不单纯是道德、伦理意义上的"做人"，而包括了适合个人、社会、国家和人的各种情况各种环境各种需求的圆满处理，无可挑剔。所以，《父母与子女》和联合国教科文组织的《学会生存——教育世界的今天和明天》报告书的精神是相通的，而《父母与子女》的作者在半个多世纪以前就已深刻地意识到，这是十分难能可贵的啊！

三、关于"学会学习"

这里所指的学习自然包括个人、社会与自然，是一个只有起点没有终点，在实践和认识的无限往复中追求真理的过程。所以，要求青少年"学会学习"就要先培养他们的追根究底的好奇心，就要他们养成冷静思考、尊重事实的科学态度，就要培养他们认真观察、权衡利弊的良好习惯，当出现不同意见时能虚心听取对方的意见并自觉修正自己的结论，对探究事物的规律性情有独钟、热爱并适应大自然……

《父母与子女》的作者在书中推出了一系列"学会学习"深刻的观点和精彩的言论：

1. 推崇"自由教育"。

作者首先引用英国教育家也是大科学家赫胥黎（T. H. Huxlay）在

其名作《自由教育》一文中的论述：

"……我标榜的自由教育，就是人为的教育。这种教育不仅可以使人逃避反抗自然法则的危害，而且是训练人去欣赏了解和获得并报答自然惩戒的宽赦……。我想象那个年青时代就受过'自由教育'训练的人，他一定有自由的意志，可以随心所欲地放纵自己去胜任愉快的从事各种工作，他的智慧是清醒的，冷静的，合乎逻辑的，像一架上好的引擎；他的能力均衡发展，又像到处适用的蒸汽机，既可纺织薄纱，又可铸造铁锚，在他的脑中，存储着应用自然法则的真理和常识，也充满了生活的热力，他并不像苦隐士一般自行克制奔放的热情，却服从于严正底意志像一个忠仆，他学习去爱一切美好的，仇恨一切丑恶的，不论那是自然或者艺术的产品。他也时时尊敬他人如同自己。"

"父母应使子女从新工作中找寻兴趣，并培养其丰富的情绪。赫胥黎氏对于年青人的理想是正确而周全的，唯有我们的子女也获得了这样的人格，我揣想才是自由教育的陶冶者。——他能尽力来适应自然，他与自然成立最好的关系，美满地一直合作下去，自然像他永远慈爱的母亲，他是自然的说明者，是表现自然真缔的明白晓畅底语文。"（第七章）

2. 提出"'生活—教育—学习'三位一体"的教育。

父母对于子女"学会学习"中起指导作用。生活—教育—学习，应该是三位一体的名词，子女的生活，便是子女的教育。无论生活与教育，都须要行为方法上的继续不断地改变与组织，那就是学习与适应了。（第六章）

3. 父母对于子女生活的指导，乃是提供经验。而且更希望子女能在生活工作中实践，求得自己的经验。（第六章）

4. 我们应该在孩子的"生活中准备生活"，用实际的设计，完全的学习，使他们明白了解人与社会，人与自然，人与神之间的相互关系。

5. 不要忽视儿童的性教育。"性教育并不能与其他的学问或其他的经验割开，性教育是一种继续不断的程序，这种程序是以儿童对于其他人们在异性身上所抱的态度而定的，有许多势力，足以影响儿童们这种态度，然而其中以父母每日的行为和讲解为最重要。父母除讲解之外，儿童还需

第一编　陈汝惠教育思想研究

要许多别的帮助，即是认识清楚"性"在生活上是有适当地位的，但是这必须父母教师们自己先认清这一点，然后才能够裨益子女或子弟。

"所有的生物，都有阳性和阴性的分别，一个新生的无论是植物的生命或动物的生命，都是由卵子和精虫的结合而产生的，以上的这两点，如果是真理的话，那么我们为什么要否认真理的事实呢，我们又何苦来曲解万物构成的经过呢？"

"父母要使子女们认清：只有靠父母，才能得到这一问题的同情和注意，以及得到良好诚实的答案。"（第六章）

"后幼年时代即养成子女对于性的正确观念之后，父母还得注意子女到达青春期的生理与心理两方面的急剧变化，如有性的变态行为，立即需要积极治疗。"

"防止和矫正子女变态的性行为，大家公认体育上所起的效果非常有益。"苏联医师皮努斯氏调查报告，在2 000个没有运动习惯的青年中，满17岁而有过性交的占32％，有运动习惯的则占12％；满18岁的，其比率前者52％，后者为33％。

"此外，社会运动及一切正当艺术活动，也都有性的苦闷的升化效用，鼓励子女热心于社会革新运动，也足使人们不致为黑暗的性生活所诱惑。"

6. 帮助子女驱除偏见。

"父母应该告诉他们：世界上最可爱的人，是那些偏见最少的人。偏见是危险的玩具，是心理上的毒品，它会左右你的审断，沾污了你的光明行为。""偏见的代价，不一定立刻明显，不过它的代价是很高的，而且迟早必须偿付的，每一种偏见不论表面看来如何的轻微，在挫折人类的根源——恐惧、妒忌、复仇——里面，它是根深蒂固的。

"萧伯纳也说过：偏见是笨人的聪明。

"驱除偏见，需要有系统的规律的努力，父母可以提出三个'不要'和一个'要'来。

"（1）不要以强辩遮掩你的偏见，替错误行为找一个似是而非的辨识，使得你自己也相信它并不是一种偏见。

"（2）不要根据不充足的事实，或不充分的证据，便对于某人怀念恶感,虽然你所知道的事实,似乎是不悦意的。

"(3) 不要因一人而概括其余,以为在某一种人中,有着不良的特点,其余的人就都一样了。

"(4) 要使你的判断不受无知的约束,凡事至少须从多方面来观察。"(第六章)

7. 注意培养子女的语言能力。

父母还应该当心子女的语言,使与外界多接触,并有自由谈话的机会,一般家庭里,常不许儿童插话,这是不对的,父母讨厌子女发问,尤属错误。可能还须多多介绍优良的读物,使他们在修养上有所增进,发现有说话天才的子女,也应该加以造就。(第六章)

8. 如果用刑罚来勉强子女学习,子女很难学到有益于自己的事情,他会变成一个心怀恐惧和情绪紊乱的人,他可以在技术上进步,却不能在心理上获益,马戏班里的童角,大多如此。(第四章)

9. 关于儿童的撒谎。

A. 首先要除去那些足以引起他说谎的事物。

B. 应该让儿童知道,我们的文化是以互相敬重和互相信任为基础的,人类须有忠实的行为,才能够达到互相敬重和互相信任的境地,儿童应该晓得诚实就是聪明就是立身处世的要诀,而说谎者永远得不到同伴的敬重。

C. 给子女一个稳定而有同情心的环境,对于阻止撒谎是大有帮助的,儿童如其觉得你可靠,自然会把所做过的真情实事吐露出来,儿童得到贤明的宽待,自然会承认他的错误,并且会明白他所以要受惩罚的理由。

D. 当父母听到孩子说谎的时候,他们首先应该责备自己,他们应该预先想法子来阻止孩子撒谎,实在比较孩子撒谎后,才想补救的法子更紧要。如果孩子深信他的父亲能够帮助他去适应成人的世界。那么他就会觉得撒谎没有什么用处了。(第六章)

10. 不妨让孩子去自食其果。

孩子有过错,你也不必拉长了脸,睁大了眼珠对待他,在多数的情形之下,也不妨让他去自食其果。"果子"的甜酸苦辣,会叫人更聪明起来。

第一编 陈汝惠教育思想研究

（第四章）

11. 鼓励子女克服自卑心理（下等错综）。

"自卑心理不是一种病症，但可能成为变态心理，克服与升化自卑心理，是求取成功的要诀。每一个人设身处世，在其思想未成熟前，就有了两种矛盾的感觉，一种是自卑自蔑的感觉，一种是自大自尊的感觉，子女在父母的庇护之下，万事有助，眼看大人们毫不费力地做成了许多他们以九牛二虎之力也得失败的工作，所以不免染上自卑之感，另一方面，儿童自我观念很重，极端自私，觉得自己了不起，在他看来，他比世上一切东西都重要。他没有人生经验，没有判断力，却极想驾驭别人，因此又发生了强烈的自尊心，在发展的过程中，这两种矛盾而强烈的感觉，互相调和熔化而形成一种正常状态，这期间，他们渐次认识自己的能力和智力的缺陷，让能力与缺陷两者互相补偿，而得到平衡，这种平衡表示情感的成熟和理智的健全，但是也有许多人没有得到这种平衡，他们偏向单面的发展而成为心理错综的牺牲者。"

"人类的发展由于人类的不满足，所以古希腊的老哲学家苏格拉底说：'自认无知，为知之始'。更恰当地说，正常的下等错综，因自卑之感而思补偿的冲动，乃是个人创造的推动力。歌德写'维特之烦恼'，贝多芬制'月光曲'，绝对多数的艺人，其永垂不朽的产品，无一不是应用了这一公式。"（第七章）

12. 协助子女完成艰难工作。

"一个贤良的父母将告诉他的子女说：'将你已经发展成的兴趣暂时丢开，做一些你认为讨厌的事情罢，在你尝到新工作的滋味时，你便会发觉你的情绪又丰富了不少。''你如能将自己的兴趣扩大，别人感到兴趣的事情，你同样也可以觉得津津有味。如果你想享受人生，你非这样去做不可'"。（第七章）

13. 指导子女支配休闲生活。

"怎样去指导子女支配休闲生活，以及如何教以良好的游戏，也是父母的重要课题。修学旅行远足参观，使子女接近大自然，这都是最成功的养育。

"我们为什么要将自己的脑子封闭呢,为什么不尽量去发掘蕴藏着的人生乐趣呢?父母们常为孩子所发的'无聊的'问题焦躁不堪,但是父母认真注意到那些使孩子感到兴趣的问题时,一定会发现他们正在发奋地探求知,而且使自己知识的领域,也因此而扩展了。"(第七章)

14. 教会你的子女制造快乐。

"真正享受人生乐趣的人,正是那些不断制造小小的快乐的人,每一桩使你厌烦的事,正是快乐的原料,而制造你快乐所需的唯一的器械,便是一种川流不息的欲望。"

"你一定要与别人共同生活,分尝别人的兴趣,结果你自己也感到了兴味盎然。"(第七章)

15. 给予子女希望和勇气。

"幸福是一种苦难与斗争的持续,而这种种斗争,永远为希望所挽救了。"没有希望的人,是没有人生的。永远保留我们的希望,这就是力量,而且什么事也都变成有意义了。当子女们长大了,他们开始参加更广大的人群去生活时,在一切准备中,父母千万别忘了给予他们生活上的希望。

"父母很知道子女在社会上会碰到可能有的阻碍,大多数父母自身就是艰难险巇中的过来人,因此我们要以勇敢的姿态率领子女去面临人生。

"甚至,当我们跟子女必须谈到人生最悲痛的生离死别的问题时,我们还是需要乐观的。

"……当孩子问及死亡,如果我们是爱他的话,我们要跟他说:我相信人会再生的。

"告诉小孩子死亡是长眠,说死者是在一个美丽可爱的地方过着永久快乐的日子,据我看来这种解释,正是说明这人生大秘密的最好的方法"。有一个美国作家这样说过。接着他又报告了一个实例:"我有一位朋友,她设立了一所小学校,专收父母远游的孩子,有一个孩子的母亲在印度去世了,此事自然应该让他的孩子知道,但那位仁慈的校长——他们暂时的母亲——不敢提及此事,把这消息藏在心里,直到孩子要到海滨去远足的前一天才讲出来,希望远足的事,可以冲淡失去母亲的孩子的悲伤。可是当这个孩子听到母亲死讯时,他很喜欢,因为他们的母亲,从前曾对他们

说：一个人死了之后，他的灵魂可以和他的亲人永远在一起。其中有一个孩子说：'呵！现在我们不必再把相片寄给母亲了，因为她能够常常看见我们。'"

在这里，我不禁想起了另一位作家的一句名言：

"信仰和科学，同样地要求我们用不战栗和无恐惧的态度，去对付我们临终的一刹那"。——David Wallkn

"请父母给予子女以希望，子女必须是一个能走长路的人，父母也不必太怜惜子女深入黑暗的社会，如果他们紧握希望，则黑暗中的摸索，也有光明，也有安全的路可循。

"自然，怎样去指导子女支配休闲生活，以及如何教以良好的游戏，也是父母的重要课题。'伟大的工作者，常常是最懂得适当休息的人物'。可能的话，在子女整个学习中，还应该给予多量观察与实验的机会，观察可以使我们听取自然的话，实验可以使我们询问自然并强迫自然来回答。

"让幸福的家庭，生长在美满的希望之中，因为只有希望润饰了我们的生活，丰富了我们的情感，也担挡了一切的苦难。"（第七章）

四、关于"学会交往"

"学会交往"便意味着"适应社会""学会生活"。

联合国教科文组织之所以提出这一要求是出于以下考量。1. 人类社会发展的需要。联合国教科文组织原总干事勒内·马厄如是说："我们留下一个什么样的世界给子孙后代，在很大程度上取决于我们给世界留下什么样的子孙后代。"为此，联合国教科文组织及世界卫生组织对青少年健康教育也做出了明确规定："驱体健康、心理健康、社会适应良好和道德健康"。2. 青少年阶段心理发展的需要。青少年心理发展迅速，正处于心理素质发展的关键时期，面对学习、升学、家庭、社会的压力，心理问题普遍存在，并呈低龄化趋势，集中表现在交往不当、学习困难、情感挫折等方面，急待帮助排除。3. 具有适应社会能力的人才有成功的希望。许多明智之士预感到，21世纪最成功的劳动者将是最全面发展的人，是对新思想和新际遇开放的人。

如何让孩子"学会生活""学会交往""适应社会",这是直接关系到子女的前途和命运的大事,是父母最大的心结,也是《父母与子女》作者贯穿全书的要旨、一再强调从各个层面反复阐述讨论的一个重点课题。以下举例说明之。

1. 适应是合理的发展。

《父母与子女》作者如是说:"我们要他们了解'适应'的真正意义——适应不是顺服,不是随波逐流,而是合理的发展。同时也要鼓励他们去相信每一个人,都有一个美满的生活等待在未来,那里有一对可爱的永远光明的'眼睛',这对眼睛时常看顾着一切善良的人们。"(第六章)

2. 家庭是孩子融入社会的桥梁。也就是说,只有建好家庭教育这座最重要而且必经的桥,孩子才能由此而去适应社会。

"在个人与社会之间,也许家庭是一座最重要而且必经的桥梁。我时时想起某一个缺乏生活趣味的厌世的朋友,有一次,当他从反欢性的浮生若梦的生活中清醒过来时,执着我手说:'只有从快乐家庭中出来的人,才是到处光明的。'

"我们将说:家庭不仅是社会的细胞,行为的学校,也是灵魂的归宿,人情的暖室。

"家庭内快乐的空气,不是餐室、寝室,或吸烟室,以及收音机,纸牌,酒瓶之类所可制造的。幸福的家庭完全基乎微妙的心理关系。"

3. 血缘关系是极微妙的。它构成了家庭间牢不可破的关系,这是原始的永久的联系。

"血肉的一部"构成了家庭间牢不可破的关系,这是原始的永久的联系。父母给予子女在生长(先天)学习(后天)上的影响,是极微妙的,也是不可思议的。……子女将带着父母的"影子",以及一切幼年时代"先入为主"的印象到社会上去,不管父母是否还在世上,或者子女是否已经越过了幼稚期。(第一章)

"我相信家庭的机构是无可替代的,正跟婚姻一样,因为它能使个人本能发生社会的情操。……无论是大学生,哲学家,部长,兵士或艺术

第一编　陈汝惠教育思想研究

家,当他们从淡漠的或冷酷的人群中过了一天之后,后又可以回复成子女父母或祖父了,或者更简单地说:他们都可以回复为最坦白起初最自然的'人'了。(第七章)

"家庭是一个自然的集团,原始的自然集团,只有在家庭里我们才会感到完全的解放,感到有充分表达个性的自由。为家庭里有充分的爱,一切亲子之爱,弟兄姊妹之爱,彼此都是无条件地保持着,尊重着。"(第七章)

4. 母爱——孩子"适应社会"的开始并影响终生。

"孩子从母爱之中,知道人间并不完全是敌害的。也有善良的接待,也有随时准备着的温柔,也有可以完全信赖而永不有何反要求的知己。有着这样一个开始的人生,是精神上的极大优益。凡是乐观主义者,虽然经过失败与忧患,自始至终仍怀着信赖人生的态度的人们,往往都是由一个温良的母亲教养起来的。反之,一个恶母,一个偏见的母亲,对于儿童是最可悲的领导者,她造成了悲观主义者,造成了烦恼不安的人生。"(第一章)

作者还举了孟子、欧阳修、顾炎武的三位伟大母亲为例。

5. "适应社会"是遗传和环境两者之间的连锁。

"人格的发公式:所得遗传×所在环境=生长=学习、人格发展。

"儿童的人格的发展,正基于这三个因素之上:遗传(本质)环境(机会)适应(方法)。而且完全合乎心理发展的原则。遗传和环境的相互作用,从胚胎时起直到生活终点,是继续不断的,而且彼此影响密切,遗传和环境不是分离的,是发展中的两方面,而生活适应的方法,却做了两者之间的连锁。"(第二章)

6. 特殊子女教养的科学。

子女队伍中自难免有"特殊分子",对于这一批位居个别差异两端的儿女辈,父母决不能援引普通的见解去指导其生活,尤其不能因为若干普通法则的失效而放弃了指导,相反特殊子女的行为指导,更有着丰富的意义。

美国史学家房龙氏,解释"上下古今人类进步历程"说过这样的话:

"最聪明的人领导前进,聪明的人努力前进,大多数人跟着前进,不聪明的人阻止前进。"(第二章)

7. 父母以某种态度对待儿女,则第二代对于他们自己的儿女,也将不知不觉间探取同样的态度。

"父母动辄斥责的态度,可使儿童养成一种或盲从或反抗的态度,并且这种态度,往往偏著迁移于家庭以外的待人接物上。有许多场合中,我们常发见一个懦弱无主见的可怜虫,或者一个暴戾无人性的怪物,恰巧同样都是由孤儿或后母手中长大起来的。

"凡是那些在生活中对任何事物都要表示一点反抗的男人或女子,往往因为在幼年时看到的极端矛盾太多了。父母一边告诫他不许做某某事情,一边非常热心地自己去做了。一个轻视他母亲的孩子,以后将轻视一切女人,一个专横的父亲,会使他的女儿,把婚姻看作一件'可怕的苦役'。

"我们知道行为的改变由于两种方式,一种是训练,一种是默化。训练是往往有计划的,是故意的,默化是不自觉的,是在不知其然而然或者知其然而不知其所以然的'交替反应'过程中形成的。但是行为改变的效率,默化较训练更为显著,更来得强大。(第四章)

"无论是芝兰之室还是鲍鱼之肆,我们在环境中潜移默化,将不知不觉地改换态度,转变兴趣,子女最初也是永久的导师——他们早年生活中的父母,他们的一举一动,在赤子之心中,是不必推理也值得崇拜仿效的。"

8. 家庭间夫妇情感的顺逆,给予子女人格影响的问题。

在儿童脑海里,父母的世界不啻神仙的全能世界,一旦在这世界中发现了失和与争吵,不是将使子女大大难堪吗?他们先感到痛苦,继而是失去尊敬之心……家庭中任何恶劣的印象,都会使儿童们学习了去而贻害无穷,那种粗声粗气的谩骂,横暴无情的扭打,以及涨红的脸,愤怒仇视的眼,都是儿童们喜欢在同伴身上"演习"的。他们没有从父母那里学到时时尊重或征求他人意见的习惯,没有学到了解,没有学到体谅那些爱他的人的方法。从前,他既得不到善良的模范,而且受了别人侮辱,所以一有

机会的时候,便在下意识中有了冲动,有了报复。孩子被染着大人的恶劣的脾性,但是他不自知。(第四章)

9. 公平正直营造家庭良好氛围。

父母对于子女的态度,要公平正直。主观的爱憎,必使子女间酝酿着不平、妒忌、傲慢等恶劣的空气,然则呼吸不良空气的子女,将长成怎样怪僻的人物呢?(第四章)

10. 介绍萧孝嵘氏《家庭教育的心理基本础》提出三种态度父母应予矫正。

(一)专制的态度 一切儿童都需要发展上的自由。而且倘若儿童自由发展的机会不能随年龄增加,则儿童亦会自动地夺取这种机会,不过,这样得来的自由,当然不是理想的。……绝对服从的教育,可使儿童失去能力上的训练,最好的办法,是由父母对于他们所决定的行为方针,向儿童加以解释。而且予儿童以充分的时间,去了解这种解释,乃至乐于接受。这种办法,在儿童了解能力到了相当程度时就可以开始实行。

(二)时宽时严的态度 父母对于子女的态度,必须始终保持一致性,如果让儿童处在时宽时严的管教之下,未免要莫知所从,父母态度缺乏一致性,多半因为不知道如何去对待儿童,或者因为父母的行为极容易为一时的冲动所驱使。

(三)溺爱的态度 倘若父母对于儿童采取溺爱的态度,将使长大了的子女,不善于应付实际世界。他们的父母,已在不知不觉中使他们错觉:依赖的生活是"理想的生活"。

母亲的溺爱更属可能,更属危险,甚至要妨碍子女的婚姻、学业、职务等各方面的成就与幸福。……真正爱护子女的父母,断不能用自私自利之心去教管儿童,父母要有教育常识,尤其是要明白责任。我们如置儿女于正常愉快的充满了生气与活动机会的家庭环境中,我们就不难训练他们去适应其他更复杂的环境。(第四章)

11. 还有父母的职业对子女兴趣的影响。

子女性格上的倾向,应该得自双亲的遗传,但是我们更以为子女职业兴趣与双亲(特别父亲)的一致,乃是环境势力的结果。父母职业上的活动，多少可以影响到家庭中来，形成一个特殊环境，生长在这种环境中的孩子，得到与环境相应的兴趣，也是极自然的趋势。

父母不必将自己就业的遭遇、职务的发展，委诸命运，以为命运由外力决定，或者由命数占卜星宿面相决定，父母的工作，如以本身智力兴趣为前提，这将使子女的追随，感到更大的顺应。（第四章）

12. 父母的经济与子女的活动。儿童社会行为的发展，有四个主要因素。(1) 父母的态度；(2) 早年的游伴；(3) 初期的教育；(4) 家庭经济。

在儿童十五岁以后。家庭经济的能力，更决定了他行为的大部分，都市儿童尤属显然。

我们不希望子女从父母那里获得奢侈的挥霍，纨绔少爷是痛心疾首的寄生虫。纸醉金迷的腐烂的人生观，把一切年青人都弄糟了。

但是我们也不敢希望因为经济力不够，而限制了子女的正常活动，无论购置图书，文具，修学旅行，缴纳会费，和一点小小的社交费用甚至学费等，都不应该受到限制或加以剥夺（在国家无力教育小国民时，教育子女还是我们纳税之外的付账）。

不要使子女在经济上受苦，这就是说：他们可以少买糖果，少看电影，但是不能无钱获得进修机会或参与正常社交，以及享受应享权利。父母替子女支付正常费用，不是"赏赐"而是"投资"。

经济自由的权利，应该给予子女。父母只在暗中监察好了。如果他们能帮助家庭从事生产工作，也可以致送酬报，作为奖励。这就要他们自小懂得"唯工作有代价"的深刻意义。必要的时候，当子女也可以了解经济意义的时候，由家长每月召集一次"家庭经济会议"，共同讨论家庭间收支的平衡，并采纳一切有效的开源节流的建议，使子女明白他们花钱的限度，而且得到"我不是在花用父亲的钱，而是花用一个家庭集团的钱"的新观念。

父母还应该鼓励子女们储蓄，自己去预算决算每月的收支，以及保管自己的经济。理财是天才，管家却是常识。不管男女，自小养成其"管家婆"的能力，可以帮助他们将来在经济上的独立生活。（第四章）

13. 适应社会的家庭教育实际上是培养好习惯。美国心理学家威廉·詹姆斯说："播下一个行动，收获一种习惯；播下一种习惯，收获一种性格；播下一种性格，收获一种命运。"

"习惯是上帝，习惯是魔鬼。"一个良好的习惯，是取之不竭用之不尽的"财源"，所谓"良田千亩，不如薄艺在身"。薄艺云云，当然也是某种微电子复杂的习惯而已。

"幼年时代去养成基本习惯，尤其有重要意义，因为幼稚园的创始人福罗倍尔说：'幼年时代如以吹灰之力养成了一种习惯，成年之后，千年之后，千钧之力也不易拔除。'

"父母欲求子女身心正常发展，必须自小即注意其起居、饮食、卫生等各方面的良好习惯，才能达到目的。"（第六章）

两种综合的习惯：

（1）行动的习惯。文明生活中所需要的基本习惯，应当及早养成，这些习惯包括基本需要的习惯。如饮食以时、睡眠以时、排泄以时等，和社会所赞许的习惯，如举步、仪容、言语、态度等，又如事业上的习惯，如清洁、整齐、守时等。在常态情形之下，这些习惯的标准，既然是很少改变的，而且又是每日所必需的，故以及早养成为宜。

但是有些习惯，也有因时因地而改变的必要，那么，不可使之过于固定，否则子女在新环境中，便发生适应上的困难了。例如近乎奢侈的生活习惯等。

（2）思想的习惯。父母如希望他们的子女思想活泼，便应该注意下列几个原则：

（甲）父母必须从最初就使子女养成一种解决问题的态度，因为这种态度，是一切思考过程的基础，父母应当为子女准备一些略有困难而为子女思考能力足以应付的"问题的情境"，鼓励他们大胆应付而暂不予以外援。

（乙）儿童经验范围，应当尽量扩充，俾能于问题的情境中作多种的尝试，他们因此可以获得广博的知识，而且能了解别人的观点。

（丙）儿童应该学习对事物不逐加批评的态度，而且应该学习崇拜真

理而不崇拜偶像。为达此种目的起见,父母不应采取武断的态度,应使儿童感觉到任何信仰都有仔细考虑的必要的科学化的见解,以为行为的根据。

促成习惯养成的原因也有几方面:或由经验而来,或由成人的注意而来,或由模仿而来,或由暗示而来,或由交替反应中莫明其妙地得来。

所以在如何养成良好习惯的问题上,不妨再提出几点来讨论:

第一要不可例外。习惯的养成,要相信自己,但是不能原谅自己。因为破例一次的结果,往往是何尝不能来个第二次。原谅一次例外,无异默许永久破例。在很多过失的惩戒上,往往有"姑念初次",其实没有一件罪情,能比初犯更严重了。

第二要开始正确。开头做得好,一半完成了,任何事物,最初的印象最为深刻。习惯的开始,不能不存着"务必百分之百正确"的心理。

第三要勿操之过急。习惯成自然,自非一朝一夕之功。每一种复杂习惯的养成,似乎不能计算时间的代价。如书法、语文、拳术等,往往以年月为单位。如"十年窗下""三年面壁""九年炼丹""毕生尽瘁"云云。小孩子生活上的习惯,轻而易举,自然不必谈到"年",父母如操之过急,"欲速则不达",揠苗助长,尤其应该切实避免。

第四要定时定地工作。一定的时间一定的地点如与一定的工作,日久相联,其间便会产生一种微妙的交替反应。

禁止若干不良的习惯,如懒惰、怯懦、顽皮、迷信、自私、偷窃、孤独、吃零食等。但是在这种不良习惯的表现上,我们一定要先透视其心理的内幕,是否属于变态的范围。然后去对症下药。(第五章)

左手性(左撇子)的问题

心理学家告诉我们:强迫左手性的儿童改用右手,会加强其自卑情绪,有使儿童失去常态行为的危险。

当儿童自信左手的确较右手优越,而且发生改变上困难时,父母不应继续强迫。因为世界的机械是便于右手的,但是不能为此而牺牲个人的优越的特点(如以二十万万人口计算,有左手性者的数目,也将达六百万人)。

再者,可能的话我们可鼓励子女同时去运用他的左右两手,这和训练他们的脑力有关。

我们还知道人体各部的器官,假使长久废置不用的话,就会逐渐萎缩的。所以假若想使两边脑部都充分发达,必须尽量运用双手。尽量发挥它们的能力,不久就可得到许多功效。记忆力清晰了,性情调匀了,意志坚定了,毅力刚强了,则一切神经过敏的毛病,一切焦虑抑郁不乐的脾气都将因此渐渐地消失了。(第六章)

14. 跟随子女每一时期的发展,养成种种适应能力,行为的训练,要以生长为基础,尤其要使他们自身感觉到训练之趣味与成功之可期。

将摇篮里的微笑,看作是孩子社会行为的开始。

任何儿童最初几乎是母亲的一部分很少独立性,渐渐变成了"个体"而加入了家庭的集团。这个集团,是比较自然的,自然得不容有选择余地的。再经过一个时期,儿童才有自动加入社会的行为。

儿童在一岁以内,每次只能和一人接触,所以倘若一处有婴儿三人,每次相接触的,也只有二人。赶到三岁"二人的组合"还是常见的现象。从三岁到七岁,"三人成群"的事才比较多一些,二岁至三岁的儿童,往往乐于旁观,四岁以后,"活动"和"玩物"才变成了儿童社会的中心。五六岁的儿童,固执地以自我为中心,除了"我要"跟"我不要"之外,不大肯服从他人的意旨,开始有接近同年龄的小朋友的倾向。七八岁以后的儿童,在团体生活中已有了领袖的欲望,欢喜从自己的嘴里喊出"一二一二!"去看旁的孩子的服从。否则,在他们心目中,也欢喜有一个较为强大的领袖。所以儿童社交行为的发展与成熟,都是以游戏活动为中心的。到了青春时期,子女一一长大了,纷纷选择他们心悦的伴侣,有的开始崇拜某个人物。此时父母要告诉他们:友谊所必具的条件是互相信赖和互相了解。"友谊友谅友多闻"的格言,是一句颠扑不破的格言。此时子女需要的领袖,是一个能代表他理想的领袖,我们在这时候,实不难发现其心中偶像,这一个偶像乃是由特殊的人格所代表着。(第六章)

15. 在家庭里,如何使子女间互相合作,而得到彼此良好的适应,尤其在子女之间父母排难解纷时,必须注意信赏必罚,社会性的教育。可注意四点：

"（1）真正的威权没有压迫的性质——威权是使儿童说嘴郎中团体中的要求的一种方法，倘若威权施行得过分了，儿童自身的欲望，便无发泄的出路，反容易形成忧郁懦弱的习性，或者过度的反动，而成为一个顽强反抗好起争端的人。子女因威权的压迫而勉强抑制自己的欲望，这是有的，我们所用的方法，应当使儿童能够表现他的欲望而同时无（损）于团体。

"（2）因时制宜而予以干涉——倘若一种争执，能在子女的团体中获得公正的解决，父母即可听其自由解决，否则不妨建立若干行为标准而加以干涉，如禁止谩骂，禁止抢夺，禁止因为困难而号哭等。实际的教训或者说直接的挫折，也有他的效用，倘若子女因为干涉别人或抢夺别人的玩具而受到了攻击，便能知道自私自利的行为的代价了，倘若自己的玩物被夺，便可知道人们为什么应当重视别人的财产了。

"（3）行为发展的过程应随时认识——社会性的品格，是很复杂的，我们应当认识子女行为在每一时期中的特征。就一般说来，儿童不免常有下述的各种行为，如语言与事实的不符、想夺取别人的所有物，不愿做劳苦的事情，在饥饿疲乏或所求未遂的时候，号哭或大声詈骂，我们对于这些行为，应当根据他们心理发展的情形来解决，而不能以成人行为作标准，至于改善的步骤，则应先从一种特殊的事情上着手，然后设法使一种行为的原则，可以应用到各种情境上去。譬如说：儿童到了三岁的时候，对于自己所用的许多物件，应当知道怎样处理，同时须有一点公共的服务。从三岁到五岁，社会服务的训练比较更复杂些，在这一时期中，儿童应当学习自己沐浴穿衣整理卧室等工作。

"（4）择友的能力应有相当的训练，子女必定要知道如何去择友，父母的代庖，只能使之欣赏良友，仍不能养成择友的能力，离开家庭以后，可能因为缺乏经验而近墨者黑。"（第六章）

16. 对子女放任社交也非上策。

这里抄录一封子女的信——一个悔恨母亲放纵自己的女儿的抗议：

亲爱的母亲：

……关于园艺的常识，你不是也懂得一点的吗，要得到一朵十全十美

第一编　陈汝惠教育思想研究

的玫瑰花，必须在玫瑰正在生长的时候，留心修剪，并且要不断地看护。可是你不曾像修剪植物那样调护你女儿的发展，当她才十五岁的时候，你给她自由，随她自己到酒吧间去，随她去开汽车……让她自己去选择朋友，随她讲她喜欢讲的话，喝她爱饮的酒，当她还未懂事的时候，你就让她去应付最难应付的情感。

你知道这种自由给了我什么东西吗？你相信这样下去到结婚的时候，我还能保持处女的贞洁是几乎办不到的吗？你相信那些带我到外边去玩的男朋友们都未曾戏弄过我吗？

母亲！"表现的自由"就是森林中的大火呀！

我们不喜欢这种自由，它是不适合我们的，它不能使我们更好，它不能教给我们对付人生的技巧，你一定已经很明了十五岁的女子，是在最危险的时期，在那时期，你为什么不保护我们，你为什么不教我们循规蹈矩？我们知道世界上没有所谓难于约束的青年，但缺乏教养的青年是有的。……我希望继续我们这一代过于自由的人而起的，将是一些快乐而文雅的男女。

　　　　　　　　　　你亲爱的女儿南锡　　月　　　日（第六章）

17. 游戏在儿童生理、心理、审美、社交上，都有极大的价值，以下用很大的篇幅谈儿童游戏对生理、心理、审美、社交上的价值、条件、特殊意义、分类、前提、指导原则，一一做详细评述交代。（第六章）

18. 勿忘散步的重要。"要时时提醒子女们去享受这一活动。人类对于改进物质文明，诚实非常有心得，发明战争利器，布置华贵总会，筹划世界和平博览会，但是在一百人中，竟没有一人懂得怎样去散步。散步也是一种艺术，含有肉体精神调和的价值。只要你愿意开了门走出去，整个世界就在门外，树上还有结构精致的绿叶。知更鸟或其他鸟正在歌唱，大地总是这样可爱。散步是多么愉快的一件事啊！当父母子女一家老小，悠闲地走着，亲切地谈着时，真叫人不胜神往。……"（第六章）

每个孩子出生的时候都是一样的，光着身子来到这个世界，而后天的教育、环境因素在很大程度上决定了孩子们以后的发展。

英国的教育思想家洛克很早就提到过，家庭教育一定要慎重又慎重，

陈汝惠研究

不可以掉以轻心!他说:"教育上的错误和配错了药一样,第一次弄错了,决不能指望用第二次和第三次去补救,它们的影响是终生清洗不掉的。"这是很值得记取的至理名言。所以,家长在教育自己的孩子之前确实是有必要知道一些常识,至少这样犯的错误会少一点,错误的影响也会更小一点。有些父母内心对孩子有所期待,希望孩子能够按照自己所预想的方式去成长。如果孩子并不如其所愿,他们就会深深地失望,并用这种失望去伤害孩子。这是不可取的。

陈汝惠先生的《父母与子女》一书,博采众长,充分发掘前人各有关学科已获得的研究成果;综合各有关门类科学研究的最新成就来分析家庭教育一系列现实问题,从而得出精辟的结论,寻找到合情合理的处理问题的途径与方法,对症下药使一系列家庭教育的难题迎刃而解。毫无疑问,这是一部难得的家庭教育的成功之作。而特别要再补充说明的是百闻不如一见,实践的成功更饶有雄辩的意义。陈汝惠先生以他的家庭教育理念成功培养出了一门三杰。而且,三个儿子都成长于其父冤假错案尚未平反昭雪困顿无援之际,是凭借良好的家风和自己艰苦奋斗各自脱颖而出,获得成功。他们的成功之路正是陈汝惠先生《父母与子女》一书所总结的家庭教育经验的最好的答卷。在陈汝惠先生的《父母与子女》一书中,曾有这样一段话:"最后我还要宣言:父母使天才子女成功,不仅可以光耀门第,抑且是建设社会文化的最经济的捷径。"(第五章)陈汝惠先生的"宣言"百分之百地兑现了!这是多么动人心弦和难能可贵的业绩啊!所以我要说,去读陈汝惠先生的《父母与子女》一书吧!这里有教育子女的金玉良言,这里有教育子女的阳光大道!

陈汝惠先生没有戴过耀眼的桂冠,而且一生总处于忧患坎坷之中。然而,是宝玉终归要发光的,就像那"和氏之璧"历经三代总有拨开云雾、去伪存真的那一天。其书必将传之千秋,斯人不朽矣!

庚寅清明节于厦大观凤斋
(作者为厦门大学中文系教师)

第一编　陈汝惠教育思想研究

陈汝惠及其《父母与子女》

吴晓莉

《父母与子女》是陈汝惠先生唯一论述家庭教育的专著。以往的研究一般认为，陈先生的学术成就集中体现在新中国建立前的爱国文学创作和新中国建立后主持编写了我国最早的《高等学校教育学讲义》，鲜有研究者关注其在家庭教育领域的创见。

事实上，他很早就关注儿童教育的研究。查《陈汝惠著作及文章目录（部分）》（周建昌和朱立文搜集整理），1941年，陈先生即在《正言教育月刊》发表了《家庭的环境与子女的倾向》一文；1946年1～4月，他在《正言报》开设专栏"家庭教育新论"，深入浅出地专论父母与子女教育问题。1947年11月，上海商务印书馆将上述文章收集整理成书，取名《父母与子女》，出版后曾轰动一时；大夏大学教育系主任、著名教育学家张耀翔随即因此破例聘任年仅31岁的中学教师陈汝惠为副教授。由于陈汝惠家庭教育理念及指导的生命力，1971年台北商务印书馆又将此书再版，现台湾各大师范院校均有馆藏。由于种种原因，当前在大陆已经很难找到此书，了解的人更是微乎其微。几经周折，笔者才从上海图书馆觅得了《父母与子女》1947年版的影印本。

该书从遗传、环境、适应及生活指导等方面，针对父母子女的心理卫生进行论述，包括家庭的组织、人格的形成、环境与倾向、心理秘密的发掘、适应是合理的发展、关系的合理化等七章，书后附情绪测验。为了便于现今的研究者及年轻的父母们学习、了解，本文根据此书的结构，将其主要内容作一归纳和梳理。

陈汝惠研究

引　言

　　——我们要教孩子过着合理的生活，就要懂他，爱他。了解是智慧，爱是力量、正义、美。

在"引言"中，作者开宗明义地指出："儿童学的研究是值得注重的。""可是在儿童教育的进程中，家庭教育是最落后的一页。""父母子女关系的不合理，乃是社会关系不平衡的基本因素。保守的家庭，会阻碍社会的发展，对于儿童生活的处置失当，任何一着都是不可补偿的损失。"因此，"父母子女关系的调整，成了讨论家庭教育的焦点。""我执笔的时候，抱着一种希望，想把父母子女的关系，以心理卫生立场作一次综合的讨论。从遗传、环境适应及生活指导各方面，阐明正常的心理关系，并且将这关系，去替代陈腐的传统的伦理关系而建立起来。"

陈先生认为，"家庭不仅是社会的细胞，行为的学校，也是灵魂的归宿，人情的暖室。""但愿天下父母爱，皆得千万子女心——爱不能买，也不能卖，爱的价值只是爱。"

第一章　家庭的组织

　　——父母与子女构成了最原始的社会细胞，不仅因为有生理、伦理、心理、经济上的关系，而是为着自然法则的服从。

作者认为，"也许家庭的力量，在于把自然的本能当做一种社会结合的慰藉，在这个有机体里，父母子女担任着传统的角色。但是我不想分别父亲为尊严的'长老'，母亲是传统的'女王'，子女是快乐的'天使'，因为有机体必然是整个的。从生理上伦理上可以清楚地划分父母子女的界限，所谓'必也正名乎'；在精神上、心理上，却是不易分别的，因为家庭间各分子，已从宽爱上，容忍上，彼此溶化了，结合了。"

在这一章中，作者还结合社会生活中的实际例子，将母子、母女、父子、父女间的可能的关系，予以分述。作者认为，"父母子女间的关系，的确是错综复杂的，以当地生活习惯为背景，以经济为焦点，以心理为基

础。但在大多数情形中,大人颇可利用初期的教育,以改造儿童性格,这是人们难得想到而必须想到的事。""如何去消除两代人间可能也可免的愤怒与埋怨的空气,而代以优良的家庭教育,即如何建立父母子女间正常的关系,这是非常重要的问题。"

第二章 人格的形成

——儿童人格的发展,基于遗传的本质、环境的机会、与适应的方式之上,在完整生活中,遗传与环境的势力,又彼此"矛盾"而"统一"着。

作者用一个公式表明,"所得遗传×所在环境＝生长＝学习、人格发展。"

"儿童的人格的发展,正基于这三个因素之上:遗传(本质)环境(机会)适应(方法),而且完全合乎心理发展的原则。"

"遗传和环境的相互作用,从胚胎时起直到生活终点,是继续不断的,而且彼此影响密切,遗传和环境不是分离的,是发展中的两方面,而生活适应的方法,却做了两者之间的连锁。"

第三章 养护第一

——养护为教育工作的第一页,家庭为最理想的养护环境。

作者在本章中强调,"教育儿童的首务还在养护",并且,"在目前,家庭环境中养护孩子,还是最理想最普遍的场所"。

"儿童的养护,应注意儿童全部生活,即包括食、衣、住、行、休息和快乐等条件。生理的也是心理的。同时还得注意儿童的生理卫生与成人的生理卫生的不同;因为儿童与大人,各有一个不同的世界。……不但如此,并且儿童从出生到长成,只用一种固执的卫生方法,也决不够的。应随着儿童年龄大小,分别施行各种方法。"作者并且强调,"卫生的意义是在保持健康同时也在增进健康,不单是消极地卫护个人的生命,而且于造就优秀民族的大理想之下,卫生的意义是更积极的。"

在强调了养护的重要性之后,作者从饮食、衣着、居住、活动、休息等几方面,讨论了儿童学研究者的成果。比如在"饮食"中,作者强调了母乳喂养的重要:"母亲的奶,是子女应享的第一个'天赋之权',也是子女一生幸福中最重要的一点。除非有不得已,或者经医师劝告,每一个母亲,都应当自己哺乳子女。"在"衣着"这一部分,作者提出:"儿童衣着,如能保暖,并防止毒物的侵入就够了,绝对不能流于华美,并不得压迫身体,阻碍呼吸。总以轻快而能够自由行动为相宜。没有一个儿童不以活动为生命,从幼年的时代起即养成薄衣的习惯最为要紧。"

在这一章的最后部分,作者还特别提到父母"对于儿童精神状态的保持快乐,儿童体格的检查……都要随时一一留心"。

第四章 环境与倾向
　　——如果遗传本质是生命的种子,环境即是促使萌发决定其生长的种种条件。

1. 环境的势力与环境分析

作者着重论述了环境在子女教育中的重要作用:"在小孩发育时期内,必须将他放在一个能帮助他发育的环境中,虽然若干遗传上的特性是不易移转的,但是大部分的人格,还是可以环境来改变。""家庭里的'小英雄'或者'神童'的产生,与其说事关积德风水,不如说由于家庭环境的孕育。""家庭环境的开始,是由生物到社会的,只是在整个发展上却是心理的。"

2. 父母的人格与子女默化

"江山易改,本性难移",是一句常听得的话,生就的性格真是无法可想的吗?作者认为,"在大多数情形中,父母仍可利用初期的教育以改造儿童性格,父母对于儿女的态度,多半可在儿女的人格发展上反映出来,这种重要影响,务必深切注意。"

作者特别强调了环境"默化"的影响,"我们在环境中潜移默化,将不知不觉地改换了态度,转变了兴趣,子女最初也是永久的导师——他们

第一编 陈汝惠教育思想研究

早年生活中的父母,他们的一举一动,在赤子之心中,是不必推理也值得崇拜仿效的。"

3. 父母的教管与子女训练

作者认为,"教管子女,在中国家庭中特别被重视着,没有一个父母,不注意门风或家教的整饬。因为他们相信,这是光宗耀祖的具体表现。"但是"教管人人会做,各自巧妙不同"。作者提出:"教管子女是一种科学,也是一种艺术。"

作者列举了六种常见的父母态度:(1)置之不理——眼开眼闭,放任政策;(2)言听计从——遂儿所欲,有求必应;(3)先礼后兵——先加劝阻,然后用刑;(4)借题发挥——喜怒无常,借此泄气;(5)虚作声势——始终恫吓,不了了之;(6)强制执行——不问是非,有吵必罚。

比较这几种态度,作者认为,"置之不理"或者"强制执行",都不是合理的办法。"借题发挥"尤其违背人道,即使"先礼后兵",还欠妥善。"如果用刑罚来勉强子女学习,子女很难学到有益于己的事情,他会变成一个心怀恐惧和情绪乱的人,他可以在技术上进步,却不能在心理上获益。"

在这部分中,作者还提到了对孩子进行情绪的控制的重要性。作者认为,"儿童发脾气,十九因为他们缺少活动。也许他们不一定要糖,要上街,要听故事,而是要求一个适合于他们的活动。""所以事先布置一个游戏的环境,转变其争吵动机,暂时的不干涉,在不受要挟原则下稍加慰问,都是控制儿童情绪的上策。"

而在"溺爱"这个问题中,"倘若父母对于儿童采取溺爱的态度,将使长大了的子女,不善于应付实际世界。""所以真正爱护子女的父母,断不能用自私自利之心去教管儿童,父母要有教育常识,尤其是要明白责任。我们如置儿女于正常愉快的充满了生气与活动机会的家庭环境中,我们就不难训练他们去适应其他更复杂的环境。"

4. 父母的工作与子女兴趣

作者说:"子女性格上的倾向,应该得自双亲的遗传,但是我们更以为子女职业兴趣与双亲(特别父亲)的一致,乃是环境势力的结果。父母职

业上的活动，多少可以影响到家庭中来，形成一个特殊环境，生长在这种环境中的孩子，得到与环境相应的兴趣，也是极自然的趋势。"所以，"父母必须选择正常职业，因为一部分的理由，是子女将以父母现有的职业，为自己选择职业的第一对象。""父母不必将自己就业的遭遇，职务的发展，委诸命运，以为命运由外力决定，或者由命数占卜星宿面相决定，父母的工作，如以本身智力兴趣为前提，这将使子女的追随，感到更大的顺应。"

5. 父母的经济与子女活动

作者认为："我们不希望子女，从父母那里获得奢侈的挥霍……但是我们也不敢希望因为经济力不够，而限制了子女的正常活动，无论购置图书、文具，修学旅行，缴纳会费，和一点小小的社交费用甚至学费等，都不应该受到限制或加以剥夺。""父母替子女支付正常费用，不是'赏赐'而是'投资'。"

"经济自由的权利，应该给予子女。父母只在暗中监察好了。如果他们能帮助家庭从事生产工作，也可以致送酬报，作为奖励。这就要他们自小懂得'唯工作有代价'的深刻意义。"父母还应该鼓励子女们储蓄，自己去预算决算每月的收支，以及保管自己的经济。"理财是天才，管家却是常识。不管男女，自小养成其'管家婆'的能力，可以帮助他们将来在经济上的独立生活。"

第五章 心理秘密的发掘

——问题儿童的合理解决，是心理秘密的发掘，教育功能的奇迹。

在本章中，作者提出："特殊子女的教养，是父母的特殊使命，天才低能变态者的处理，态度上要'一视同仁'，方法上要'个别差异'"。

1. 天才子女的培养

作者论述了天才子女的四种类型，并强调："天才儿童的保持，即天才者优越地位的常住，却要看环境的许可了，环境的势力，往往定了个体发展的方向，因此，现在是天才儿童，将来未必是天才青年或天才公民。"

作者鼓励父母送他们的子女进入天才学校，否则，"一个天才儿童在普通班级中学习是浪费的，而且因了他可以轻易地战胜他人，还会养成懒惰骄傲的习气，我们必须使天才儿童有了解自己的能力，但是不会骄傲。因为骄傲埋没了天才，努力产生了伟大。"

作者将指导天才子女的方法归纳成十个原则，并强调："父母使天才子女成功，不仅可以光耀门第，抑且是建设社会文化的最经济的捷径。人类的历史，的确能在几个人手中旋转乾坤，所以埋没天才的错误，乃是一种无可补偿的罪行。"

2. 低能子女的补救

在这部分内容中，作者剖析了低能儿童的历史命运、低能子女的客观标准、形成低能的两种势力、低能子女的行为特征等。作者提出，"父母也应该发展低能子女的知识、兴趣、观念、习惯和技能，以便尽力使之适应社会，他们所做的工作，应当切于实用，且有强烈的刺激性，最好多多利用游戏的方式"。

3. 变态子女的诊疗

许多变态行为的形成，环境须负较大的责任。父母的态度，教育的机会，恋爱的困难，家庭的变故，时事的刺激，以及失业失学等问题，都可以使一个完全的人格发生动摇。作者在这部分还分析了不充分人格、妄想狂人格、犯罪、情绪不稳定、病态诳语、两性精神病态、漫游七种人格。

第六章 适应是合理的发展

——纵然我们对于现实，有着迷乱痛苦的感觉，对于来世，也是神秘而难以解答的，我们仍要尽力帮助孩子们去构成一幅美妙的图画。

作者强调，"生活—教育—学习，应该是三位一体的名词，子女的生活，便是子女的教育。无论生活与教育，都须要行为方法上的继续不断地改变与组织，那就是学习与适应了。"

"父母对于子女生活的指导，乃是提供经验。而且更希望子女能在生

活工作中实践,求得自己的经验。""我们应该在孩子的'生活中准备生活',用实际的设计,完全的学习,使他们明白了解人与社会、人与自然、人与神之间的相互关系。我们要他们了解'适应'的真正意义——适应不是顺服,不是随波逐流,而是合理的发展。"

作者还从基本习惯的养成、社会行为的发展、性教育与游戏伴侣的选择等各方面,来叙述父母对于子女生活的指导。

1. 基本习惯养成

父母欲求子女身心正常发展,必须自小即注意其起居、饮食、卫生等各方面的良好习惯,才能达到目的。并探讨了如何养成良好习惯。作者提出习惯的养成"勿操之过急。习惯成自然,自非一朝一夕之功。父母如操之过急,欲速则不达,揠苗助长,尤其应该切实避免。"

2. 社会行为的发展

对孩子社会行为的培养,作者提出"真正的威权没有压迫的性质""因时制宜而予以干涉"以及"行为发展的过程应随时认识"的论断。对孩子的择友能力,应有相当的训练。"父母应当使他们的子女,多有机会和别人接触,以便学习认识一般人的良莠,但是不能有偏见。"

3. 性教育

对孩子的性教育,"父母对于这个问题的回答,要诚实简单易于了解,如果我们再用规避的托辞来答复,使儿童对于我们失去信仰心,并且发生牵强附会的态度。我们必须要把这个难题,用健全的方法解释清楚,否则儿童就要请那外面的生人——我们是不能把这种重要的事情托付给他们的——去解释了。""父母要使子女们认清:只有靠父母,才能得到这一问题的同情和注意,以及得到良好诚实的答案。"

4. 游戏的指导

作者将对子女游戏的指导归纳成以下七个原则。

(1) 儿童的游戏,应以发展其大肌肉活动,并增进其创造技能为原则。

(2) 儿童宜有多种的玩具,新的玩具。新玩具可以引起儿童兴趣。多种玩具可以增加多种游戏的方法。

第一编　陈汝惠教育思想研究

（3）儿童游戏项目，应视年龄差异而变化，年龄较小的儿童，不宜从事较大儿童所做的游戏。

（4）儿童游戏须有目的，例如喂养家畜，可使儿童学习仁爱，从事园艺，可使儿童学习秩序与布置等。

（5）儿童常用的玩具，须令其自己保管，养成爱护玩物的习惯，儿童须先收拾了玩过的东西，然后允许他再玩其他的玩具。

（6）较小年龄的儿童，游戏时还需要父母时加监护，但是监护不等于干涉，外来的干涉，适足以引起纷扰与不快。

（7）从游戏效用上，养成其将来爱好运动及良好的休闲习惯。

4. 怎么应付孩子的撒谎

"如果做父母的，能够明白一个孩子为什么要说谎，会说谎，也许他们可以不必用责打的方法，也可以来帮助孩子们戒除这说谎的恶习了。"因此作者在此推究儿童说谎的若干原因。

"当父母听到孩子说谎的时候，他们首先应该责备自己，他们应该预先想法子来阻止孩子撒谎，实在比较孩子撒谎后，才想补救的法子更紧要。如果孩子深信他的父亲能够帮助他去适应成人的世界。那么他就会觉得撒谎没有什么用处了。"

第七章　关系的合理化
——家庭的力量，在于把自然本能当做一种社会结合的凭借，而父母子女间合理关系的建立，应以心理卫生为基础。

1. 传统伦理观念的破除

"如果我们要在父母子女之间，确立一个合乎理想的关系，首先要使父母有哲学的态度，懂得心理的方法，并且具备社会的眼光。"

作者认为家庭的结构是无可替代的，"只有在家庭里我们才会感到完全的解放，感到有充分表达个性的自由。为家庭里有充分的爱，一切亲子之爱，弟兄姊妹之爱，彼此都是无条件地保持着，尊重着。"

同时，作者也认为，"家庭生活的内在烦恼也是错综复杂的，需要用

理智去斗争。"怎样使父母的忠告有效呢？"唯一的挽救，乃是破除传统的伦理观念而代之以科学的心理观念。""父母须有人格上的凝聚力，子女才有向心力。了解，宽容，在仁慈和平的生活中，找求天伦之乐。"

2. 科学心理观念的建设

"科学的心理观念底建设，将是我们谈父母子女的关系的结论，也是家庭幸福得失的关键。"

怎样进行科学心理观念的建设？作者从鼓励子女克服自卑心理、协助子女完成艰难工作、给予子女生活上的希望三方面给予具体的指导。比如，作者强调："请父母给予子女以希望，子女必须是一个能走长路的人，父母也不必太怜惜子女深入黑暗的社会，如果他们紧握希望，则黑暗中的摸索，也有光明，也有安全的路可循。"

尾声：贤父良母座右铭

作者在本书最后，选录了16条"优良教师的座右铭"（篇幅所限，略去16条内容）。作者认为："如果一个贤明的家长也就是一个良好的教师的话，如果家庭生活也就是学习的生活的话，那么一切良父贤母，就不能不熟读'优良教师的座右铭'来为子女生活指导上的重要的参考。""新教育中，教师已分担了父母的一半责任，那么新家庭里，父母也要担负教师的若干劳苦，以为彼此合作的基础。而后家庭、学校、社会的生活，可以在教育过程中统一起来。"

附录　情绪测试

采用了美国哥伦比亚大学心理学教授吴伟士（Woodworth）的"情绪测验"（张耀翔译，并按照中国情形增删一部分）。作者认为这个测验是测验心理变态的最好工具，"虽然这不能算是量表，然而它有量表的意义"。作者要求所有的父母，都应该让他的子女接受这一个测验。

（作者为中国妇女出版社编辑）

一本富有科学性和实用性的好书

——读陈汝惠先生的《父母与子女》有感

余文森

陈汝惠先生是爱国主义者，优秀的小说家、教育家。陈先生的小说《淡水》《女难》《死的胜利》等作品深深影响了广大读者。与其他文学作品相比，陈先生的《父母与子女》一书，具有科学性，又有实用性，并且这两者融为一体，易读可用，是一本不可多得的教育学和心理学类的好书。

人格的发展，受哪些因素影响？核心问题是什么？这一直是教育学界争议很大，很受关注的问题。在本书中，陈先生认为人格的发展，基于遗传（本质）、环境（机会）、适应（方式）三个因素之上，并且完全合乎心理发展的原则。在完整的生活中，这些因素又是互相统一的。遗传和环境的相互作用，从胚胎时起直到生活终点，是继续不断的，而且彼此影响密切，遗传和环境不是分离的，是发展中的两个方面，而生活适应的方法，则做了两者之间的连锁。本书从唯物辩证法出发，科学地探悉了影响人格发展的几个因素，很有理论价值和现实指导意义。

对于儿童的养护，应该关注什么，注重什么问题，父母们都非常想了解。本书从理论高度，提出应注意儿童全部生活，即包括食、衣、住、行、休息和快乐等条件，生理的也是心理的。同时还得注意儿童的生理卫生与成人的生理卫生的不同，因为儿童与大人，各有一个不同的世界。儿童生理的特征，是片刻不休止的发育，所以不能把大人生理卫生的变相，或者分量上的增减，就算儿童的生理卫生了。不但如此，儿童从出生到长

成,只用一种固执的卫生方法,也是决不够的。应随着儿童年龄大小,分别施行各种方法。卫生的意义是在保持健康同时也在增进健康,不单是消极地卫护个人的生命,而且于造就优秀民族的大理想之下,卫生的意义是更积极的。本书针对性很强,观点非常明确,现实指导性很强,是广大年轻父母学习借鉴的好材料。

特殊子女的教养,是父母的特殊使命,但历来研究者不多,形成系统理论的就更少。本书视觉独特,认为作为父母的,对天才低能变态者的处理,态度上要"一视同仁",方法上要"个别差异"。比如在对天才子女的培养方法上,本书归纳成十个原则:(1)了解其一般智慧的确实程度,及其人格的型式;(2)寻出其特殊兴味与特殊才能;(3)为其前途作可能的设计;(4)鼓励他尝试一切创造的工作;(5)予以领袖的训练;(6)教以如何作单独的研究;(7)使尽量阅读最好最多的书籍;(8)使有接受名人演讲、文艺、电影、戏剧和参加展览会的机会;(9)注重问题的讨论与设计,减少机械背诵;(10)注意其机体健全及欣赏艺术的态度的教养。这十个原则对父母亲们很有指导意义,可操作性强。

"世界上最可爱的人,是那些偏见最少的人。偏见是危险的玩具,是心理上的毒品,它会左右你的审断,沾污了你的光明行为。"这是作者对偏见的评价。如何克服偏见一直是广大心理学家研究的难题,教育子女克服偏见是广大父母很关心的重要问题。"偏见的代价,不一定立刻明显,不过它的代价是很高的,而且迟早必须偿付的,每一种偏见不论表面看来如何的轻微,在挫折人类的根源——恐惧、妒忌、复仇里面,它是根深蒂固的。"萧伯纳也说过,偏见是笨人的聪明。如何驱除偏见,本书作者认为需要有系统规律的努力,是一件值得督促子女去做的工作,父母可以提出三个"不要"和一个"要"来:(1)不要以强辩遮掩你的偏见,替错误行为找一个似是而非的辨识,使得你自己也相信它并不是一种偏见;(2)不要根据不充足的事实,或不充分的证据,便对于某人怀念恶感,虽然你所知道的事实,似乎是不悦意的;(3)不要因一人而概括其余,以为在某一种人中,有着不良的特点,其余的人就都一样了;(4)要使你的判断不受无知的约束,凡事至少须从多方面来观察,要审时度势。作者提出培养孩

子克服偏见的这些方法,很有理论意义,也有实践价值,值得广大读者认真研究和思考。

书中提出的"生活—教育—学习"三位一体的名词,是本书的亮点,很有创新意义。子女的生活,便是子女的教育。无论生活与教育,都需要行为方法上的继续不断地改变与组织,那就是学习与适应。父母对于子女生活的指导,乃是提供经验。而且更希望子女能在生活工作中实践,求得自己的经验。在家庭里,如何使子女间互相合作,而得到彼此良好的适应,尤其在子女之间父母排难解纷时,必须注意信赏必罚等,社会性的教育。本书认为,一是真正的威权没有压迫的性质——威权是使儿童融入团体生活的一种方法,倘若威权施行得过分了,儿童自身的欲望便无发泄的出路,反容易形成忧郁懦弱的习性,或者过度的反动,而成为一个顽强反抗好起争端的人。二是因时制宜而予以干涉——倘若一种争执,能在子女的团体中获得公正的解决,父母即可听其自由解决,否则不妨建立若干行为标准而加以干涉,如禁止谩骂,禁止抢夺,禁止因为困难而号哭等。三是行为发展的过程应随时认识——社会性的品格是很复杂的,我们应当认识子女行为在每一时期中的特征。就一般说来,儿童不免常有下述的各种行为,如语言与事实的不符,想夺取别人的所有物,不愿做劳苦的事情……我们对于这些行为,应当根据他们心理发展的情形来解决,而不能以成人行为作标准。至于改善的步骤,则应先从一种特殊的事情上着手,然后设法使一种行为的原则,可以应用到各种情境上去。四是择友的能力应有相当的训练,子女必定要知道如何去择友,父母的"代庖",只能使之欣赏良友,仍不能养成择友的能力,离开家庭以后,可能因为缺乏经验而"近墨者黑"。

怎样使父母的忠告对孩子更有效?作者提出应努力以心理的方法去弥补年龄上的距离。每一个父母应当回想他们自己的儿童时代或青年时代,对孩子有"设身处地"的理解,不要去伤害那个年龄上的思想与情操。青年往往是理想主义者,他们诅咒家长的"律令",他们所希望的是更单纯的东西,常常幻想着至高至大至美的事物,他们需要温情,需要友谊。如果父母的尊严与专断,幽禁了这一切,那么外界人便会来战胜自己,外界的新天地闯入了儿童的灵魂，于是父母渐渐失去了"凝聚力"，子女也失去了"向心力"。唯一的挽救，乃是破除传统的伦理观念而代之以科学的心理观念。

父母留给子女，最宝贵的是什么？现代父母培养小孩，希望小孩有什么样的品质？这是个父母非常关心的问题，也是整个儿童教育学当中核心的问题之一。这两个问题之间有内在的必然联系。本书作者认为，"幸福是一种苦难与斗争的持续，而这种种斗争，永远为希望所挽救了。""没有希望的人，是没有人生的。永远保留我们的希望，这就是力量，而且什么事也都变成有意义了。当子女们长大了，他们开始参加更广大的人群去生活时，在一切准备中，父母千万别忘了给予他们生活上的希望。""请父母给予子女以希望，子女必须是一个能走长路的人，父母也不必太怜惜子女深入黑暗的社会，如果他们紧握希望，则黑暗中的摸索，也有光明，也有安全的路可循。""让幸福的家庭，生长在美满的希望之中，因为只有希望润饰了我们的生活，丰富了我们的情感，也担挡了一切的苦难。"本书中，作者用深情话语，明确告诉读者，父母给予小孩，最宝贵的是给予希望，提出要让小孩无论在什么样的困难条件下，都要保持乐观心态，要永远留驻希望，希望是点亮生活的明灯。小孩要有什么样的品质？答案就是乐观，乐观的气质是父母给小孩最好的财富。陈汝惠先生的这些闪亮观点，对于我国儿童教育学的发展，对于中华民族良好性格的形成，具有重要的启发作用。

总之，正如本书说的那样，"谨以此书纪念我的最劳苦仁慈的双亲"，整本书以情动人，以理服人，用生动的、有指导性的事例指导人，是一本值得阅读和珍藏的书。

（作者为福建师范大学教育学院院长、教授）

关于成长与健康的经典之作

——《父母与子女》读后感

黄文川

《父母与子女》一书分七个部分，条理清晰地介绍了家庭组织、人格形成、环境倾向等大家很关心的问题，从理论探索和实践层面来研究成长与健康、父母与子女互动等重要现实问题，选题非常有意义，是我国早期教育学、心理学不可多得的一本好书。这本书六十多年前就已经出版了，现在读来，仍然让人受益匪浅。本书对当前的年轻父母仍有很好的指导意义。综观全书，有三点让我感受深刻。

一是寓理于事，以例明理。我看过很多国外教育学和心理学书籍，觉得很多研究成果艰涩难懂，我国早期不少教育学和心理学研究也是半土不洋，让人摸不着头脑。《父母与子女》一书作者陈汝惠先生谈理胸有成竹，举例得心应手，两者和谐统一，娓娓动听。

本书认为，"要一个社会能够成立，必须使人类先懂得爱。而人类之于爱，往往从母性学来。母性犹如爱情一样，是一种扩张到自己之外的自私主义，由此产生了忠诚的爱护。也因了母爱，家庭才和夫妇一样能建筑于本能之上。"这种观点到现在还存在很多争议，但观点的提出也透出本书智慧的光芒，体现作者独到的判断。为了阐释这个观点的合理性，文章用很多例子来说明，很有说服力。大政治家兼学者欧阳修，四岁时死了父亲，他母亲教他读书，因为没有钱买纸笔，使用芦苇在地上写字。大学问家顾炎武对于历史的知识及爱国的信念，是他母亲教给他的，清兵向他的故乡进驻时，他的母亲决意绝食15天，死在家乡被占领的前一天，给顾炎武留下的遗嘱是不要受异邦朝廷爵位的封赐，顾炎武也终身遵守了这个训诫。

本书为了警示"父母要留心自己有没有偏见，过度的拘束将阻碍子女的正常发展，但是放任社交也是充满危险"，作者引用了一封子女的信，"一个悔恨母亲放纵自己的女儿的抗议：亲爱的母亲，假使我已达到结婚的年龄，那么我便可以面对着当前的问题，决定一切了。如果我有一个女儿，我会让她享受你给我的自由吗？不会的。我不想要女儿有所谓自由的不检束的生活，我们的女儿将来可以免除你们赐给我们的情感混乱的痛苦。我们这一辈儿女，在你们放纵下都是不会永久快乐的"。毋庸置疑，这封信非常有说服力。为了说明"父母影响子女的，往往是抽象的人格，如态度、行动"这个看法，作者举了很能说明问题的例子，作者有一个六岁的侄子，他父亲一回来，便把大礼帽抢去戴在头上，而且踱起方步来，还添上几声叔祖式的干咳。

二是贯通古今中外，博采众长。本书在说明问题时，旁征博引，贯通古今，在 20 世纪 40 年代，在我国学术领域，有这个眼界，足可见本书作者视野开阔，才华横溢。本书在说理中，采用丁西林在剧本里话语："我们想说的，人家不要听，我们不想说的，人家要问，为什么我们不能有说谎的权利呢？"书中引用了李健吾的"撒谎世家"。书中还提到了唯美主义的王尔德，"可是文学与教育不同，我们无疑应该让儿童知道，我们的文化是以互相敬重和互相信任为基础的，人类须有忠实的行为，才能够达到互相敬重和互相信任的境地，儿童应该晓得诚实就是聪明，就是立身处世的要诀，而说谎者永远得不到同伴的敬重"。为了说理，作者古今材料，中外经典，悉数上阵，让人敬佩。

"吾国儿童平均智商为 103，美国儿童仅 100，我们没有理由承认自己的种族低劣，也没有理由相信，中国人中没有一个可以超越爱迪生智力的。但是多少天才儿童已流落为小贩、报童、学徒，或者蜷伏在工厂中做了终日咳呛、深患肺炎的悲剧主角了。天才者可以克服环境困难，然而那不是无条件的。"这段话进行中西比较，数字运用精确，说理性很强，这在我国几十年前的学术著作中，是很少的，而这正是本书最可宝贵的东

第一编 陈汝惠教育思想研究

西。同样,本书引用了美国史学家房龙氏的话,解释"上下古今人类进步历程"为"最聪明的人领导前进,聪明的人努力前进,大多数人跟着前进,不聪明的人阻止前进"。引用西洋俗谚"日光不来医生来"说明了日光射入住屋的必要。这些对中西文化的运用,是学术研究上的创新和发展。

儿童选择什么样的伙伴,如何选择伙伴,这非常重要。当前大量案例说明,选择好的伙伴可以帮助一个孩子成长、成才,反之,后果很严重。本书作者认为,伙伴的选择应注意性别、年龄、健康三个条件,性别相同年龄相似的,比较趣味相投的,彼此也易于了解,但是天才儿童往往有接近年龄较大的异性的倾向。为了说明这个观点的正确性,作者旁征博引,"歌德少年时代生活,屠格涅夫的初恋,以及大诗人拜伦、雪莱的幼年的女友,都证实了这一点,也许儿童在不知不觉中,都有找寻智力年龄近似的伴侣的倾向。女孩子在相对地位上,的确智力要高过男孩子"。作者为了说明"家庭生活的内在烦恼也是错综复杂的,需要用理智去斗争",引用了西班牙马德里城国家美术馆中的一幅名画,题作《人生的年龄》,画面上有一个儿童还有少妇和老妇等三个人物,老妇正伏在少妇肩上,似乎在劝告她什么,但这些人物都是裸体的。作者通过这幅西班牙画,告诉读者:因了肉体上(年龄)的显著差异,老妇少妇儿童之间,实在很难建立一个共同观点。也许,隔一代的忠告,只是一个身体衰老的人,向一个如花如玉的情感丰富的少年所发的。

三是贯穿浓浓的情感,闪现智慧的光芒。正如本书前面说的,"以此书纪念我的最劳苦仁慈的双亲",整本书贯彻着浓浓的情感,以情动人。比如文中有这样的话:"纵然我们对于现实,有着迷乱痛苦的感觉,对于来世,也是神秘而难以解答的,我们仍要尽力帮助孩子们构成一幅美妙的图画。"这种以感情贯穿说理,使理论探索更富有真实性,理论价值和实践意义更为突出。在如何培养不同智力的儿童问题上,作者认为态度和感情必须一视同仁,方法上可以有所不同,这就是父母与子女的浓浓感情,作者这个观点和当前我国"以人为本"的道德观有异曲同工之妙。

本书是教育学、心理学专著,但通篇很多话语和观点都透露出智慧的光芒和智者的判断。比如本书提出"父母应该告诉他们：世界上最可爱的人，是那些偏见最少的人。偏见是危险的玩具，是心理上的毒品，他会左右你的审断，沾污了你的光明行为"。这个观点得到当代很多心理学家的认同，在实践中有很好的指导意义。在论述习惯养成上，本书认为，"习惯的养成，要相信自己，但是不能原谅自己。因为破例一次的结果，往往是何尝不能来个第二次。原谅一次例外，无异默许永久破例。在很多过失的惩戒上，往往有姑念初次，其实没有一件罪情，能比初犯更严重了"。这个观点值得广大年轻父母认真学习。如何让子女过着合理的生活，作者认为，"就要懂他爱他，了解是智慧，爱是力量、美、正义"。

小孩和游戏的关系，一直是广大专家和学者关心的话题。作者明确提出，"有许多儿童，过分游戏于想象的生活中，原因是由于不能顺应真实的生活所致，我们应当使这种儿童认识实际成就的价值，便不至于常常借想象的成功来自慰"。这个观点非常准确，儿童过度着迷游戏，尤其当前主要是迷恋电子游戏，这是让广大父母非常头疼的难题，许多心理学家和教育学家一直都努力寻找问题产生的原因，提出解决问题的办法，都收效不大。前段时间，一些地方为了戒除小孩的电子游戏瘾，采用电击等方式，方式粗暴，收效甚微，反而产生了更多的问题。作者在几十年前的论断，对我们研究小孩的游戏心理，从根本上考虑问题产生的原因，对于我们解决现代社会中小孩过度沉醉于游戏问题有很好的启发和借鉴作用，这可以算是本书给 21 世纪读者的大贡献。

（作者为《求是》杂志社副编审、博士）

喜于书海得遗珠

——陈汝惠家庭教育思想浅析

廖晶晶

说起民国时期的家庭教育专著，除了陈鹤琴先生出版于1925年的《家庭教育》，鲜有论著受人关注。笔者近日无意中读到1947年11月由上海商务印书馆出版，陈汝惠先生所著《父母与子女》一书（1971年在台北由商务印书馆再版），如获至宝，真有喜于书海得遗珠之感。尤其近几年图书市场的家教书热潮催生出大量家教图书，在琳琅满目、良莠不齐的注水书、跟风书中，读到此书，一股清新、朴实、平和之风迎面扑来，仿佛在喧嚣中终于觅得一所安静之处。

查询了一些史料方知，陈汝惠先生除了在高等教育方面的深思与专研，早年还受长兄、著名儿童文学作家陈伯吹和教育家陈鹤琴的影响，也潜心于对儿童教育的思考，陈鹤琴曾延请青年陈汝惠为家庭教师，成为深受他子女们欢迎的"故事大王"。这本《父母与子女》即是陈汝惠先生论述家庭教育的专著，该书从遗传、环境、适应及生活指导等方面，针对父母子女的心理卫生进行论述。这本小册子虽只有五六万字，却详细地讲述了家庭教育的诸多原则和方法，说"字字珠玑"实不为过。陈先生的语言也仿佛这本书的书名，简洁、直白，却将教育学、心理学上最为普遍的原理，看似无话可说的规律，娓娓道来，充满了对教育的真知灼见，令人心悦诚服地接受。确如陈汝惠的学生刘再复先生所说："陈汝惠老师天生具有教育者的慧眼与心性，这是一个大国最难寻觅的人才。"

应该说，《父母与子女》一书，对于研究我国近现代的家庭教育思想发展史，是一个新的发现，值得研究者认真研究。篇幅所限，本文仅就《父母与子女》一书读后感受最深之处进行浅析。

一

笔者认为，陈汝惠先生从"父母子女关系"的角度入手来探讨家庭教育问题，并提出"以心理关系替代伦理关系"，在20世纪中期，就提出破除陈旧的伦理观念，而代之以科学的心理观念的建设，不愧为一个创见。

在"引言"中，作者开宗明义地指出："在儿童教育的进程中，家庭教育是最落后的一页。""父母子女关系的不合理，乃是社会关系不平衡的基本因素。保守的家庭，会阻碍社会的发展，对于儿童生活的处置失当，任何一着都是不可补偿的损失。""幸福的家庭完全基乎微妙的心理关系"。因此，"父母子女关系的调整，成了讨论家庭教育的焦点"。由此出发，作者说："我执笔的时候，抱着一种希望，想把父母子女的关系，以心理卫生立场作一次综合的讨论。从遗传、环境适应及生活指导各方面，阐明正常的心理关系，并且将这关系，去替代陈腐的传统的伦理关系而建立起来。"

在第一章《家庭的组织》中，作者结合社会生活中的实际例子，将母子、母女、父子、父女间的可能的关系，予以分述。作者认为，"父母子女间的关系，的确是错综复杂的，以当地生活习惯为背景，以经济为焦点，以心理为基础。但在大多数情形中，大人颇可利用初期的教育，以改造儿童性格，这是人们难得想到而必须想到的事。""如何去消除两代人间可能也可免的愤怒与埋怨的空气，而代以优良的家庭教育，即如何建立父母子女间正常的关系，这是非常重要的问题。"

在中国传统伦理背景下，怎样在父母子女之间建立合理的关系？作者认为："如果我们要在父母子女之间，确立一个合乎理想的关系，首先要使父母有哲学的态度，懂得心理的方法，并且具备社会的眼光。"

作者认为家庭的结构是无可替代的，"只有在家庭里我们才会感到完全的解放，感到有充分表达个性的自由。为家庭里有充分的爱，一切亲子

之爱，弟兄姊妹之爱，彼此都是无条件地保持着，尊重着。"同时，作者也认为，"家庭生活是可爱的，家庭生活是伟大的，但家庭生活的内在烦恼也是错综复杂的，需要用理智去斗争"。

怎样使父母的忠告有效呢？"唯一的挽救，乃是破除传统的伦理观念而代之以科学的心理观念。"因为，"旧式伦理观念的虚伪和不健全，为提倡心理卫生的急切需要，拉出了警报。""从家庭悲剧的分析中，我们不得不相信陈旧的伦理观念，不足以扫除父母子女间的暗礁，以宗法制度为经，以亲长专权为纬的传统伦理观念，必须加以破除，代以心理观念的建设。父母须有人格上的凝聚力，子女才有向心力。了解、宽容，在仁慈和平的生活中，找求天伦之乐。"因此，"科学的心理观念的建设，将是我们谈父母子女的关系的结论，也是家庭幸福得失的关键。"

怎样进行科学心理观念的建设？作者从鼓励子女克服自卑心理、协助子女完成艰难工作、给予子女生活上的希望三方面给予父母们具体的指导。

首先，作者提出鼓励子女克服自卑心理的四点"治方"。

（1）认清自己的短处。父母应该用各种"智力""情绪""特殊才能"等测验材料，帮助孩子们得到自我的认识，他们应该明白自己在世界上所估的正常地位，既不把自己估价太高，也不估价得太低。

（2）尽力克服自己的短处。克服自己的短处，乃是一条成功的康庄大道。作者以美国总统罗斯福等名人为例，告诫父母"不必为子女的缺陷而悲伤，克服缺陷的一天，就是成功的一日"。

（3）若无其事。父母应该对子女说：如果你不能克服你的困难，也不要把它老放在心上。贝多芬和爱迪生并不以耳聋为悲观，抑且努力发展各自的天性，结果创造出更好的作品来。

（4）以长补短。父母还应该对子女说："发展你的长处，找出你能做成功的事情去尽力做。""十全十美"是诗人的幻想，现实总难周到，只要你有一技之长，你就可以用之不竭、取之不尽了。

其次，在怎样协助子女完成艰难工作方面，"怎样去指导子女支配休闲生活，以及如何教以良好的游戏，也是父母的重要课题"。"修学、旅行、远足、参观,使子女接近大自然,这都是最成功的养育"。

作者认为,"有了兴趣再做"这句话并不错,然而并非绝对可靠。"做出兴趣来",才是完全对的。父母们常为孩子所发的"无聊的"问题焦躁不堪,"但是父母能真注意到那些使孩子感到兴趣的问题时,一定会发现他们正在发奋地探求知识,而且使自己知识的领域,也因此而扩展了"。

作者建议父母要告诉子女们:"真正享受人生乐趣的人,正是那些不断制造小小的快乐的人,每一桩使你厌烦的事,正是快乐的原料,而制造你快乐所需的唯一的器械,便是一种川流不息的欲望。"

最后,作者呼吁父母们,要给予子女生活上的希望。因为"幸福是一种苦难与斗争的持续,而这种种斗争,永远为希望所挽救了"。

"没有希望的人,是没有人生的。永远保留我们的希望,这就是力量,而且什么事也都变成有意义了。当子女们长大了,他们开始参加更广大的人群去生活时,在一切准备中,父母千万别忘了给予他们生活上的希望。""父母很知道子女在社会上会碰到可能有的阻碍,大多数父母自身就是艰难险阻中的过来人,因此我们要以勇敢的姿态率领子女去面临人生。"

作者强调:"子女必须是一个能走长路的人,父母也不必太怜惜子女深入黑暗的社会,如果他们紧握希望,则黑暗中的摸索,也有光明,也有安全的路可循。"

二

"以心理关系替代伦理关系"是陈汝惠先生家庭教育思想的一个亮点,在《父母与子女》一书中,我们常常惊喜地发现,陈先生在半个多世纪之前提出的家庭教育理念,对我们今天的教子实践,仍然十分具有针对性,有重要的指导意义。

比如在讨论孩子的养护问题时,作者特别强调了母乳喂养的重要性。"母亲的奶,是子女应享的第一个'天赋之权',也是子女一生幸福中最重要的一点。除非有不得已,或者经医师劝告,每一个母亲,都应当自己哺乳子女。"

在"衣着"这一部分,作者提出:"儿童衣着,如能保暖,并防止毒物的侵入就够了,绝对不能流于华美,并不得压迫身体,阻碍呼吸。总以轻快而能够自由行动为相宜。没有一个儿童不以活动为生命,从幼年的时代起即养成薄衣的习惯最为要紧。"

在"父母的教管与子女训练"这部分,作者特别提到了对孩子进行情绪控制的重要性。作者认为,"儿童发脾气,十九因为他们缺少活动。也许他们不一定要糖,要上街,要听故事,而是要求一个适合于他们的活动。""所以事先布置一个游戏的环境,转变其争吵动机,暂时的不干涉,在不受要挟原则下稍加慰问,都是控制儿童情绪的上策。"

而在"溺爱"这个问题上,"倘若父母对于儿童采取溺爱的态度,将使长大了的子女,不善于应付实际世界。""所以真正爱护子女的父母,断不能用自私自利之心去教管儿童,父母要有教育常识,尤其是要明白责任。我们如置儿女于正常愉快的充满了生气与活动机会的家庭环境中,我们就不难训练他们去适应其他更复杂的环境。"

谈到父母的经济与子女活动时,作者认为:"我们不希望子女,从父母那里获得奢侈的挥霍……但是我们也不敢希望因为经济力不够,而限制了子女的正常活动,无论购置图书、文具,修学旅行,缴纳会费,和一点小小的社交费用甚至学费等,都不应该受到限制或加以剥夺。""父母替子女支付正常费用,不是'赏赐'而是'投资'。""经济自由的权利,应该给予子女。父母只在暗中监察好了。如果他们能帮助家庭从事生产工作,也可以致送酬报,作为奖励。这就要他们自小懂得'唯工作有代价'的深刻意义。"父母还应该鼓励子女们储蓄,自己去预算决算每月的收支,以及保管自己的经济。"理财是天才,管家却是常识。不管男女,自小养成其'管家婆'的能力,可以帮助他们将来在经济上的独立生活。"

对孩子的性教育,父母应该采取什么态度?"父母对于这个问题的回答,要诚实简单易于了解,如果我们再用规避的托辞来答复,使儿童对于我们失去信仰心,并且发生牵强附会的态度。我们必须要把这个难题,用健全的方法解释清楚,否则儿童就要请那外面的生人——我们是不能把这种重要的事情托付给他们的——去解释了"。"父母要使子女们认清:只有靠父母,才能得到这一问题的同情和注意,以及得到良好诚实的答案。"

此外,作者在家庭中子女行为的习惯、思想的习惯的培养,游戏活动的指导,撒谎行为的处理,择友能力的训练,以及问题孩子(天才子女、低能子女、变态子女)心理秘密的发掘等,均有详尽而实用的论述,令人获益匪浅。

三

陈汝惠先生在生活中,也亲身实践了自己的家庭教育理念。厦门大学中文系应锦襄教授在回忆陈汝惠先生的文章中写道:"印象很深的是他的家庭教育,他的三个孩子,现在都是出色的成功人士。认识他们时,虽然还都是青少年,就表现了不同一般的教养,尊重知识,彬彬有礼。"

的确,陈汝惠先生的三个孩子在父亲的谆谆教导下,都成为国家的栋梁之才,取得了非凡的成就。大儿子陈佐洱曾任国务院港澳办常务副主任(正部级),作家;二儿子陈佐沂是浙江大学工学博士;小儿子陈佐湟是我国著名的指挥家,国家大剧院艺术总监。

陈汝惠先生的长子陈佐洱自幼视父亲为"慈父、导师和挚友",他最早接触到的中外名著内容,是每天早上钻到父亲的被窝里,以不讲一段故事不起床让父亲也睡不成觉的方式获得的。父亲还手把手地教他写作。最快乐的时光是一家人围坐着,边吃晚饭边海阔天空地漫谈,"这也正是父母亲对我们进行思想教育、灌输知识的时候"。

二子陈佐沂在回忆父亲时说:"父亲为人一贯温文尔雅,从不摆家长威风,向来提倡家庭民主,遇到孩子们犯错时,他不是一味责骂,更无动手打过孩子,他往往先允许孩子自我申辩,甚至可以辩论再三,然后循循善诱,指出其错误所在,以理服人,直到孩子心服认错为止,既严厉又民主。由于爸爸的言传身教,无形中使我们从小知晓并养成凡事都要讲道理的好习惯"。

陈汝惠先生在"文化大革命"中,受到不公正待遇,受尽委屈,但是他哀而不怨,并一直教育孩子们以德报怨。在频繁的政治运动中,很多青

第一编 陈汝惠教育思想研究

少年都在狂躁地与父母划清界限,而他们一家总是怡然共坐,孩子们清醒地追随父母,探求知识,修养品行。陈汝惠先生以中国知识分子的勤奋、谦虚、仁爱和礼让,给孩子们的成长带来了深远的影响,成为孩子一生的精神财富。

最后,让我们以陈汝惠先生下面这番话作为结束语吧,希望所有为人父母者,都能认真体会并且实践:

"我们要教孩子过着合理的生活,就要懂他,爱他。了解是智慧,爱是力量、正义、美。爱里面,有勇敢、真实、忍耐,你可以用爱使孩子做一个好人。""但愿天下父母爱,皆得千万子女心——爱不能买,也不能卖,爱的价值只是爱。"

(作者为中国妇女出版社副编审)

陈汝惠与我国第一部 《高等学校教育学讲义》

林其泉

新中国成立后,不少高等学校开设教育学讲义课程,都以苏联凯洛夫的《教育学》为教材,主要是研究普通学校(中小学)的教育工作和教学问题。高等学校的教育工作和教学理论,原则上与普通学校是一致的,但有自己的特点,如:高等学校就本质讲是专业教育而不是基础教育,就系统性讲,又是在普通教育基础上的提高;又如:高等学校的教育对象多是十八九岁以上的青年人或成年人,他们的身心发展和社会经验均不同于中小学,等等,这些都需要专门加以研究。

厦门大学是一所综合性大学,其任务是培养理论科学或基础科学方面从事研究和教学工作的人才,即培养研究人员和大中学校师资。为此,厦大教育、中文、历史等专业,先后开设了教育学课程,并进行教学实习。教育课程的教材,起初限于普通教育学理论,后来增加了高等教育内容。为了配合教学工作,厦大直属教育学教研组于1955~1956年编印了《综合大学文科各专业适用的教育学教学大纲》和一部分讲义。为适应教育形势的发展,也为适应培养大中专学校师资的需要,厦大从1956年开始,增设了高等学校教育学课程,并编印了《高等学校教育学讲义》。

《高等学校教育学讲义》(以下简称《讲义》)是由当时厦大直属教育学教研组主任陈汝惠教授组织有关人员编写的。

---

* 本文原载《炎黄纵横》2008年第8期。

第一编 陈汝惠教育思想研究

陈汝惠，上海人，1939年毕业于上海大夏大学教育学院心理学系，毕业后一直在高校从事教学工作。1950年秋，应厦大校长王亚南之聘，来厦大任教育系副教授。1953年全国高校院系调整，厦大教育系调整出去，陈汝惠留校，1955年起担任直属教育学教研组主任（相当于系主任）。

担任直属教育学教研组主任后，陈汝惠向校长王亚南建议，编写一部适合于高等学校使用的教育学教材。在取得王校长的赞同与支持后，陈汝惠便开始行动，他参考校内原有自编的教育学大纲，重新拟出新的编写纲目。同时，组织有关人员搜集资料，分门别类加以整理，在这基础上分工写作。据陈汝惠老师家属及学生们回忆：接受王亚南校长指示后，他为编写这部高校教育学讲义，经常在厦大映雪楼教研组办公室召集各种会议讨论，还登门走访分工编写讲义的同事，下系听课时，直接听取师生们对教育学讲义的反映。其余时间，除不时应邀去厦门市教育界讲学，处理厦大海外华侨函授部、中苏友协等社会工作外，经常关在国光二楼自己宿舍朝北的小杂物间（在厨房、厕所隔壁），不分昼夜，手捧一杯清茶不停地写着，思考着。工作期间几乎不吃不喝，也不许妻儿们敲门打扰，一写就是几天几夜。经过一年的努力，全国最早的《高等学校教育学讲义》完稿了。

《讲义》共十二章：第一章教育学基本原理，第二章共产主义教育的目的和任务，第三章大学生的身心特征和教育，第四章学校教育制度，第五章教师，第六章教学过程与教学原则，第七章教学内容，第八章教育组织与方法，第九章共产主义道德教育，第十章美育，第十一章体育，第十二章学生集体的组织和教育。每章后面均附有练习题和参考书目，十二章中，陈汝惠自己撰写了主要的六章，其他六章由教务处干部潘懋元和夜校校长张曼茵撰写，最后由陈汝惠总纂定稿。定稿后，陈汝惠还写了前言，提到高等学校教育学是一门新的学科，是整个教育学的重要组成部分，指出这门学科的任务及其研究对象，最后讲到编写讲义的目的。

《讲义》编成后，于1957年7月油印数百本，除供校内使用，也寄出一部分与国内有关大专院校交流。

这本《讲义》原计划试用一段时间后再行修订并争取正式出版,后由于各种原因,特别是陈汝惠个人历史错案,致使出版工作未能按计划进行。尽管如此,《讲义》为以后高等学校教育学的编写开了头,打下良好基础。

20世纪50年代,是陈汝惠老师工作热情、精力充沛的时期,在完成编写《讲义》的同时,还认真研读毛主席的有关哲学论著。50年代在《厦大学报》上发表多篇教育学论文,如《〈实践论〉与教育原则》、《〈实践论〉与教育过程》、《论人的全面发展的党性原则》等,还发表了多篇研究《红楼梦》及儿童文学的学术论文,如《红楼梦研究中的颓废主义倾向应当批判》、《鲁迅与中国儿童文学》等。

"四人帮"垮台后,陈汝惠的历史错案得到了纠正。陈汝惠本人亦于1984年退休了,他最早组织的以他为主编编写的《高等学校教育学讲义》,已不大为人所提起。我想,编印全国第一部《高等学校教育学讲义》这件事,很值得厦大师生引以为荣,我们不应把它忘了。

(作者为厦门大学历史系教授)

再谈陈汝惠与我国第一部
《高等学校教育学讲义》*

林其泉

《炎黄纵横》杂志 2008 年第 8 期转载了本人的《陈汝惠与我国第一部高等学校教育学讲义》一文,文中讲到,我国最早一部《高等学校教育学讲义》(以下简称《讲义》),是由当时厦大直属教育学教研组主任陈汝惠教授组织有关人员编写的;提到陈汝惠在讲义前言中提出高等学校教育学是一门新的学科,是整个教育学的重要组成部分,指出这门学科的任务及其研究对象,最后讲到编写讲义的目的。此文发表两个月后的 10 月底,在互联网上出现一篇不署名文章《也谈我国第一部〈高等学校教育学讲义〉的编写过程》(以下简称《也谈讲义》),对本人的文章进行批评,说本人"简单地判断"该讲义是陈汝惠先生首先提议并组织编写的。该不署名作者的文章指出,当时陈汝惠对高等学校教育的特点还没有明确的认识,连"专业教育"这个关键概念也没有提到,所以他"不可能提出建立一门针对高等学校教育特点的新兴学科"。《也谈讲义》的作者用推理小说的笔调绘声绘色地写出了当年厦大一场理论创新的故事。该文作者说,该讲义是院系调整后被任命为厦大直属教育学教研组主任的"中国高等教育学科创始人"根据自己对高等学校教育的一种认识写出了书稿的前言、全书的整体构思和提纲,然后组织教研组的教师和教务处的干部一起讨论、分工撰写的。按这么说,本人所说的该讲义是陈汝惠组织有关人员编写起

---

* 本文摘要原载于《炎黄纵横》2009 年第 8 期。

来的话，是杜撰出来的了。对此，本人自是不敢苟同，不能不再说几句。这里最重要的是，看事实。如果不讲事实，靠想象力说话，靠推理办事，那就什么都太容易了。不讲事实就想当老大，虽会给人以咄咄逼人之感，但难免有难以堵塞的漏洞。

陈汝惠能不能当《讲义》的主编，是不是《讲义》的主编？我们还是先看看事实吧。

陈汝惠曾化名张天泽、陈西强，上海人，生于1917年，早年因家庭贫苦，靠半工半读修完中学和大学课程；从乡师、高师到大学；14岁开始发表文章；15岁开始从教，从家教到小教到中教到中学校长到大学副教授。20世纪40年代中期，陈汝惠已活跃于上海的文学界和教育界，当过《正言报》教育版的编辑和主笔，为教育界名流所注目。1950年由当年我国教育部长马叙伦的推荐，陈汝惠随厦门大学新任校长王亚南从上海来厦门，在厦大文法学院教育系任副教授。在推荐陈汝惠时，马叙伦曾给王亚南写过两封信，在1950年6月6日的信中写道："伦可保证其（陈）能胜任，彼曾任上海大夏教授，当有经验""厦大亟须整理，望……能早就职。"到了厦大后，陈甚受王亚南校长的器重，不但在教育系讲授教育学课程，还担任厦大职工学校校长等多种职务。1953年，教育系成立教育学教研组，陈汝惠任主任。不久，院系调整，教育系调出去，而该教研组成了校直属单位，陈汝惠仍留校并任该直属教研组主任。

1990年10月，厦门大学出版社出版的厦大校史第五辑"组织机构沿革暨教职工名录"第49页校直属教研室栏载：教育学教研组，主任陈汝惠，从1955年教育系移并福师院后，保留至1960年撤销（注：此时陈因个人所谓政治历史问题受到审查和批判，其教研组主任一职亦被撤掉），1961年恢复设教研组，由潘懋元任主任，1964年潘借调教育部时，由张曼茵代理主任。

编印《高等学校教育学讲义》时间为1956～1957年7月，时陈汝惠为副教授兼教育学教研组主任，有足够的资历和经验来表达自己的真知灼见。由他组织编写并主编这本讲义，自是顺理成章的。《高等学校教育学讲义》署名厦门大学直属教育学教研组编，当时任教研组主任的陈汝惠老

第一编 陈汝惠教育思想研究

师作为讲义的主编自是无可非议的。主编可理解为：其一，组织并主持某书的编写工作；其二，某书的主要编撰者；其三，某书的总纂者。身为副教授兼教研组主任的陈汝惠老师，组织并主持《讲义》的编写工作理所当然，责无旁贷；全书十二章，他自己撰写了其中的六章，并将全书总纂定稿，最后写了前言，并交付打印，这不叫主编叫什么？

陈汝惠主编我国第一部《高等学校教育学讲义》一事并非谁能"简单地判断"出来的，而是笔者20多年前走访陈汝惠老师后的结论。

笔者早在大学读书的20世纪50年代，已得知我校有一部《讲义》，只是未加研读。到了80年代中，校内不少人在谈论这本《讲义》的事，引起本人关心。大概是1985年下半年，我因被毒虫咬伤，养病期间抽空到敬贤楼向陈汝惠老师了解有关《讲义》的编印情况。据陈汝惠老师介绍，由他组织、主持编印的这本《讲义》，原先大家心中有数，并不存在什么异议。1960年，他因个人历史问题受到审查和批判。这之后，许多人对讲义避而不谈，以免惹来麻烦。70年代末，他的个人历史问题得到澄清后，这本《讲义》又引人注目了，议论的人日多。记得陈汝惠老师当时说了一句有些幽默的话："讲义又香起来了，有人很看重它。"他边讲边把一本打印的《讲义》递给我看，我即翻阅了《讲义》的目录和前言，而后向陈老师问了两个问题，他当场回答了我。其一，讲义是您总纂的吧？——陈老师的回答是明确而肯定的。其二，讲义前言是您执笔的吧？——陈老师说，是本人写的，有人提了些意见，后来修改了几句，总体构思是本人的。

就在这一次访谈结束时，我向陈老师借来了这一本《讲义》，回到家里加以细读，读后写了一篇表达个人看法的文章——《陈汝惠与我国第一部高等学校教育学讲义》，文字不长。因担心自己写得不准确，在归还《讲义》时，特意把那篇文稿交请陈老师过目。对于我草拟的那篇文字，陈老师不但细心看过，而且做了一些修改，后由李荷珍老师拿到我的宿舍交给我。这篇短稿的原件，我至今仍完整无缺地保留着。

笔者记得很清楚，陈汝惠老师做事谨慎细心，他连谁协助搜集材料，谁协助校对等都一个不漏地提到了，总不至于把总纂的人讲错了吧。讲义前言如果不是他执笔的，而笔者在那篇文章中说是他写的，他肯定会指出

来。他绝不会掠人之美。

记得,当时我曾问陈老师:"外面有人说,这本《讲义》是另外一个人主编的,您是怎么看的?"陈老师说:"《讲义》不是我一个人写的,但是我组织和主持编写起来的,这一点谁敢否定,我可以与他辩论!"见陈老师有些气愤,我不免过意不去,便对他说:"不到万不得已,不要跟他们争辩什么。社会上有一种'学者'神气十足,自以为是,其实这种人的成功与一个骗子的得手颇为相似:很多时候,其成功并非经历艰苦努力的结果,往往是因为碰上了运气,没有让自己遇上什么灾难,或者靠其合作者倒霉时将其成果窃为己有。应该相信,谁伪造历史,历史必会审判谁。"当时陈老师似不怎么同意我的话,但我至今仍这么认为。

否认陈汝惠老师组织、主持编写《讲义》的人不是今天才有的,今天仍有人那么认为,并不奇怪。在某些人看来,陈汝惠没有主编《讲义》的水平与能力,而笔者坚持《讲义》是陈汝惠主编的,那不等于自己公然为逝世多年的陈汝惠沽名钓誉吗?且慢,笔者还要说。

对于这本《讲义》,陈汝惠从来没有说过是他个人写成的,而一直把它看成是集体的作品,这从《讲义》所署"厦门大学教育学教研组编"这些字眼中,可以得到说明。局外人把它说是陈汝惠主编的,那是按事实说的,并非陈汝惠自己有意争之,有意攫之为己有。据说,该《讲义》编成后,海外某出版社欲以陈汝惠的名义加以出版,但陈汝惠没有同意,他不想掠集体成果之美。这可说是陈汝惠在人生功名道路上的一次道德和智慧的表达。无疑,把《讲义》攫为己有的也大有人在。人们看到,在陈汝惠退休以后,特别是在他去世以后,有人迫不及待地把这本集体编成的讲义列入自己"专著"作品中,把《讲义》前言收入自己论文集中,用以打造自己"第一"的"大厦",用以作为自己成名得利的奠基之作,把集体成果变成个人的私有资产。为了给自己争得第一,又可避免窃取集体成果之嫌,在陈汝惠去世之后,可死无对证,有人公然把它说成是自己最先想出来、最早提出来的,这就不足为奇了。

《讲义》是由集体编写、陈汝惠主编的,事实铁证如山,本该没有疑问,但在陈汝惠去世后,个别人提出,《讲义》是由当时的教研科长构思

第一编 陈汝惠教育思想研究

起来并提出全书提纲,然后由其组织教师和教务处干部一起讨论,分工撰写的,企图抹杀陈汝惠在编印讲义中的主编地位。

《讲义》是教学的重要内容,也是教学的组成部分,并不属于教学行政工作的范围。时教研科长因也是个教师,参加《讲义》的编写工作是可以说得过去的,但把他说成是整部讲义的主编者,是不是越俎代庖了?不就与理不合了?教研组与教研科的关系在《讲义》的前言中讲得很明白,前者为编写者,后者为协助者,既然如此,教研科长怎么会变成讲义的主编者?

《讲义》是谁主编的这个问题,说到底无非是争个谁是第一的问题。无疑,"第一"意识有时能大长民族志气,激励同胞奋勇上进,但是盲目争第一,未必是好事。那种名不符实的第一,尽管一时也会有人拍手称赞,但当真相大白后难免有人瞠目惊叹。笔者认为,对于第一,有时要争,有时可不必,即当为则为,不当为则不为。一个人再有本领也不可能什么都第一,而无原则地、不顾事实地争第一,不但会破坏人们最低限度的共识,而且会糟蹋自己的良知,即使匿名,也会受到自己良心的谴责,那又何必?

我们要提倡对良知的尊重。陈汝惠离开人世十年了,而良知仍在。他主张做人要诚实,且自己带头做到了。单是这一点就很值得我们学习和发扬光大。

相关文章链接:
http://edu.qq.com/a/20090917/000136.htm
http://book.ifeng.com/culture/whrd/200909/0918_7467_1354342.shtml
http://bbs.cenet.org.cn/dispbbs.asp?BoardID=92504&ID=409267
http://blog.sina.com.cn/s/blog_62372e7b0100fabb.html

试论陈汝惠的高等教育理念

——以《高等学校教育学讲义》为例

周建昌

陈汝惠是我国第一代高等教育学的创立者、高等教育家,但是由于宣传和传播途径受到这样那样的限制和影响,关于陈汝惠的学术成就,大都集中在陈先生的文学创作成就上。实际上,陈汝惠先生在高等教育学上的贡献也不容忽视:如果说《高等学校教育学讲义》(以下简称《讲义》)是我国第一部关于"高等教育"方面的教材,甚至是世界上首创的第一部专门研究高等教育的教科书的话,那么我们就不能不承认,主持、编写并撰写了前言、统编了全书的陈汝惠先生是一位不可多得的高等教育学专家,是一个具有远见卓识的高等教育家!也是我国高等教育学研究的拓荒者和先锋。

陈汝惠1939年毕业于上海大夏大学教育学院的心理学系,对心理学有很深的造诣。陈汝惠的这一学科背景为他日后从事教学、教育学研究以及文学创造都起到了很大的作用。特别值得一提的是陈汝惠将心理学应用到高等教育学研究领域,创造性地解决了"关系到整个教育学体系的建立"的学生心理问题,体现了他深厚心理学功底。

陈汝惠大学毕业以后就一直从事教学工作,他创办过江湾中学,当过校长,从事过被称为"孤岛文学"的创作,发表了许多有关教育方面的文章,主笔过《正言报》"家庭教育新论专栏",其中他撰写的"父母子女"系列文章,系统地阐述了教育在家庭中的作用,是一部不可多得的有关家庭教育的名篇大作。该系列文章所阐述的思想后来被陈汝惠应用于自己的

家庭教育，取得了巨大的成功——他的三个儿子都成为国家栋梁之材，受到世人的瞩目。除此之外，该系列文章的部分思想和内容，后来也被陈汝惠先生比照应用于高等教育学研究。他以对待学生如对待子女的同理心从事他的教育与科学，赢得了众多学生、弟子们的爱戴，这种爱戴直至今日仍然可以从许多的纪念文章中看到那些溢于言表的感激，实际上，陈汝惠先生的慈爱和仁爱一样也受得同事及校友们的敬重。

陈汝惠的教育实践是成功的，而陈汝惠的教育成果也是突出的，这种成功除了体现在他"桃李满天下"外，也体现在他所创造的众多文学作品及撰写的各种学术论文上，前者体现在学生身上，这属于外在教育效果范畴，后者体现在自己的作品上，则属于自身内在的科研和写作能力，也是一种教育效果的体现（体现在自己身上）。

了解了陈汝惠的教育实践和教育成果后，我希望用更多的篇幅集中阐述陈汝惠的高等教育理念。关于陈汝惠的高等教育理念介绍，我仅以他主编的《讲义》为例，不旁及他的其他文章。

一、从"前言"看陈汝惠对高等教育特殊性问题的思考和认识

陈汝惠自1950年由新中国首任教育部长马叙伦的推荐随王亚南校长一起来到厦大，并开始从事高等教育和教学工作，1955年任厦大直属教育学教研组主任直至1960年。就在他在任主任的1955～1956年，学校编写了《综合大学文科各专业应用的教育学教学大纲》和一部分讲义。1956～1957年，学校便开始开设高等学校教育学课程并试编了一部教材即《讲义》一书。

在陈汝惠看来，高等学校的教育和教学不能等同于普通学校（即初等和中等学校），而应突出其特色，寻找并解决高等教育固有的教育特征，并以此为依据构建高等教育独有的"高等学校教育学"。在他看来高等学校教育与普通学校教育的差异首先就在于它是"建立在普通教育基础上"，并"与国民经济各个部门直接联系"。其次从学生的身心健康角度看，高

等教育和普通教育之间也有明显的区隔。他以上述两点为基础进而阐述并奠定了我国"高等学校教育学"的理论框架和研究基础。由于陈汝惠学生时代所学的专业是心理学，所以他一直十分强调"心理学"在高等教育中的作用和不可替代的价值，这是陈汝惠先生的创新之处。笔者记得《讲义》的合作者之一张曼茵在2008年10月厦门大学陈汝惠学术研讨会上很明确地指出陈汝惠关于高等教育中的心理学（身心）和美学（美育）的论述是独到而深刻的。

陈汝惠在"前言"中明确指出，在20世纪50年代，全世界都仍然没有哪一个国家建立起与高等教育有关的学科，厦大实属首创。敢于创新，敢于第一个吃螃蟹，敢于探索未知的学术领域，这是陈汝惠及其编写《讲义》的团队的值得敬赏的精神之所在。社会要进步，时代要发展，学术要进步，科研要创新，无不需要有陈汝惠等高等教育学开拓者、前辈们这种"开拓进取""勇于创新""迎着困难上"的"大无畏的创新精神"。也许有人会说重提老掉牙的"大无畏精神"很老旧、很过时，但我却觉得，这种精神正是我们这个时代精神所必需的，是我们这个正在发展的时代所必需的。20世纪50年代，"百废待兴"，需要开拓精神，新世纪"百业待举"，也需要有"大无畏"的开拓精神。

陈汝惠的品德是高尚的，他在《前言》中谦虚地说《讲义》只是"抛砖引玉"；他对《讲义》的自我评价也引用了《庄子》的一句话"始生之物，其形必丑"，有待进一步完善；他不掠人之美，文后明确指出本《讲义》是由"教育学教研组编写的，并承教学研究科协助"，指出具体负责执笔的各章节作者，并包括校订和搜集资料的相关人员；最后署名"厦门大学教育学教研组编"。

二、从《讲义》第三章看陈汝惠对高等教育对象——学生的认识

高等教育区别于普通教育之一就在于高等教育的对象是"大学生"，而对于"大学生"的认识和教育则是高等教育的关键和"主导"，如果不

能认识到"大学生"的特殊性,那么我们就有可能"无的放矢",仍以教育"中学生"或者"小学生"的教育方法来教育"大学生",这是极其错误且愚蠢的做法。高等教育本着"培养"社会主义建设有用人才之目的,应根据"大学生"的身心特点,因材施教,根据"大学生"的年龄特点、心理特点、认识特点等加以引导和教育,进而有效地培养有用的国家栋梁之材!

陈汝惠先生认为,教育除了受社会发展规律,即社会环境制约外,更受到具体的受教育对象的"大学生"的"身心发展规律"即大学生心理发展规律的"制约"。大学生的身心发展正处于立与不立,摇摆不定,疑惑不解的阶段,如何引导大学生向善、向好的方向发展,陈汝惠先生认为"教育"起"主导作用"。他反对片面的"教育万能论""环境决定论"和"遗传决定论",但他明确肯定并主张"在人的造就中,教育能够起主导作用""共产主义教育是培养全面发展的新人的决定性因素",他相信"劳动人民也将以自己的实践来丰富教育、发展教育"。

陈汝惠先生对于学生的心理认识是深刻的、专业的,因为他原本就是一个心理学专业的毕业生,可以说心理学是他的专业、本行。将心理学应用于教育,对于陈先生而言,应该是驾轻就熟且十分简单的事。陈先生认为青年早期的特点是"热情,勇敢,追求理想,爱好抽象思维的活动,渴望生活的独立,对异性的敏感,对友谊和集体活动的兴趣等,继续在发展、日渐趋于完善"。陈先生应用其专业的心理学知识,深刻地阐述了青年人的心理变化及其特殊性。他说:"随着中枢神经活动和大脑皮质的发展,特别是长期以来系统的教育、教学的作用和生活经验的扩大,使青年人的感觉和知觉更加趋于精密和深刻化。对于具体事物及其特性的观察,比较完全和真实。作为审察新事物的定向活动的注意力,也更能持久,更显得稳定了。在记忆方面,词的逻辑记忆特别有了发展,青年人比儿童、少年更善于运用联想记忆,有意识地去掌握记忆的规律。在这许多条件下,青年人的思维能力,可能显著地提高,思维带有更加抽象和更富于逻辑推理的性质,也更富于独立性。"

陈先生详细地论述了大学生"抽象思维能力的增加""创造性想象力

的活跃""幻想和理想""感情倾向""事业兴趣的发展""意志力的提高""友谊和爱情"等身心特征,在此基础上明确阐述了"中国大学生的特点和教育",他指出了大学生的缺点也肯定了大学生在其"身心发展中的许多特点优点",他谆谆地教导大学教师应当"跟大学青年们建立友谊。让这样的师生友谊,充满尊敬、友爱和青春气息,充满学术研究的气氛和教育的意义"。

正如陈汝惠最后所点明的"与学生为友"思想,陈汝惠以其一生的实践为我们树立了师友的榜样,几乎所有他的学生以及所有与他交往并怀着善良心的同事都十分赞赏陈先生的为人和高风亮节,正如2008年10月朱崇实校长在陈汝惠学术研究会上的致词所说的那样,陈汝惠"谦虚、礼让、宽厚、仁爱,他对学生像对自己的孩子一样疼爱有加关怀备至,对同事、对朋友肝胆相照赤诚一片,为人平和彬彬有礼……我感觉厦大有这样的知识分子形象,是厦门大学的骄傲"。

三、从《讲义》第五章看陈汝惠对高等教育的实践者——教师的认识

高等教育实践离不开教育对象学生,没有学生何以教育,而高等教育更离不开教育的实践者——教师,没有教师,高等教育工作根本就无法开展。记得王亚南校长有一句名言:"看一所大学主要看三个东西就可以了,一是教师队伍,二是图书馆,三是学报。"我不知道和陈汝惠一起到厦大任教的王亚南校长所说的这句话,是否与陈汝惠先生有关系,是否受到陈汝惠先生的影响,但至少我们可以说他们是英雄所见略同,都认可教师在高等教育中的重要地位。陈汝惠说:"事实证明:教师在教育过程中起着主导作用。……在学校中,使用无论怎样完善的制度、章则、教学计划、教科书,都不能代替教师的作用或超越教师的作用。"

陈汝惠非常强调教师在高等教育中的主导作用。陈汝惠仍然利用他心理学知识上的优势,强调教师性格对学生的影响,他指出"教师性格中的教育力量,更不能以其他东西来代替"。陈汝惠强调教师是"将来"工作

第一编 陈汝惠教育思想研究

者,是"人类灵魂工程师",他强调新中国教师的"人民"性,教师要为人民服务,要立足于民族、国家、人民和社会这样的大境界、大视野、大熔炉中,他强调学校和国家都要高度重视并极大地提高教师的荣誉和地位,尊师重教。他特别感谢新中国对教师的很高的"估价"和对教师的"进行了这么多的物质上、精神上的帮助",进而他强调教师应具有回报社会,回报国家的"这样的自觉"。

陈汝惠从"教师的任务"以及"教师的修养",包括政治修养、业务修养、个性修养、思维特点、兴趣和语言、感情的特点等方面全面细致地分析教师应具有的基本条件和基本素质以及应注意的问题,分析全面而透彻,即便比较现在高等教育学中对教师的论述,他的论述仍然不失为先进,在某些方面甚至可以说,现今的高教教育理论和实践都仍然没有超过陈汝惠的这些精辟的论述。

陈汝惠在强调教师自身修养的同时,也重视学校对教师的培养,如果修养是教师自觉的自我培养的话,后者的培养就是"由政府和学校采取各种具体措施,通过一定的组织,一定的方法来培养"。

陈汝惠先生高瞻远瞩,在当时比较单一的教育现状和教育体制下,他竟提出了与现在宽松教育体现相类似的各种培养模式,诸如"函授大学""师资训练班""专门讲座""教学讲座"等。特别值得一提的是,陈汝惠先生本着为国家培养人才的责任心和紧迫感,一再呼吁"大力培养新生力量"。他指出:"在高等学校中,培养师资的主要方式有四:(1)培养研究生;(2)出国留学;(3)培养助教;(4)脱产进修。"他最后提出通过教师的自我修养和学校的认真培养,"有关教师的社会政治地位、任务、修养、培养等各种问题解决了,提高教育质量、展开科研研究、办好学校也就不困难了"。在这里我想再回头温习一下并提出,王亚南校长的那句"办校三要素"的名言,其中教师排第一,与这里陈汝惠的解决教师问题,办校也就不困难的论述,何其相似乃尔!

四、从《讲义》第六章看陈汝惠对高等教育的实践
——教学的认识

高等教育的实践就是教学。陈汝惠非常精辟、辩证地阐明了教学过程这一基本概念,在他看来教学过程实际上就是一种组织学生学习的过程,即"具有严格的组织形式",他认为教学过程应包含着两个方面和二种关系的内容。这两个方面就是"教师"方面和"学生"方面;这两种关系就是"教学与社会需要的关系"和"教学与学生身心发展的关系"。

很显然,陈汝惠的论述是科学的,教学过程是教与学的两种活动的结合,他科学地揭示了教学过程的内在分工及其相互配合关系。他强调在教与学两方面中,教应起"主导作用",他说"教师是教学过程的组织者、领导者",而"学生的自觉性、积极性"也"主要是由教师来激发的、培养的"。也许有人会觉得,这两者应是并重的,并没有轻重、主次之分,但我觉得,实际上,确如陈汝惠所论述的,我们应该强调和重视教学过程中"教"的重要性,古语所谓"养不教,父之过;教不严,师之惰",它所强调的也是"教"的主导性和重要性。从另一个角度分析,陈汝惠的这种论述,从一个负责任的人民教师角度看,也体现了陈汝惠的高度负责任的高尚品德。陈汝惠关于"两种关系"的论述,体现了陈汝惠教育为国家、为社会、为民族的高尚情操,同时也体现了陈汝惠重视学生心理,注重细节,关注学生身与心的需要,爱学生如爱子女的高尚品德。结合前文的论述,我们能清楚地发现,陈汝惠一贯强调学生"身心发展",这与现代"市场经济"条件下的高等教育实践多从"功利"出发的教育现实相比,实在不得不赞赏当时人民教师和人民教育的伟大和高尚,对当年高等教育学理论的非"功利"性,无"功利"性,而专以学生的"身心发展"为心,即以人为本,以学生为本,专注培养学生健康的"身心"状态的教育理念而感叹。我们也不得不大声高调加以赞赏:为陈汝惠为我们留下如此宝贵的高等教育学思想财富而表示感谢!

陈汝惠强调教学过程的师生"协调"和"一致"性,他指出"教学过

第一编　陈汝惠教育思想研究

程的完整性和统一性，表现于师生双方活动在教育目的性上的一致性，师生活动的协调构成了教学活动的完整形式；表现于教学中的教育与教养的统一；社会发展需要和学生身心发展需要的统一。"

陈汝惠认为"教学过程的基本规律"就是"在教学中，教师以科学知识技能、技巧武装学生的同时，全面培养学生的共产主义世界观与道德品质，发展学生的认识能力与创造能力，是教学过程的基本规律。实现这一基本规律，要求教师加强教学的科学性、教育性和知识的实践性"。陈汝惠从"教学过程是认识过程的特殊形式""学生认识活动的特殊规律""教学过程的基本环节"细致分析了教学的基本过程，在这里陈汝惠特别强调教师的教学"实践"和学生的学习"实践"。

陈汝惠认为高等教育的教学原则包括"直观性原则""自觉性原则""巩固性原则""系统性原则""因材施教原则"。他认为"教学原则的体系是一整体，它还在发展中……原则与原则互相联系，互相制约"。在陈汝惠所总结的教学五原则中，我特别欣赏他的"直观性原则"，随着现代科技的发展，电脑、网络、投影、影音等技术和设备都已经十分普及，现在课堂教学已经完成"直观性"。亦如陈汝惠先生的论述，他认为"任何直观性活动，只是手段而不是目的。应该批判直观教学的庸俗化和舍本求末的兴趣主义"。

陈汝惠的论述实在、深刻、深远，他的论述至今仍和现代高等教育是那么丝丝入扣，令人佩服。现代的教学确已经是相当"直观"了，但是也如陈汝惠先生所指出的，我们的直观也出现了"庸俗化"和"兴趣主义"倾向。现如今盛行所谓"快餐文化""读图时代""电子时代"或"影音时代"，处在这种快速而直观影像的环境中，我们的教学的"直观性"也开始出现了"庸俗化"和"兴趣主义"倾向。在这种不良现象下，老师的教学变得越来越随意，而学生的学习也变得浮躁起来，教学的效果也因此变得越来越低效。这是值得我们深思的一个大问题。

五、从《讲义》第九章看陈汝惠对高等教育中的道德教育的重视

我国的教育历来强调"德育",从孔子提倡"仁义礼智信",到当代教育所强调的"德智体美劳",都以"德"为先,再看当代道德宣传中的"八荣八耻""社会主义的核心价值体系""诚实守信""以德治国"等概念,我们不难看到道德在教育和社会和谐发展中的重要作用。从某种意义上讲,道德在维系社会稳定和和谐上的作用,在范围和效力上都超过了法律,实际上是法律就是道德的底线,是由国家制定和认可的对公民道德的最低要求。

儒家经典《大学》以为"大学之道,在明明德,在亲民,在止于至善"。高等教育的重点当然不能忽视"知识"和"技术"的传授,但是如果忽略了对学生进行"道德教育",那么这种高等教育是危险的。陈汝惠指出"共产主义道德教育是整个共产主义教育中的组成部分,在培养社会主义新人的品质中,具有决定性的作用"。在陈汝惠认为"在教学过程以外,还有狭义的教育过程"。他认为"在教育过程中,首先,应该以共产主义道德的精神来教育新生一代……共产主义道德原则,就是全部道德教育的基础"。他具体地分析了"道德的本质",指出"道德,是一种社会意识形态","道德反映了人与人之间的义务和关系","道德,属于历史范畴"。他分析了共产主义道德教育的"任务""基本内容""原则与方法"。特别值得一提的是陈汝惠所总结的道德教育的几项原则:"共产主义目的性原则""积极实践原则""连贯性一致性原则""建立教师威信、示范、说服与尊重学生人格的原则",他认为"目的性,不但包含目的清楚,还要求为实现自己的目的能够大体上看到一些方法、步骤。即不但有方向,而且还有前进的途径"。如此深邃的道德教育理念,仍可令今人为之汗颜!对照如今的道德教育,已经完全变成了机械的说教,道德教育的目的虽然明确,但只是为了通过一定的学分,而道德教育的目的性就更不用说了,学生应付了事,而教师也都照本宣科,没有新意且不说,让学生失去兴

趣,甚至对道德教育反感才是最让人痛心的教育恶果!

陈汝惠强调道德教育的目的性,同时强调道德教育的实践原则,这一点是相当有见地的!一般认为道德教育,简言之就是一种"道德说教",说说教教之后就结束了,陈汝惠则不同,他提出了道德的实践原则,认为"道德教育"应该采取实践的形式,在现实实践中进行道德教育,他认为人们在认识到道德的作用和意义之后如果能再"在反复练习中,自我监督中,教师的具体指导和集体评定中,使这一行动巩固起来。练习,就是同一活动方式的重复和不断提高"。

在实践的基础上,陈汝惠强调道德教育必须"长期坚持",只有这样道德教育的效果才能得到巩固,道德教育才有可能取得良好的效应。陈汝惠强调在道德教育过程中,教师的作用是不容忽视的,他说"教师和教师的集体"在"道德教育中起着决定性作用",他主张教师要建立自己的威信,而这种威信"主要决定于教师自己",教师要"正确地、及时地向学生提出严格要求",而这种要求的贯彻,不是靠强制而是靠"说服"。教师的威信"不能不建立于对学生人格的尊重上",他使用"尊重"一词,实际强调的是"师生平等",这种平等的观念是陈汝惠所一贯坚持和实践着的教育理念,体现了陈汝惠严于律己的高尚情操。

陈汝惠最后特别指出,在"道德教育"中要注意处理好"赞许和谴责,奖励和惩罚"这两组关系。他认为对于在道德行为中有"良好表现"的学生,教师应给予充分的"赞许、表扬,或给予其他奖励"。他说:"赞许、奖励能使学生的情绪高涨,精神上感到安慰和满足",反之则予以惩罚,他说:"惩罚,可以终止错误行为的延续和扩大,避免发生更严重的后果。"

陈汝惠的"道德教育"对于当代高校的"思想道德修养"课程的教学仍然具有指导意义。我们应该继承陈汝惠先生关于道德教育的论述,从中汲取经验和有效的教育方法,积极研究"思想道德修养"课程的教学改革,确实提高现阶段的"德育"教育的极差效果,防止"德育"教育的进一步形式化、格式化、无效化!

六、从《讲义》第十章看陈汝惠高等教育思想中的美育观念

虽然"美育"的思想起源很早,古希腊时期就已经出现,我国古代类似的思想也是有的,但美育被用于教育,应该说蔡元培起了一定的作用。但是笔者以为将"美育"单列一项并将它列入"高等教育"中的一项重要内容加以重视的中国教育专家,其首创者就是编写《讲义》的作者团队,陈汝惠是其中最主要的一位。陈汝惠认为"美育,是共产主义教育的任务之一,是培养全面发展的人所不可缺少的一个方面"。他认为"爱美,是人之常情"。美包括"反应社会、自然、劳动的美"等。他指出,"美育,特别是艺术教育,在扩大和加深学生对客观现实和历史文化的认识方面,具有重大的作用。"

陈汝惠阐述了"美育的任务"和"唯物主义的审美观点"。他详细地论证了"美育的内容与方法",他认为,开展审美教育即美育的主要方式应包括"举办文艺讲座、艺术展览、会演等活动",其方法及特点则包括"艺术创造指导""坚持党的文艺路线""艺术创作是顽强的劳动""掌握艺术形式的特点""培养对自然和生活美的欣赏和习惯"等等。他认为:"在整个美育工作中,在激起和发展学生艺术创作的积极活动中都要教育学生善于保护自己的感官,保持感官(视觉、听觉及其他)的正常状态,训练它们使能随时适应于审美对象的领会,逐渐提高感受能力和掌握工具的能力。……在培养着善于'看'善于'听'和善于'辨别'各种艺术形象的精细的感觉、知觉能力时,就创造了那些为扩大和深入认识现实世界的前提。我们不能忽视美育活动中的生理基础条件。"

陈汝惠的美育理念是唯物的,他基于对人的"感官"的理解,将美建立在"生理基础条件"之上,这种美育理念能为人所普遍接受,如通过训练将可深植于学生的心中,成为学生感知多样的现实世界美的前提,让学生以美的感觉来感知这个世界,学生如果这样那么他必定是乐观的、快乐的,更是向上的、有为的!在我国美育活动中,曾经有过"五讲四美"活

动,那时的人们对于美的追求,更多从表面的的"语言"和"环境"以及抽象的"心灵"和流于形式的"行为"入手,这种的美育适合于人民大众,能一时的流行,却很容易一哄而过,一流而去,不能深入人心,相比陈汝惠的美育理念,他更多地从人内在对美的追求出发,挖掘人的内在对美的需要,以满足人对美的需求,追求美育能深入人心,根植到学生的内心深处,以使这种"美"一直跟随着学生成长、发育、发展,进而得到完美的传播!这是一种十分科学的美育理念,也是理想的美育状态。

七、从《讲义》第十一章看陈汝惠高等教育思想中的体育观念

如果美育的目的是为了培养大学生的美感,增强大学生对美的感受和追求美好生活的话,那么体育则从大学生的体能、体质和体魄出发,培养大学生的良好的生理健康条件以及身体健康观念。在陈汝惠的高等教育思想中,美育排在体育之前,道德更排在美育之先,这体现了陈汝惠重道德、重美育的高教理念,但我们是否由此推断陈汝惠忽视"体育"的教育,轻视体育在高等教育实践中的作用呢?翻开《讲义》第十一章,我们就不难看出,上述看法是片面的,也是错误的。陈汝惠实际上同样十分重视体育的教育。

陈汝惠强调"体育教育是整个共产主义教育过程中的重要组成部分。体育借着本身的手段解决一般教育任务"。他指出,"强健的身体,饱满的精神,以及由体育所培养出来的其他优良品质——坚忍、敏捷、乐观、组织性和纪律等,对于每一个人,在任何情况下的生活都是必需的。"他认为"体质、体力、体育是三个有联系的概念","体育和智育有紧密的联系","体育,应当服从于共产主义教育的总任务","共产主义教育体系中的体育意义是:结合智育、德育和美育,保证培养健康的、有良好发展的、在体质和运动技巧上得到锻炼的、愉快乐观的、准备从事劳动和保卫祖国的新生一代"。

陈汝惠把体育课程分为"运动选修和一般身体训练的综合课程""运

动提高加修课程""医疗保健体育课程"等，特别是最后一项"医疗保健体育课程"，如今我们似乎已经没有类似的体育课，而取而代之的却是医院的"体检"，而且现在学生的医院保健知识极度匮乏，甚至包括教工在内，他们不知道体育锻炼要根据身体条件不同而选择进行，更不清楚运动有"生理限度"问题，要么不能持续进行，要么猛烈运动，因而造成了许许多多的"运动事故"，在运动中死亡！这是很可悲的。改革改革，一不注意往往把许多好的东西也都改革了！

陈汝惠强调体育的"劳卫制"即"准备劳动与卫国"，虽然这种观点留着强烈的时代印记，但是将体育与道德结合在一起，注重体育教育的道德培养功能，这是十分可取的一种观点！体育如果没有目的，体育运动就不能长久，而体育如果只停留在个人身体健康上，那体育就变得"自私"而失去了动力。陈汝惠强调的体育的道德目标，他认为"是体育教育的方向问题"，主张体育要以培养学生养成良好的道德取向为原则，否则"腐朽的个人主义就会滋长起来"，这是不可原谅的教育事故，是不能原谅的。

八、结语

综上所述，笔者以为陈汝惠的高等学校教育理念是全面的，仅就《讲义》而论，如果单独把他编写的章节抽出来印刷成册，基本上也可以构成一本完整的《高等学校教育学讲义》，因为他编的章节，包括德、智、体、美等教育项目，也包括教师和学生这两个教育活动的最根本的主体，内容已经基本完备。通读《讲义》中陈汝惠撰写的章节，我们可以看到陈汝惠许多闪光的高等教育学理念，有许多理论至今都有借鉴价值，处处闪耀着陈汝惠的高等教育学思想的光辉，由此笔者以为陈汝惠不愧为中国老一辈的高等教育学家，是一个不可多得的高等教育学思想的开拓者和启蒙者。

(作者为厦门大学图书馆副研究员)

第一编 陈汝惠教育思想研究

以科学实践理论指导教育科研的先驱者

——纪念陈汝惠先生

李正心

科学实践理论亦即辩证唯物主义的认识论,根据毛泽东著述的《实践论》,可以理解为如下几个层次。(1)人们在生产斗争、阶级斗争和科学实验三大社会实践领域中,通过感觉、印象,感知了事物现象的、片面的外部联系,获得了经验即感性知识;人们继续在该三大实践领域中达到了事物的全体的、本质的、内部的联系,使感性认识升华为概念、判断、推理和结论这一理性认识,实现了认识由实践到理论的第一次飞跃。(2)人们从三大实践中获得到的理性认识——包括政党的理论、路线、方针、政策,要贯彻到新的实践中去,受该新实践的检验,由之前第一次飞跃的"认识世界",转化为"改造世界",成功的称为通过了实践检验的真理,要加以坚持和发展;失败的或部分失败的称为错误或部分错误,要加以修正,改造主观世界;"实践是真理的标准"。这是由认识回到实践的第二次飞跃。"认识的能动作用,不但表现于从感性的认识到理性的认识之能动的飞跃,更重要的还须表现于从理性的认识到革命的实践这一个飞跃。"(3)社会实践中的发生、发展和消失的过程是无穷的,人的认识的发生、发展和消失的过程也是无穷的。客观现实世界的变化运动永远没有完结,人们在实践中对于真理的认识也就永远没有完结。通过实践而发现真理,又通过实践而证实真理和发展真理。从感性认识而能动地发展到理性认识,又从理性认识而能动地指导革命实践,改造主观世界和客观世界。实践、认识、再实践、再认识,这种形式循环往复以至无穷,而实践和认识之每一循环的内容,都比较地进到了高一级的程度。这就是毛泽东所阐述的科学实践理论,也就是辩证唯物论的全部认识论。厦门大学教授陈汝惠先生是一位以科学实践理论指导教育科研的先驱者。

一、陈汝惠先生教育科研思想精粹

陈汝惠先生很早认识到《实践论》"发展了辩证唯物论关于认识过程的基本原理",提出"研究一切科学理论,从事一切革命实践,必须首先在思想上遵循《实践论》的指示,以《实践论》的观点和方法,作为自己学习与工作上的观点和方法"。他是一名教育学的学者,他坚信"只有马克思主义的认识论——《实践论》,才能为教学理论指引一条正确的途径。具体分析教学过程与教学原则的关系及诸原则的内在联系,尤须以科学的认识论为指针"。从1954年至1957年,他先后在《厦门大学学报》发表长篇论文《实践论与教学原则》《试论人底全面发展的统一性高度性和党性》《实践论与教学过程》,以科学实践理论来指导教育科学的研究工作。他所论证的观点,今日看来,依然是精辟而闪光的观点。

(一)认定科学实践理论是教育工作者的理论武器。陈汝惠先生强调科学实践理论所阐述的最基本的观点和方法,就是认识与实践的统一,理论结合实际。教育工作者必须掌握科学认识论这一理论武器,首先是由于他们肩负培养新生一代成为"全面发展"的社会主义新人,即有社会主义觉悟的、有文化的、身体健康的劳动者这一职责。其次在于科学实践理论反复阐明"认识与实践的统一""理论结合实际"在教育实践中是改进教学工作、提高教育质量的总方针。教学中的理论,包括教学内容方面,也包括教学方法方面;教学中的实际,有社会实践方面和学生智力与体力的发展方面。教师掌握科学的认识论大大有利于解决教育、教学中的理论问题和实际问题,有利于贯彻国家的教育方针和理论结合实际的教学方针。再者,陈汝惠先生十分强调"教育学和实践论站在同一条哲学战线上"。他指出,广大教育工作者和人民教师都要学习教育学,教育学是一门党性的科学,研究和总结教育的实践,探求新生一代的教育规律。人民教师需

第一编　陈汝惠教育思想研究

要承担推动教育科学继续前进的义务,把理论的认识和观察、实验、调查、研究等活动结合起来,达到理论结合实际和理论的创新。他指出:"在实践中学习教育学和为了实践而推进教育学,是一个统一过程,是教育科学研究上的新趋向";而"作为教育学方法论的基础,实践论提供了根本的指导原则"。再从教育实践本身看,处于教学过程中主导地位的教师,要认识到"师"与"生"完成教学过程,是人类认识客观世界的特殊形式,只有彻底理解认识和实践的辩证关系、感性认识与理性认识的辩证关系,才能发挥好教学过程中的主导作用,完成教学任务。陈汝惠先生于是断言:"实践论总是我们改造客观世界也改造自己主观世界的极其重要的理论武器。"

(二)陈汝惠先生另一精辟论点表现为:阐明科学实践理论在分析教学过程本质中的指导意义。他论证:教育是一种社会现象,在社会历史生活过程中,教育从生产劳动和适应社会关系的实际需要里产生。根据实践论的启示,要把教育这种社会现象放在人类社会历史实践中来考察,教育活动是人类传递经验的有效手段。教育形式和方法的具体组织、作用及其目的要求,随着不同的社会历史条件而不同,并且不断发展着。当今每一个从事于社会主义现代化工农业的生产者和社会活动家更需要受到系统教育,掌握专门技能和科学文化。教育工作者在教学过程中要处理好"教师"和"学生"两方面以及"教学与社会需要相适应"和"教学与学生身心发展规律相适应"两种关系,遵循教师以系统的知识、技能、技巧武装学生的同时,保证学生身体健康、全面培养学生的共产主义世界观与道德品质、发展学生的认识能力与劳动创造能力这一教学过程的基本规律,加强教学的"科学性、教育性和知识的实践性","三者共同的基础就是认识与实践的统一"。他指出:"在教学中唤起学生的自觉,用社会主义的劳动态度把学得的知识用到实践中去,确切地检验所获得的知识的真理性,使知识经过检验成为更有根据的知识,成为技能和技巧。这正是《实践论》认识论的来源、真理标准以及认识的社会历史意义的根本精神之所在。"此见十分深刻。

(三)再一精辟论点在于揭示"认识和实践的统一"这一科学实践理

论与"教学过程基本环节的内在联系",论证了在教学过程中,学生对教材的"感知""理解""巩固""运用"这四个基本环节,就是对知识的感性认识阶段、理性认识阶段、投入实践阶段和通过实践检验的阶段。同时也论证了"教学过程是认识过程的特殊形式",与科学认识过程不完全一致,表现在:(1)学生认识事物主要是有计划有步骤地接受前人的经验;(2)学生的认识活动要求进行一系列的巩固知识的工作;(3)学生在掌握知识、技能、技巧的同时,要形成一定的人格特点;(4)学生在教学中的认识活动必须由教师来领导。

(四)同样精辟的论点,还表现在揭示教学原则中的认识与实践的特点。教学原则是教师和学生在教学活动中应该遵循的基本要求,反映教学过程的专门特点和规律性。陈汝惠先生指出,教学过程有五大原则,"各个教学原则都有自己的认识方面和实践方面,以各自的特点体现认识与实践的统一"。直观性原则反映着学生学习教材的感性认识和理性认识间的有规律的联系,是学生认识新事物的出发点和基础;自觉性原则是学生彻底领会知识,把知识创造性地应用于实际的关键;巩固性原则反映了学生记忆的特点和知识转化为技能、技巧的规律性,应该重视巩固知识与运用知识于实践的相互关系;系统性原则是教学科学性的标志,决定于科学知识的内在规律性,并反映学生学习过程中体力与智力发展的顺序性;因材施教原则反映教学上个别差异的存在,必须在教学实践中发展学生的个性特点,与学生的年龄特征和接受能力相适应。教育原则的体系与内容还在发展中,"这有赖于马克思主义哲学的指导,有赖于千百万教师群众的教学经验总结,以及教育科学、心理科学等更新的成就"。这里,陈汝惠先生揭示了教学原则体系与内容处在"实践—认识—实践"的发展路线之中,预期着新的成就。

(五)陈汝惠先生还在科学实践理论的基础上,对"全面发展教育"提出了一系列相当深刻的见解。他说:"马克思列宁主义者对人的看法,从来不离开社会物质生活的条件,把人看作社会的人,阶级的人。把人的个性特征都当做社会的实质来看待。""个性的发展,自始至终与生产劳动条件有关,从社会分化出阶级时起,就与阶级社会关系具有连带性。"区别于阶级社会的"剥削者","人的意义首先应该是劳动者、生产者的意义"。社会主义社会"要求每一个人必须是劳动者,而且要成为自觉的劳动者,就是具有社会主义觉悟和掌握了科学技术的劳动者"。马克思主义者对人的看法,是"我们理解人底全面发展的前提"。在这样的前提之下,他论证了人底全面发展的提出和实践"首先体现了新人与新社会的外部条件的统一",又论证了全面发展过程中,体育、智育、综合技术教育、德育和美育的和谐发展这种"内部条件的统一",归纳出"全面发展教育,就是在理论与实践统一、教育与生产劳动的统一的要求下,培养着体力劳动与脑力劳动相结合的新人"这样的结论,并且强调对人的全面发展内、外两部条件的认识,"表现为在整个认识过程中,去接触实际,正确反映实际,推动实际,使理论成为行动的指南,发生物质力量"。他说:"我们坚持这一原则,就是坚持党性","人底全面发展的高度性,实质上就是党性表现"。于是,他又对处于教学过程主导地位、承担着贯彻全面发展教育方针职责的教师,提出一个十分重要的见解:"人民教师必须成为马克思主义者。"他说:"教师、学生不一定都是党员,或者正在争取做党员",但是要有"一种内心的、精神上的党性","教育学生的实践过程,也就是自我教育的过程。在革命的实践中,人改变了环境,也改变着自己"。他从树立辩证唯物主义的世界观和为人民教育服务、培养有社会主义觉悟、有文化的全面发展的劳动者这一价值取向上,表现出鲜明的立场、观点和方法,给人莫大的启示。同时,耐人寻味的还有:陈汝惠先生以非党的教育工作者之身,一再呼唤"人民教师必须成为马克思列宁主义者",正表现了一种在科学实践理论指导下的自我期许和崇高追求。

二、陈汝惠先生教育科研实践成果

1955年,陈汝惠先生被任命为厦门大学直属教育学教研组主任。在厦门大学校长王亚南的大力支持下,在这个职位上,在不很长的时间里,陈汝惠先生奋发努力地投入工作,取得了两大教育科研成果:一是主持建设了一个有朝气的年轻的教育科学研究实体;二是主持编撰了一部讲义,开拓出一门新学科"高等学校教育学"。

作为教育学教研组主任,陈汝惠先生和潘懋元、张曼茵、李培囿、汪西林诸同志密切合作,并取得教学研究科的林鸿祺、杨菊卿、黄碧钦、刘淑珍诸同志的协助,形成了一个目标一致的、富有实力的教育科研实体,辛勤投入高等学校的教育与教学的理论研究。厦门大学直属教育学教研组,这是20世纪50年代中国综合大学中最早产生的一两个教育科研机构之一。经过曲折的历程,这个教育科学研究实体在20世纪80年代初期,发展成了厦门大学高等教育科学研究室,现在早已升格为厦门大学教育研究院,成了我国教育科研事业的一座重镇。而陈汝惠先生的贡献在于,他主持了这个教育科研实体早年成型,并且率领这支科研队伍,在"国内外均尚未建立起这样的一门科学体系"的情况下,率先开拓出"高等学校教育学"这样一门新的学科。

开拓这门新学科,有深刻的时代背景。在新中国刚成立后两个月的1949年12月,在北京召开了第一次全国教育工作会议,制定了"以老解放区新教育经验为基础,吸收旧教育有用经验,借助苏联经验,建设新民主主义教育"的工作方针,务求迅即实现从半殖民地半封建的教育制度向民族的、科学的、大众的新民主主义教育根本转变。1953年初,国家政务院根据新中国教育头三年的实践情况,提出"整顿巩固、重点发展、提高质量、稳步前进"的文教总方针,认定"教育是文教工作的重点,而教育工作中的重点乃是高等教育,中心问题是要给国家工矿交通建设培养出大量合格的技术干部"。厦门大学作为综合大学,主要任务是培养在理论科学或基础科学方面从事研究和教学工作的专门人才,陈汝惠先生鉴于"近几年来综合大学学生分配在高等学校任教的较多,迫切需要掌握高等学校教育与教学的科学知识",于是,自1956~1957年度开出"高等学校教育学"课程,以应新中国教育实践的新需要。

开拓这门新学科,陈汝惠先生切实遵循以科学实践理论指导教育科研的思想和原则。他明确提出:"建立一门新的科学,是由于客观事物发展的结果,经过长期的经验积累和高度的理论概括,才能从实践的需要和在实践的基础上产生比较成熟的理论体系。"他明确宣示:"正确的教学理论

和正确的教学实践,必须以正确的认识论作为方法论的基础。正确的认识论,就是马克思主义的反映论。""毛泽东同志的《实践论》,以新的命题创造性地发展了马克思主义的反映论,认识与实践的统一也正是教学过程的普遍规律。"他以一段完整的论述,阐明了科学实践理论的要点及其在学生认识过程中的体现。他指出:毛泽东同志的《实践论》提出了"实践、认识、再实践、再认识"的公式,并且全面地阐明了感性认识与理性认识的辩证关系。毛泽东同志指出:人类认识真理,掌握知识,需要经过两个阶段:第一阶段叫做感性的认识,是依靠感觉、感知和经验的初步的认识,是对事物表面现象和各个片面的认识。认识的第二阶段是从感性认识发展到理性认识。在感性认识阶段,人们已初步认识了客观事物,但所认识的仅仅是现象而不是本质,本质的认识有待于认识的深化。在这一阶段中,需要综合感觉的材料加以整顿和改造,掌握事物的本质,找出事物的规律,这是属于概念、判断、推论的阶段,是理性认识阶段。至此,认识过程并未完结,在反复实践中继续发展着。由此可知:人的认识和科学知识的获得,是从实践中得来的,获得科学知识,就是为了指导实践;而知识是否正确,要靠实践来检验;同时,知识运用到实践中又会不断地得到丰富和发展。无论从认识的开始、认识的发展、认识的检验、认识的目的性来说,都离不开实践。学生在教学过程中的认识活动,从其整体性来说,体现了这一普遍规律,它与人类的一般认识具有共同性。这一共同性,表现于这样三点。(1)学生和一般人的认识活动,都是为着探求真理,为着去找到社会、自然和劳动生产的规律,以达到主客观的一致最终实现其社会实践。(2)学生和一般人的认识活动,都从认识研究的现象和对象开始,都以概念为思维的基本形式;在抽象思维中形成概念,通过概念形成判断,把各种判断联系起来作出一定的结论和论断;都以分析、综合、归纳、演绎为思维的基本过程。(3)二者的认识活动中,感性认识和理性认识的相互联系也是相同的。学生的认识活动,正像所有人的认识活动一样,都需要一系列的感觉、知觉、注意、记忆、想象、思维等活动,有感性认识,也有理性认识;感性认识有待于发展到理性认识,理性认识依赖于感性认识。

这门新学科的开拓过程，反映着当时中国教育"学习苏联、结合中国实际"的时代特色。陈汝惠先生指出："由于高等教育的发展，日益有了建立自己的科学理论的需要，而苏联和我国社会主义性质的新型高等教育也已经积累了一定的实践经验。也就是说，作为一门新的科学的出现，已经具有了需要与可能。"在编撰过程中，他和其他同志参阅了二十多种苏联教育资料，包括列宁、加里宁等无产阶级革命领袖人物关于教育的评论，还有当时引进国内的苏联教育学专著，涉及的编著人员包括马卡连柯、凯洛夫、叶西波夫、冈察洛夫、杜贺夫内伊、马努伊连科、捷普洛夫、波立夫、谢列克托尔、柯尔尼洛夫、克林列夫、苏诺西波夫等，反映了当时学习苏联，"特别要借助苏联教育建设的先进经验"的时代要求。但更加值得注意的是，在编撰过程中，他经常引述毛泽东思想观点，除了《实践论》，还有其他著作篇章，如《整顿党的作风》《改造我们的学习》《青年运动的方向》等等。在编撰过程中，他还注意反映新中国教育的变革与实践，除了国家政务院、教育部的有关法令、文件，还及时地将"全国各高等学校的经验总结"纳入书中，其中包括厦门大学本校的新鲜经验。例如，既有张腾霄《关于中国人民大学的教学方法》的引证，又有厦门大学1957年科学讨论会文选的使用，将华炳泉、王光远所写论文《略论改进一般高等学校体育课的组织内容和方法》的主要论点，吸收为相关章节的重要例证，体现了"结合中国实际"的精神。

为了开拓这门新的学科，陈汝惠先生付出了辛勤的劳动。在不很长的时间里，他夜以继日执笔完稿了全部十二章中的六章，包括"大学生的身心特征和教育""教师""教学过程和教学原则""共产主义道德教育""美育""体育"。潘懋元执笔四章："教育学的基本原理""共产主义教育的目的和任务""教学内容""教育组织与方法"。张曼茵执笔两章："学校教育制度""学生集体的组织和教育"。1957年7月，陈汝惠先生将全书总纂定稿，写下前言，以"厦门大学教育学教研组编"的名义打印全稿，定名为《高等学校教育学讲义》，油印数百本供校内教学使用，也寄出与有关大专院校交流；国家图书馆也收有藏本。

编撰《高等学校教育学讲义》是我国教育科学的一项首创。"教育学"

第一编　陈汝惠教育思想研究

研究人类教育现象及其一般规律，近代教育学的学科建立，有一个历经几个世纪的漫长过程。其最著名的代表人物，有捷克人夸美纽斯（1592—1670）贡献出了第一本独立形态的教育学著作《大教学论》；法国人卢梭（1712—1827）以《爱弥儿》完整表述一种儿童本位教育观；瑞士人裴斯泰洛齐（1746—1841）首先将心理学引进教育学；德国人赫尔巴特（1776—1841）著写《普通教育学》，系统表述教师中心论并使教育学成为一门独立学科。与"教师本位"为特征的"传统教育"理论相对立，20世纪在西欧发生了以英国人雷迪（1858—1932）为先驱的"新教育运动"，在北美则发生了以美国人帕克（1837—1902）为先驱的"进步教育运动"。随后出现杜威（1859—1952）的实用主义教育学以及与之相对立的要素主义鼻祖巴格莱（1874—1946），真是丰富多彩，令人目不暇接。但是这一大批教育家的学说所覆盖的受教育对象，均是六七岁至18岁左右的儿童、少年，即使是20世纪50年代，我国引进的苏联教育学说，其所覆盖的对象并无例外是学龄儿童、青少年，同时突出同龄的流浪儿童的教育与感化。此外，19世纪之初，德国人福禄培尔（1782—1852）提出了《幼儿园教育学》并相应地创制了一套号称"恩物"的资教玩具，使教育学研究的对象提前到3～6岁的"学前儿童"；20世纪初，意大利人蒙台梭利（1870—1952）将学前儿童教育思想发扬光大并有所创造而在教育史上占有一席。在有限的篇幅中，不惮其烦地引用17世纪以来教育名家的学术成就，可以看到教育学在研究人类3～18岁的年龄段的教育现象及其一般规律，已经到了何等发达的程度，即使他们之间有着互相反对、互相否定的争鸣，也只是对于3～18岁青少年如何施教的见仁见智之论。然而，如何针对18～22岁乃至25岁在高等学校学习的青年的生理的和心理的特点，在科学实践理论的指导下，引导他们学习专业知识，发展独立思考能力，发展创新能力呢？"我们不但要使新生一代正确地认识客观世界，还要引导他们朝着一定的方向改造世界"，这样的任务就只能靠这部最先编撰出来的《高等学校教育学讲义》探索施行。除了这部新编的讲义——高等学校教育学，"国内外均尚未建立起来这样一门科学体系"！

《高等学校教育学讲义》编撰成功，标志着一门新学科的成功开拓。

对于这项成功,陈汝惠先生采取了审慎的态度。他深知:"任何一门科学,当它从较一般或相近的科学门类分化出来之初,也都是理论不够成熟、体系不够严谨的。"他指出:"这份讲义仅能做到普通教育学的一般原理、原则与高等教育若干论点与材料的和糅,尚不能从大量的高等教育实践经验中概括出完整的理论体系来。"但他对一门新学科的开创充满信心,他说:"始生之物,其形必丑,问题在于必须迈开第一步,才能从不完全走向完全,从粗糙走向精细。"他将这些见解写入《讲义》的"前言",诚挚表示"希望高等教育部门和兄弟学校予以批评和指正"。这部讲义在20世纪50年代虽然未获正式出版,但是奠定了厦门大学教育科研一块富有特色的基石。20世纪80年代制定全国教育科学规划,厦门大学在教育科学"七五"重点研究项目中,承担了国家重点课题《高等学校教学原理与方法》;在1989年全国首届教育科学优秀成果奖中,厦门大学的《高等教育学讲座》获得了一等奖。从这些优秀的教育科研课题和成果,可以看到和早年《高等学校教育学讲义》有着源流关系,陈汝惠先生在教育学教研组主任的职位上领导一个年轻的教育科学研究实体"迈开第一步",在新时期有了长足的进展。无疑,陈汝惠先生不愧为一位以科学实践理论指导教育科研的先驱者,一位开拓了新学科的先驱者。

三、纪念以科学实践理论指导教育科研的先驱者陈汝惠先生

在当代中国的三大实践领域中,在将马克思主义普遍真理与中国实际相结合的历史进程中,我们的先辈成功地把马克思主义普遍真理同中国革命实际相结合,赢得了新民主主义革命的胜利。当前我们正处在马克思主义普遍真理与中国建设实际相结合、建设中国特色社会主义阶段,正在以胡锦涛同志为总书记的党中央的领导下,努力地以人为本,全面、协调、可持续地科学发展,为夺取全面建设小康社会新胜利而奋斗。在这样的时代背景,今天来纪念作为以科学实践理论指导教育科研的一位先驱者陈汝

惠先生，应该可以体会到两点意义。

（一）重温陈汝惠先生的精辟见解，学习他以科学实践理论指导教育科研，学习他焕发首创精神，繁荣我们的事业，为中国特色社会主义教育事业服务；让在半个世纪前开拓出来的新学科"高等学校教育学"不断创新发展，参与"建设有中国特色的社会主义文化，就是以马克思主义为指导，以培养有理想、有道德、有文化、有纪律的公民为目标，发展面向现代化、面向世界、面向未来的，民族的科学的大众的社会主义文化"。

（二）重温陈汝惠先生的精辟见解，遵循实践—认识—实践的原理，坚持真理标准。以改革开放的胸怀，面对多元文化思潮，善于以实践加以检验，既尊重其合理的内核，又能识别其中的谬误，汲取其精华，抛弃其糟粕，坚持先进文化的前进方向。

顾望先驱者足迹，纪念陈汝惠先生！

（作者为中央教育科学研究所副研究员）

陈汝惠关于教学过程之理论原则与实践的主张

乃 贺

陈汝惠 15 岁开始从事教育工作,从家教到中教到中学校长到大学副教授,几十年如一日,一直奋斗在教学与科研的第一线,不但是学生们的良师,也是同仁们的益友。在几十年的教学实践中,陈汝惠摸索出一整套教学方法,积累了丰富的教学经验。笔者拟就陈汝惠在教学过程中关于理论原则与实践的主张,做些探讨,不当之处还请有关专家批评指正。

一

人们都明白,学校工作中,教学工作是主要环节,而教学工作是教师的主要任务。教学过程是教师用科学知识武装学生的过程,是学生求得知识的过程。

教学过程的理论原则,揭示出教学过程的规律。正确的教学过程之理论原则,是解决教学内容、教学形式和科学方法等问题的前提,陈汝惠指出,"教学过程具有严格的组织形式,它是在学校中对学生进行复杂的、多方面的教学活动的过程,然而是一个完整的统一的过程。""在教学中,教师以系统的科学知识、技能、技巧武装学生的过程,同时也是学生掌握系统的科学知识、技能和技巧的学习过程。"这就是说,教学过程是教师和学生为着实现共同目标而紧密配合的积极的劳动过程。

陈汝惠自己在长期的教学实践中,从分析研究教学过程入手,总结出一整套教学过程的理论、原则。

首先,他提出了有关学生在教学过程中认识的理论。他从两方面来加

以概括。

其一，学生的认识与一般人的认识，有共同之处，即有共同规律：（1）二者都是为了探求真理，探求自然、社会和劳动生产的规律；（2）二者都从研究的现象和对象开始，都以概念为思维的基本形式，都以分析、综合、归纳、演绎为思维的基本特征；（3）在认识过程中，感性认识与理性认识互相联系，这一点也是相同的。

其二，除与一般人有共同性之外，学生的认识还有自己的特殊性。这种特殊性表现在：（1）学生认识外界事物，是接受前人的经验，即接受人类实践中已经发现的真理；（2）学生在教学过程中的认识活动，要进行一系列巩固知识的工作；（3）学生在教学过程中的认识活动，不仅掌握科学的知识、技能、技巧，而且具有教育性，即学生在掌握科学知识、技能、技巧的基础上形成一定的人格特点；（4）学生在教学过程中的认识，是在有经验的教师指导之下进行的。

其次，他提出了有关教学过程基本环节的理论。

根据认识论原理和学生认识活动的特殊性，陈汝惠总结出整个教学过程存在着四个基本环节：（1）学生对教材的感知（初步认识）；（2）学生对教材的理解，从感觉到概念；（3）学生对教材理解之后要进行一系列的巩固工作；（4）学生运用所学到的知识于实践中。

以上各个环节之间，虽然有各自的特点，但互相间并无严格的界限，它们不但是统一的过程，而且互相制约着。

再次，他提出了有关教学过程的教学原则。

为了使教学过程达到理论与实践相统一，陈汝惠提出教师和学生在教学活动中，应遵循一定的原则，即教学过程中的理论概括并受教学过程之特殊性所制约的教学原则。这些教学原则包括以下几个。（1）直观性原则。这个原则反映着学生学习教材的感性认识和理性认识之间的有规律的联系，它使学生们获得的观念鲜明、易于理解、易于记忆，有利于新的概念的形成，当然，任何直观性活动，只是手段而不是目的。（2）自觉性原则。这个原则直接反映了教育目的、任务和学生认识活动的深化过程，认识与实践的必然联系。（3）巩固性原则。这个原则决定于教学上牢固掌握知识和积累知识的要求,反映了学生记忆的特点和知识转化为技能,技巧的规律性。巩固性教学活动,具体表现于各种各样复习、练习和教师对学生知识、技能、技巧的检查。(4)系统性原则。这个原则决定于科学知识的内在规律性并反映了学生学习过程中体力、智力发展顺序性,因此它是教学科学性的标志。(5)因材施教原则。这个原则反映了教学上个别差异的客观存在和教学工作必须与学生年龄特征相适应的规律:根据不同对象,提出不同要求,采用不同方法,要在教学实践中发展学生个性特点,补救其弱点和缺点,以求发展集体所要求的"共性"。

此外,陈汝惠还曾提出过"通俗性可接受性原则",要求教师讲课时根据不同年龄的学生,即不同知识水平和思维能力,亦即根据学生接受能力,采用不同方法,提出不同要求,尽可能做到深入浅出,平易可解,在通俗讲解中包含着深刻的思想性而不是肤浅和庸俗化。本原则大体可理解为就是因材施教原则的另一种提法。

教学原则反映教学过程的特点和规律性,对于教学内容、教学组织、教学方法等起到积极而又带有制约的作用。各个教学原则,都有自己的认识方面和实践方面,以各自的特点体现出认识与实践的统一。

陈汝惠指出,教学是由学校和教师出面来实现的。而要实现这个任务,教师必须正确运用教学原则。要正确运用教学原则,就必须认真分析研究教学原则,分析研究其各自特点及其共同性、一致性,而后再结合自己教学实践的具体情况以求其统一实现。陈汝惠说:"优秀的教师,要保证教学质量,必须以系统的知识来武装学生,必须要求学生进行系统的工作。"而教师自己,"必须深刻体会到这一原则中的理论与实践的统一"。

二

理论、原则来源于实践,还得"打回老家去",方可发挥其威力,就是说,要把理论原则应用于实践,考而察之,检而测之,方可证明其是否正确。

陈汝惠指出,应用理论知识于实践,是教学过程的最后环节,也是必

须达到的要求。在陈汝惠看来,实践与认识是统一的,实践与理论都属于认识的过程,是认识在不同阶段上的不同活动,只有在实践中学习理论,才能更具体地领会理论。就因此,对于实践的活动,不论是教师还是学生,都是不可或缺的。

对此,身为一名大学教师的陈汝惠,身体力行。他不但提出一整套有关教学过程中的理论,而且积极投身于教学实践,把理论与实践紧密结合起来。人们都看到,陈汝惠在教学实践方面最突出的一个表现是,他于20世纪50年代组织一干人马,通过学习、调整、研究后,先编出高等学校教育学的教学大纲,后在教育学教学大纲基础上编撰出我国最早的一部《高等学校教育学讲义》。这部《高等学校教育学讲义》一时成了高等学校精神旗帜,受到各有关方面的瞩目。陈汝惠为教学活动的理论与实践相结合,树立了良好的榜样。

陈汝惠不但自己重视教学实践,也要求所有教师一齐重视它。他向教师们指出,教学原则只是抽象的,自己是否确实理解它、掌握它,要在实践中加以考验,而这种实践考验所必不可少的就是平时备课中的"试教""试讲"。通过试教、试讲,教师自己许多不易被看到的优缺点很快被发现了,一些不明确的地方也很快明确了。就是说,教师通过试教、试讲的实践,可以把自己准备的教材,拟订的计划,研究的问题,放到实践中来加以检验,通过集体力量来加以修正,这样就可以把自己主观的东西,能与教学上客观要求相一致或大体相一致起来,达到了教学原则的要求。何乐而不为呢?他认为如参观、教学观摩、教学评议、教学经验交流等,既是教学方法研究,也跟教学实践相联系着,善于学习业务的教师,也都可以从中吸取有益的经验。陈汝惠语重心长地告诫说,那种只在书本上学习教学理论而从未有过教学实践的人,决不可能精通教学理论;那些轻视实践者,未必就重视理论。陈汝惠说,作为一个人民教师,不能只输送知识而不充实知识。一个优秀的教师,要一边犹如油井那样,源源不断供应学生以发光发热的燃料,一边如同海绵般吸收大量的知识来丰富自己。这些必须通过学习理论的同时加强实践来解决。

至于求知识的学生,无疑也少不了通过实践来学习来提高。

就各门业务课讲，谁都明白，教学过程，一边是教师传授知识、技能、技巧，一边是学生领会和发展认识能力及道德品质。在这个过程中，学生们逐步从无知识变为有知识，从不完全不确切的认识发展到比较完全确切的认识，从不会到会，从简单的技能发展到熟练的技巧。这当中除了从课堂学习中得到，也有是通过实践活动来取得的。而这实践活动，有的是教学过程中所不可缺少的，如：课堂提问、练习、讨论、实验、实习、制图设计、教具制作和修理、试验报告考查、考试等等都是。陈汝惠说：教师要指导学生进行实验、实习、复习、练习等，把教学活动与课外校外活动相联系。就是说，作为学生，除了作业实践，还有生活实践和社会实践。他们要在反复实践中，巩固知识，加深知识，而最为重要的，要他们善于把这些知识应用到生活实际中去，变为改造客观世界的技能、技巧，同时也改造自己的主观世界。

美育教育看似有些特殊，但它是培养全面发展的新人所不可缺少的一个方面。这美育教学又如何实践呢？陈汝惠指出，艺术教育是美育教育的重点，美育教育实践的重点要放在艺术教育的实践上。艺术教育，总的讲，要培养学生从事艺术活动的知识、技能和技巧，要培养学生具有艺术创作的才能，就不能不注意实践，那要通过接触生活、接触社会，才能达到目的。比如，通过各种艺术展览，作品展览，文艺会演，音乐会以及观看戏剧、电影，文化名人的纪念活动等，向学生提供丰富的感性材料，通过练习、观察、评价和解释美感的事实和现象，通过有关的座谈会，讨论会等，以培养和提高学生欣赏、分析各种艺术作品和艺术表演的能力。这些都是美育实践的切实可行的做法。还有，平时培养学生对自然美、生活美的欣赏和习惯，经常接触大自然，使人胸襟开豁，用积极态度向大自然取得力量、智慧。这些亦可看成是美育教育实践的组成部分。而教育学生善于把一定的思维、观念、感觉与自然物体联系起来，加强美感并产生想象和回忆，也有助于实践活动。如平时散步、参观、旅游中的印象，也会留下鲜明的痕迹，影响美育教育。这些也都跟美育教育实践有关，亦应加以支持和鼓励。

学生的道德教育，更是必须重视实践。其实践的内容和方式，有多种

第一编 陈汝惠教育思想研究

多样的,其中组织学生参观工农业生产部门,参加体力劳动,访问工人、农民,接触民众等,是他们最好的锻炼和自我教育。陈汝惠对学生道德教育的设想:(1)加强和延长各专业的教学实习和生产实习时间;(2)提倡日常生活上自我服务;(3)提倡参加义务劳动;(4)结合本专业特点,利用假期时间与邻近的工厂、矿区、企业、农村,订立集体合同,定期参加劳动锻炼。在劳动过程中,提倡爱护劳动成果,爱护公共财物。这些实践活动,无不在提高学生的道德修养。

总之,教学过程中的实践,在陈汝惠看来,只要学校、老师、学生思想重视,随时随地都可以进行。当然,实践应与理论学习结合在一起,从实际可能出发,不宜过多地或单纯地去搞生产、搞创作和社会活动。

理论知识的实践,最重要的是要求学生在改造主观世界的同时,把学到的理论知识,转化为技能和技巧,用以改造客观世界。技能,指从事实际工作的能力,存在于应用知识过程中。技巧,指技能的熟练,会使意识更彻底地从活动环境中解放出来。这里人们不难理解,知识、技能、技巧是有机联系着的,就是说,知识与实践是统一的,而学生通过实践,学习到应用知识的方法,端正学习态度,为以后走上生产岗位做好思想准备。

三

实践出真知,各种创造发明多来自善于实践的人手中。事实正是这样,各种创造发明把理论知识,实践带到一个新的天地,令人赞羡不已。只是,这里需要提到的,在陈汝惠看来,教学过程中的理论原则和实践活动有助于促进各种创造发明,但不等于创造发明,在一般的教学活动中也不要求把创造发明当成目标。

陈汝惠指出,教学实践并不是创造发明。他说,我们经常鼓励学生发挥创造性,积极地去参加教学过程,不过,这里的"创造",主要不是要求学生直接去创造新文化,发明或发现新的原理,而是要求学生们能把已经获得的知识,在自己的思想中加工,深刻体会,联系实际,灵活地应用于作业实践和生活实践。

至于创造发明，陈汝惠说，在高等学校里，大学生的作业富于独创性，其中毕业论文、毕业设计以及生产实习中的某些活动，具有某些新的生产任务的性质，已在一定程度上创造着科学文化了。但就一般学生讲，他们的任务是学习，学校和老师不要求也不能要求学生去发现科学上尚未了解的新事物和前人所不知道的新规律。大学生的生活经验毕竟有限，科学基础也不深厚，即使优秀的大学毕业生，也还不等于一个有成就的专家。

做学问，发现新规律，搞创造发明等，要有一定的知识基础，且是有一个过程的。学生和科学家、学者虽然都是学字当头，但任务不一样。学生的任务最主要的是学习，认识外界事物，接受前人的经验，接受人类实践中已经发现的真理，那是已知的，坚实可靠的知识，而学者则在于阐明自己的学术观点，展示的科学成就。陈汝惠引用杜贺内尹在《教学原理》一书中的话来证明自己的见解，那话说："学者认识世界时，是要认识一种客观上新的，在他以前科学界还不了解的东西，而学生们在学校教学过程中认识世界时，是要认识他主观上所认为新的，但客观上不是新的、科学所久已习知的东西。"就此，陈汝惠说，学生在学校中的学习任务，跟放在一般科学家面前的任务并不相同。在学校里，一般不要求学生去发现科学上尚未了解的新事物，寻找前人所不知道的新规律。科学家的认识活动，主要是去认识一种客观上新的，在他以前科学界还不了解的东西。对学生来说，他们努力去认识的东西，主观上虽然认为新的，但是客观上已不是新的东西了，是科学上研究过的东西。把学生的学习目的、方法，即使是大学生的科学研究，跟一般科学家的研究工作混同起来是不妥当的。这样，会得不偿失，违反了教学的本质和教学的基本任务。

当然，教学过程也并不是不要创造、创新。作为教育工作者、人民的教师，并不是有人所说的只是"教书匠"，而应是"新人的创造者"，他们在学习教育学的同时，也需要承担推动教育科学继续前进的义务，应当把理论的认识和观察、实验、调查、研究等活动结合起来，做到理论结合实际和理论有所创新。现时代，社会主义事业在党的领导下，人民群众在进行集体创造，教育学也在更新发展，教师也要在实践中发挥创造性。就是

说，时代在前进，教育事业也应跟着时代前进，有所创造，有所创新，这个重任落在人民教师的肩上。

陈汝惠从事教学活动中，在强调教学过程理论原则运用的同时，特别重视实践在教学过程中的意义与作用，自不是没有原因的，重要的原因有二。其一，是他自己长期从事教学活动，有亲身的体会；其二，20世纪50年代，新中国成立不久，在全国知识分子中开展思想改造运动并掀起学习毛泽东著作的热潮，在这当中，陈汝惠在毛泽东《实践论》思想影响下，把自己学习心得体会，结合自己的教学工作的实践，不但写出了多篇论文，而且把它融于自己主编的《高等学校教育学讲义》中，形成了自己一整套教育思想和教学主张。这些，在当年曾产生过很大的影响，而在今天仍有其生命力。

（作者为厦门大学历史系教授）

第二编
陈汝惠文学创作研究

有一页尘封的历史

——《陈汝惠文集》读后

应锦襄

我认识陈汝惠先生时，他正是厦门大学中文系的教授。第一次见到他，是在一个三人小会上：系主任专门约他来讨论我的教学大纲。他穿一件厦门人不大穿的黑呢长大衣，衣冠楚楚，文质彬彬。特别他那带着湖嘉口音的普通话，很有我所熟悉的江南学人的风度。他对问题提得很细致，态度又非常谦和。我刚从部队转业，遇到他，就像回到过去和先生们切磋学术的氛围中，感到特别亲切融洽。20世纪50年代后期，正是知识分子噤若寒蝉的日子，虽然觉得他言谈清雅，风度谦和，本来是可以相交往的，但大家也很难深交。如果不是同在一个小单位如教研室，就不大有机会去接近一个人。我曾经去拜访他几次，只知道他是陈伯吹先生的兄弟，而他自己的过去我却一无所知。"文革"之后，人们都吐了一口长气，可以正常地相交往了，但陈先生不久就离开我们系到高教研究所去了。当时百废待兴，大家都忙，竟没有更多的时间往来。没想到陈先生不久就退休了。倒是在先生去世后，和他夫人李荷珍先生的交往，不但继续了30年来的友谊，而且相知更深了。而陈先生于我，却永远是一位我所尊重的前辈。印象很深的是他的家庭教育。他的三个孩子现在都是出色的成功人士。认识他们时，虽还都是青少年，就表现了不同一般的教养：这么尊重知识，彬彬有礼。在仕途上发展的长子佐洱，那时还在高中，已是厦门文联的活跃分子，常在会议上听到他的发言。二子佐沂，是家中的异帜，独自专长理工，早就是浙江大学的名教授了。后来成为音乐家的佐湟，只学

第二编 陈汝惠文学创作研究

一年钢琴,就被中央音乐学院附中选拔去了。母亲李荷珍先生就常和我讲起佐湟如何神往音乐的故事。在那些频繁的运动中,很多青少年都狂躁地要与父母亲划清界线时,他们一家总是怡然共坐,孩子们清醒地追随父母,探求知识,修养品性。他们以后的出色成功不是偶然的。

我却不知道陈先生还是一位作家,而且竟是那个我长期寻觅着的"孤岛时期"的作家。

"孤岛时期"是指中国军队从上海撤退后,上海租界所处的特定环境。那时周边地区都已沦陷,驻扎着日本侵略军,只因日本尚与英美保持邦交,而中国正与英美同盟,这才出现了"孤岛"这样一个没有公开后援,又尚未沦入敌手的小区域。

"八一三"抗战初期,上海人民斗志昂扬,竭力支援终于奋起抗战的国民党士兵们,以为战事很快可以胜利。武汉失守后,抗战进入艰苦阶段。上海四郊全都沦陷,英美租界上虽还有国民政府的势力,但因英美租界当局怕引起日本的麻烦,也制约了抗日活动。真正的抗日工作者都转入地下,有志之士,不愿做顺民的人都纷纷离去,辗转跋涉,走向他们想往的自由土地。留下的是压抑与烦忧,和漫长的煎熬。生活是一片盖天席地的灰色。遥望胜利的人只在阴云的空隙中寻找那一线蓝天。然而整个上海却因逃难人口的大量拥入,加上新出现的政治上的汪伪新贵,商业上的囤积奸商,经济形成畸形繁荣。一方面物价高涨,民不聊生;一方面生活奢靡,灯红酒绿。现在的人都把这 20 世纪三四十年代之交看成是上海的标志性年代,却忘记了它的灾难性的战争标记。

文学全处于萎缩状态。五四传统文学的揭露和批判,已被压到边缘。反映我们那艰难的、抗日的、在后方或游击区的现实是绝对被禁止的,就是写到我们那已经沦亡的土地也是不可以的,就是那更早与祖国隔绝的东北与北方,也难明了他们生活的真相。那时能书写的真正的生活就只是生活脚下,生活眼前。但就是这样的文学也不能反映我们真正的苦难。坚守阵地的有使命任务的革命文学工作者,也更必须以灰色作品来掩护自己。

通俗文学成为主流,形成了都市的一片风花雪月。鸳鸯蝴蝶派代表了旧的文学传统,而好莱坞式的伤感传奇就算是接受了西方文学的影响。这

至今也错被认为是上海文学的标志。不是吗？人们至今还津津乐道的，只能提到两个作家了，那就是写《秋海棠》的秦瘦鸥和写《倾城之恋》的张爱玲。幸亏有良知的上海人还不愿意把依附敌伪的苏青作为上海沦陷时期的代表文人。当然，独具匠心，不愿描写这种虚假的表象生活的作家是有的，但由于生活狭窄，他们也很难有真正的开拓。有些年轻作家如沈寂、石琪等，努力为读者书写北方生活，来安慰人们对那沦亡的故土的怀念，但他们也只能根据回忆与虚构来复述那些其实都已使用过的题材，根本没有生活体验，更无法体现时代特征。但此时的陈汝惠先生却在这个艰难而窄小的空间中，努力书写他的时代、他的认识和他的行动，值得重视的是，他为我们留下了那个艰险而又危难的时代的影像。

我读到他的第一篇小说《女难》，是由于偶然得到的一本《小说月报》。因为自己未保有原书，就记不得作者是谁了，但这篇文章却给我如此深的印象，人物情节历历在目，几十年来都没有忘记。当《陈汝惠文集》送到我的手里时，我竟是那么惊喜，不但是一卷在手，如见故人，更是找到了那篇从我青少年时代起就探究着"作者是谁"的作品。我真觉得有许多话要和陈先生说，但故人已矣，夫复何言！惊喜之后，则是无限的悲凉。

就来说说这篇《女难》吧。这其实也是个恋爱故事，写中学的师生恋爱。一个颇有抱负而又颇为矜持的中学教师，在女学生的种种追求之下，他虽十分谨慎，但终于无法守住防线，成为她的感情俘虏，竟为她信教受洗。但自己那一点抗日的诚念却使他在抱负和恋爱之间不能很快地选择，更有甚者，还有一个虽未做出承诺而颇使他怀念的，在后方坚持抗战路线的女孩在等着他。最后，眼前的种种绮念使他的心最后倾斜了。但他虽在心里作出决定，却又迟迟不去表达。不料那年轻而很不坚定的女孩子在作了一番等待之后，竟接受父母的劝告而放弃了他。失落之余，他只能检讨他自己的不坚定的心，想到人生的另一使命时，他也为他摆脱了这一并不精彩的恋爱而稳定了自己。

作者自嘲地称之为"女难"，并名之为喜剧。这多少受到当时文学语境影响了吧。但当时使我注意的，是这个男主人公林田的使命感，那种五

第二编　陈汝惠文学创作研究

四文学中伤时忧国的知识分子的思维方式。这使他显然不同于当时孤岛小说中出现的那些完全丧失政治感觉的主人公，他们无论生活在别墅里，或是亭子里，实际上也都是只在蜗牛壳式的现实里思考他们的人生，他们的恋爱和家庭，他们的幸运或不幸。那些青年男女似乎都是软体动物。但是这个"林田"，他那使命感式的抗日意识和他那写时事政评的具体行为，使他出现得如此清新挺拔，让人见到了蛰伏上海而心向祖国的知识青年的心。

这个人物的魅力更在于作者努力写出青年在爱国之外，也自有儿女情长。这里的爱情故事是十分简单的。文本没有什么起伏性情节，事件在一大串细节中缓缓流淌着，就像生活本身那么平静。小女孩的追求虽然执著，行动却都是暗示，当时的小淑女是不能自表心曲的。只能求助于一包太妃糖，一只茶杯等道具。然而，这小淑女也自有老到之处。当教师突然抓住她的纤手时，她竟不动声色地说："抓住好了，不会打手心的！"教师的感情却真在矛盾中：一方面犹豫地拒绝，一方面又是暧昧地期待。特定的相遇地点就成为某些意象。那安静的种植着法国梧桐的街道，是他平静的心路历程；那风斜雨骤的教堂门口则是那心涛起伏的风口浪尖。但就是在这些日常的，甚至是平庸的琐碎事件中，当事者却在这里经历着他的警惕，抗拒，犹豫，挣扎乃至依恋缠绵的情感史，看到这矜持自负的青年教师的全部垮台，读者难免失笑，但是，一个有着爱国抱负的青年的心，时刻想往着祖国的自由土地和那块土地上的遥远的爱，却赢得读者的尊重。"孤岛"的恋爱会把他带向何处？他似乎不甚明确，但一定不能激励他走出上海，奔向自由。然而那确是他绝对要去的方向。他在这抉择前的反复思量，并不仅仅是"抗日和恋爱矛盾"的早期作品的浅薄公式，他的心路历程是丰富的。在这场情感与责任的交战中，他除了真诚地向上帝祈祷外，还时时以哲学来检查自己。责任、奉献、情感、理性乃至唯物、唯心，在每个情感矛盾中总进行着激烈的辩难。这些带有情感色彩的哲思，就是作品中最有特色，最有魅力的语言，常常打动青年读者的心，常被评论家看做陈汝惠的特定风格。

和一切被困在"孤岛"上的青年一样，陈汝惠先生也没有更广阔的多

样生活,凡写到他所虚拟的生活,同样使人感到勉强。但他扬长避短,小说大体都是自传。这个名为"林田"的青年,也就是以后作品中的扶风、尤明、天池等人。就是那个怀着救国的大志,虔诚地信奉上帝,一直用哲学检讨着自己,同时又容易为异性情感困扰的青年。

严格地说,后面几篇都不能再像《女难》这样生动活泼。它们的特定价值,却是揭示了另一种生活。主要的代表作是《风尘》。《风尘》这样的作品,也许年轻人不会感兴趣了,但这确实还是十分有价值再去读的。一个民族存亡的危急时代,一个充满了危机的艰险环境,一种报国赴难的使命感,一种紧绷在弦上的紧张心情。个人的全部感情就回荡在家国存亡,组织安危,个人生死之间。这里再也没有爱的抒情,罗曼蒂克的梦想,连新婚期间的早餐也失去它温馨的诱人感。这本书描写的是一场战斗。

我说它值得一读是它揭示了另一方面的抗日地下工作,也就是当时国民党领导的抗日活动。这种篇章在1949年前,胜利前后,是有的,但绝大多数是御用文人所写,充满政治偏见,宣传虚假的英雄主义和浪漫色彩,甚至欣赏色情与暴力,就像无名氏的作品《北极风情画》一类。1949年后,就没有人再去注意它们了。但同时被湮没的,也还有写得很好的作品。在那不分党派,共同抗日的号召下,多少各党各派,无党无派的青年走向了抗日,今天我们也该从"不分党派,共同抗日"的理解中去认可当时在国民党领导下的那一部分真正的抗日活动。《风尘》就是这样记录了历史另一面的真实。

这里写了一个为单纯抗日而献身的青年周天池。他受过传统儒家思想教育,确立了修身齐家的人生态度,有"国家兴亡,匹夫有责"的理念,他还是个虔诚的基督徒,相信博爱和奉献,自己也有一个对民主自由政治的朦胧向往。就这样,当他接到一个抗日组织的召唤时,就义不容辞坚定地投入抗日洪流,并没有其他政治目的。他虽处身于三青团的组织中,国民党的领导下,却很明确地意识到,国民党政府远不是个正常、平等,给人们以自由生存权利的政权。有一次奉命到内地蒋管区汇报。当他异常欣喜地踏上中国国旗所在之处,他的心为自由而腾飞起来。可是,几天之后,那里的乌烟瘴气,一切原有政治疮口却使他油然产生了嫌恶。当他想起国民党政权,"他似乎看到了肥头胖耳、穷奢极欲的巨贾,大腹便便、满身镀金的买办,藏在黑马褂里冷酷而阴险的豪绅和地主,党同伐异、制造磨擦的政客,掩耳盗铃、监守自盗的官僚,贩卖战争、扩张私人武力的军阀,残害善良、仇视进步的特工魔头,还有那昏迷在袁世凯梦境中的贪婪而愚蠢的独裁者。——这许多黑影结成一条丑恶的黑线,这一条黑线上有一面旗,这一面旗上清清楚楚在写着,'封建专制的旧中国'"。他宁愿早日离开,回到沦陷区,回到他那为他的爱国心所照亮的斗室中工作。那里是干净纯洁的。这个虽在国民党抗日系统中的青年,其实也算得是一个孤臣孽子,只为自己的民族责任感艰辛地工作着。但他相信,和他在一起的那些三青团组织中的青年。"其实,我以为,他们灵魂深处,却蕴藏着更多的自由主义的爱好,他们目前的要求,诚然是抗日的胜利,永久的要求,将是政治的民主,思想的自由,经济的平等,以及人类永久的和平。"他还希望,这个民族革命结束时,也就有了民主自由的远景。小说虽然写到胜利后的狂欢,写到了工作中的悲欢哀乐,但总的基调是悲凉的,远景是更艰难的斗争。

这样一本写了那些国民党领导的青年们的抗日活动的书,重点不是写国民党,而是写抗日,这正是这本作品不可湮没之处。它绝不是政治的点缀,更不是意识的宣传,只是实在地揭示了各方面的为抗日而斗争着的青年。这青年最终必得与青年团分道扬镳。这已是小说外的事实了。陈汝惠在《〈风尘〉后记》中写道:"上海的青年团,在公开活动后,更多的失去了独立作战的自由……急剧地起着质量的变化,一方面,共患难的地下同志,渐渐加大离心力,纷纷悄悄地走了;一方面,'革命职业化'的若干上级同志,把自己变成了一个捎客,一个小官僚,欺骗青年,压迫大众,像细菌一样地腐蚀着。"陈汝惠先生发表了脱离三青团的公开信后,投入了左翼民主运动,成为共产党外围活动的积极分子。

作品有一个真实的上海沦陷后的生活环境的抒写。那些日子,人们生活在恐惧的窒息中。无时无刻都可能出现的街区"封锁"造成的惊恐不安,防空管制时全市的黑暗具有的巨大威慑;边界封锁线上所遭受的人格屈辱,人们感情的上空总是响着那森然的皮靴的步伐声……这一切尖锐地折磨着那些怀着丧国辱邦之愤恨与伤痛的人。这种可能已在某些人心中渐渐淡化的过去,却通过人物的刻骨铭心的伤痛依然震颤着今日的读者的心。事实上,这真是一页不容遗忘的历史。往日的历史是多层的,而它的展现又如此复杂斑驳。它不但描画了在敌人铁蹄下的沦陷区,他也写到了国民党还保持着势力的自由区,它所写到的张渚是一个真实的"沙家浜"。它虽只是一个依靠一大片芦苇荡掩护着的小镇,却很全面地体现了国民党抗日的种种问题。各方面势力犬牙交错。作者直接写到的却是这小小圈子里的军事势力的自我交讧,投机商人的不法谋利。贪渎养成的奢靡的生活,都使一个想往自由的人窒息。而在不太远处,却有一个"不听话的老四",这正是从另一方面在那里积极抗日的新四军。在上海的地下工作中,他写到许多抗日的同志,他们不计较内部的复杂,只为民族命运而斗争行动着。大多数是坚定不屈地面对敌人的,但自然也有软弱的人,也有功利的人,然而在这个秘密活动中,人们总是会惊喜地发现那些真诚的爱国的心。当周天池知道已经被注意时,他离开了住处,这时有一个探员一直等在他家里,坚持要他去谈一谈的时候,他真是不明其意,十分踌躇。但因还有政治材料留在家中,不得不回去时,才知道这警察是为了保护他才坚持在那时守候的。

　　虽然并不刻意去设置情节,但事件本身——地下工作,就充满了出生入死的惊险变化,而人物又是个敏感而多情的人,各个事件都能引发他的思绪与抒情。一次送别,使他充满了"风萧萧兮易水寒"的悲壮;一次逃亡,又使他形成"望门投止思张俭"的信念;一次远行,让他抒发"万方多难此登临"的感慨。总之,各种复杂情绪,有张有弛,随时都构成艺术氛围。同时,文本和作者的其他著作一样,也充满了哲学与政治思考。这些都是很有吸引力的。但它更大的吸引力是让我们回顾了那被尘封了的一页历史。

　　陈汝惠先生外观文静,却是个内蕴热烈感情的人。他是那种永远在追寻改造社会的真理的人,早年,他追求的是自由民主,当他在解放后学习了马克思主义后,对共产党领导的革命充满了信仰。他虽然经历了那么复杂的政治,但实在是个非常纯真的人。

第二编 陈汝惠文学创作研究

读陈先生遗著,深感欣慰的是对他有了更多的理解。如果今日我们还能在一起聚谈,我相信彼此会有更多更深的相知。何能起先生于地下?这竟是我此生中无可弥补的遗憾了。

(作者为厦门大学中文系教授)

新中国成立前陈汝惠先生在上海的文学创作活动

陈梦熊

为陈汝惠先生编印文集,说来是非常意外的。虽在我青少年时代就见过陈先生和夫人,也知道他是位教授和学者,但无任何交往和关涉。岂知在隔了半个世纪以后,只因编纂《上海四十年代文学作品系列》时,选编了他的短篇小说,从而与他的哲嗣陈佐洱先生相识,以至于促成了这本文集的诞生。经过几位前辈和陈先生家属的共同努力,《陈汝惠文集》终于呈献于广大读者面前。这不得不使我感到,也许是一个"缘"字在起作用吧。

汝惠先生的文学活动,主要在 20 世纪 40 年代的上海,即从上海"孤岛"时期到中华人民共和国诞生前夕,文学成就主要在小说和杂文方面。因此文集内容也以小说为主,辅以其他作品,基本上重现了他在文学方面厚重的业绩。《文集》中的自传体长篇小说《风尘》,堪称力作,值得推荐。小说描写了当时上海各大学爱国学生和部分职业青年,在三青团地下组织领导下,与日寇、汪伪展开曲折、隐秘和顽强的斗争,取得了可喜的成绩。当时正处于第二次国共合作时期,国民党处于执政地位,在"抗战至上"的号召下,有志青年纷纷参加各种形式的抗日活动。小说中的主人翁周天池的原型恰是作者自己,所以,这部鸿篇巨制也可以说是陈先生本人这段特殊的斗争经历的再现,极富时代特征。它所具有的特点:一是真实性和纪实性;二是提出了三青团地下组织的爱国抗日活动与抗战胜利以后"失去了灵魂"的三青团有着质的区别。这个区分也就还了它历史的真实面貌,是十分必要的。

第二编　陈汝惠文学创作研究

　　这样，小说提出了一个严肃的政治、历史问题，作品的主旨就是试图解答这个问题的。正因为如此，作品在人物刻画、场景安排和情节铺排等方面，与当时的现实生活非常接近。笔者生于上海，并且经历了日伪统治的黑暗时期和江南乡镇敌我友三方对峙区域的景况。如上海沪西被敌人封锁时，街上自警团员拉绳子管制交通的场景和对话，作品写得十分逼真。又如描写突如其来的空袭演习，灯火管制下市民生活的无奈和困苦。在敌人严厉的管制下，市民不得不以捉迷藏的方式摸索着回家，街上电车慢得像蜗牛般地爬行；同时，手电、洋烛和各式黑布、黑纸成为灯火管制下的必备品，物价暴涨，奸商投机，大发国难横财……诸如此类，笔者的亲历其境与作品中的描述毫无差异，真实地记录了在日伪统治下上海市民的苦难情状。

　　作品所描写的主人翁周天池与王太太等人经过偷渡去蒋管区宜兴张渚镇时在检问所的惊险遭遇，以及当地抗日武装人员的素质和行为，与笔者在当年的所见也是一致的。笔者的故乡在武进，虽属沦陷区，但在偏僻的小乡镇，也有敌我友互相对峙的局面。作为青年的我，在那里生活了三年多，有所听闻和接触。大凡国民党领导的游击队人员，虽普遍树立了抗战必胜的信念，抗日的立场是坚定的，但往往夹杂着个人恩怨，以至于将部队作为个人资本，作风上较为粗鲁，缺乏必要的素质和修养。这些与小说中描绘和刻画的人物形象相类似。可见，作者没有回避这些抗日武装人员身上的缺点和不足，它的真实性也十分突出。难能可贵的是，小说全景式地反映和记录了整个沦陷时期上海社会各个领域的情景和氛围，取材十分广泛，是其他同类作品所难以企及的。至于小说中对三青团在上海的成立经过、组织形式和在沦陷期内的地下活动，包括其方式、方法等，都有着详细而又真实的描绘。因此，它可以视作抗战时期三青团在上海活动的简史，有其一定的史料价值。尤其重要的是，作者通过《〈风尘〉后记——论上海青年团的逆转》，表明了自己严正的政治立场和声明。他认为上海沦为"孤岛"是在"异族压迫下成为了暴力统治下的黑暗世界，青年团的到来（上海），对于敌伪的打击是最激烈最明显的，这就形成了组织迅速展开的条件。一大批优秀青年参加了这生气蓬勃的集团，他们十九都是无党无派的,可以说他们纯粹从爱真理,爱祖国,敌忾同仇的热情中生长起来,组织起来,发展起来的"。这些爱国青年虽然曾经不满意过去国民党在上海的种种作为,但到全民开展抗日救亡以后,人们都尽释前嫌,举起双手,表示拥护。所以说:"他们是多么天真,然而他们不应该担任错误。"作者在《〈风尘〉后记》中又说:"抗战胜利了,鞭炮欢呼声,掩饰了一时的真相,这个政府,这个被人诅咒着代表少数家族豪门特权的政府,在政治的基本斗争——人心之争取上,又失败了,其惨败如同惨胜。"而由国民党领导的三青团,也成为"没有灵魂的躯壳""失去了青年失去了真理",最后实行党团合并,成了一丘之貉,也就彻底自绝于人民了。

小说尽管描写的是抗日时期上海一批知识青年在三青团组织下宁死不屈地进行地下抗日斗争,但实际上表现和歌颂的是上海有志青年的爱国抗敌的伟大壮举,而不是赞美国民党、三青团的腐朽机体;实际上颂扬的是上海有志青年对祖国、对民族的忠诚与贡献,而不是宣扬他们对国民党、三青团的效忠。这是要严格区分的,也体现了作者在政治上追求进步,反对倒退的严正立场。事实上,作者在1947年三青团合并前夕,就拒绝高官厚禄,毅然登报声明退出三青团。翌年,作者又将自己创办的《启示》杂志无条件转让给中共地下组织出版发行,并按地下党指示继续承担该刊的法人责任,直到1949年被国民党政府查封。作者这种正义行为,在社会上产生了广泛的影响,给敌人以沉重的打击,无疑是认清了形势、迫切要求退出国民党、三青团组织的进步青年树立了榜样,因此有它的典型意义和作用。这部小说在客观上的影响,恰恰配合了这种榜样作用,也是应该得到充分肯定的。

再则,从这部文集的编印,也使我想起有必要谈谈"抗建文学"的问题。范泉先生在撰写《回忆"孤岛"时期的文艺战友们》一文中,曾提到了钱今昔的《"孤岛"文艺运动的策略》,却未提及更为当时所注目的"抗建文艺的策略"。历史事实是,在上海"孤岛"时期,"抗建文学"确实存在,并且是爱国抗日统一战线中的一翼,有它积极的肯定的一面,历史功绩不应抹去。在弹丸之地的上海"孤岛"上,有着敌伪顽我四方相峙的势力形态,进行着时隐时现或秘密的地下斗争,情况异常复杂,斗争也很剧

第二编 陈汝惠文学创作研究

烈。这些在文艺领域里也有着相应的反映和表现。有关我方的文学活动史料,通过上海社科院文学研究所上海"孤岛"文学调查组几年来的搜集和整理,有了一个基本的了解。尽管这项任务没有全部完成,丛书也没有出版齐全,但确实做了很多工作。至于受重庆国民党领导的"抗建文学",却尚未作过专题的调查和研究。其实,"抗建文学"也曾与日伪进行着殊死的苦战。它的总的领导机构是重庆派来上海的统一委员会和三青团在上海的秘密领导机构。宣传阵地,主要是《中美日报》《中美周刊》和《正言报》。为了宣传他们的文学主张和策略,《中美日报》副刊《堡垒》编发了好几期"现阶段文化思想"与"民族文化和革命的民族文学讨论"的"特辑"和"专辑"。纲领就是宣扬"抗战为的建国",抗战和建国正是不能分离的"一件事的两个面"。所以应该以"抗建文艺"这一名词来形容当时的文艺运动。也就是贯彻重庆国民党政府提出的"抗战必胜,建国必成"的口号。这个口号在 1938 年 7 月 6 日于武汉召开第一届一次国民参政会上,中共参政员董必武等署名的《我们对于国民参政会的意见》中也予以认同的。必须指出,"抗战必胜"是为我们所能接受的,也是拥护的,但"建国必成"就未必了。看你是要建什么样的国?! 当然,建成为"四大家族"所统治的国,那就是压在广大人民头上的三座大山,结果还是逃脱不了为人民所唾弃的历史命运。"抗建文学"也与我方左翼文学一样,双方都在自己的周围团结了一大批爱国作家和进步作家,各自形成了文学趣味相投的文学圈子。这两派文学阵营,总的战斗目标是针对在"孤岛"上若即若离、为虎作伥的"和平文学",这个大方向是一致的,也是可以肯定的。然而,这两派之间,由于政治背景和文学主张不同,也会出现种种倾轧、磨擦和斗争,有时甚至显得非常剧烈,确实也是存在的,不应忽视。

就上海"孤岛"时期抗日文学阵营的构成和格局讲,当时就有"抗战派"和"爱国派"之说。有研究者认为:"抗战无疑基于爱国,爱国当然赞同抗战,其实是本无二致,一脉相承的。"但两者却有不同的政治主张、背景和特点。前者成员大多是战前从事或接近左翼文学、战初即积极倡导抗战文学文艺运动的作家,也就是原来倾向和团结在中共地下党组织周围的革命或进步作家。作品的风格是直截了当地主张和讴歌抗战,反对投降,抨击日伪,锋芒毕露,慷慨激昂,这类作品在当时占主导地位,起着中坚和主力的作用。后者成员主要是被视为有唯美主义艺术倾向、自由民主主义政治立场的作家和被称为"鸳鸯蝴蝶派"的通俗文学作家。其作品往往不直接鼓吹抗战,却在心平气和、貌似恬然地描述祖国山河、平常琐事、古今传奇等等之中,执著于对爱国主义的宣传。这类作家往往是倾向、接近和团结在抗建文学周围的爱国作家。他们的崛起,有着相呼应和配合的作用。其在"孤岛"中后期大量出现,形成一"派",仍不失为重要的一翼。他们使抗日文学阵营队伍更加壮大,使爱国文学内容更加多姿多彩,尤其在沦陷以后的上海表现得越发明显,其历史贡献与意义更应肯定。

应当看到,日寇在当时的文艺政策,也有以迎合市民趣味的通俗文学为掩护的。例如,日本驻沪总领事清水曾以欧阳予倩留日老同学的身份找到他,要他出面办家电影制片厂,说明不要公开宣扬大东亚共荣圈的立场,而要提倡以通俗文艺为幌子。欧阳予倩当时感到为难,也感到问题的严重,再也不能留在上海了。于是,他一面推说待其郑重考虑,一面找到地下党员杨帆。在地下党组织的掩护下,欧阳予倩安全登轮离沪,由香港转去桂林。由此,在通俗文艺的研究中,必须搞清其政治背景,分清敌我,不为现象所蒙蔽,这是尤应提高警惕的事情。

尊重历史,尊重事实。过去,几乎所有中国现代文学史都是只讲革命或进步的文学史,其他流派或地区的文学活动,则很少被论及,甚至只字不提。"抗建文学"虽然只有在上海"孤岛"文学运动中方能产生,以后也随着历史的发展和变化而消亡了,但它确实存在过。既然存在,就得研究它。因此,现代文学史家在今后的研究中,应该客观地反映和评论"抗建文学"活动的存在,以实事求是的态度来对待它。这就是我提出这个问题的用意所在了。再则,笔者在中央电视台 10 频道播放的《抗战八年》历史片中见到,为了纪念山西忻口地区抵御日寇侵犯的一场规模宏大的持久的血战,该地区现在建立了一座雄伟的纪念碑,将参与这场血战的中共和国民党阵亡将士名单刻在同一块碑上,供世人瞻仰和凭吊。这样的做法

第二编　陈汝惠文学创作研究

虽属首倡，但它符合历史事实，获得国人的认同和赞许。由此，使我认为现在提出中国现代文学史家应该重视"抗建文学"的研究，也更有必要了。

最后，提一提陈汝惠作品中涉及基督教的问题。我认为这固然与作者青年时期接受的教育和环境有关，何况他一度是个基督教徒。在五四新文学的传统中确有接受西方基督教影响的事实，在汝惠先生的作品里也会有所影响和承继。文学大师巴金先生是位无神论者和人道主义者。在上海"孤岛"时期，他曾在《少年读物》上发表过一篇发扬圣彼得"重进罗马"精神的文章。在抗日背景下，他引用了这个故事，不仅仅利用宗教故事来唤起民众抗日的决心，也是他自己在沦陷区包围下的"孤岛"时，对自己人格的一种自我激励（引用陈思和先生语）。那么，陈汝惠作品中涉及基督教的情况，与此也有类似的原因和效果。何况，某些篇章为了达到寓意哲理，作者是借基督教的教义或故事来表达的。此外，汝惠先生在抗战胜利以后，曾主编基督教性质的刊物（启示），看来是从事宗教宣传，实际上却是以此为掩护，完全是为了搞他的革命活动所需要。文学现象是历史和时代交织的产物，考察其意义和价值应将其置于历史与时代的背景中进行实事求是的评判。阅读汝惠先生的作品，亦应按照这样的原则来评断。想来广大读者也一定会用这样的眼光来赏析和评审这部《文集》的吧。

20 世纪 40 年代上海文学的研究正待逐步展开、深入，《陈汝惠文集》的问世，也就不仅为其家属做了一件极有意义的事，更重要的是为上海 20 世纪 40 年代文学的研究提供了翔实而有价值的史料。为此使我兴奋，写下这些，并谈了一些粗浅的看法，有待大家不吝指正。

（作者为上海社会科学院研究员）

爱国作家陈汝惠

沈 寂

20世纪40年代的上海文学，随着第二次世界大战形势的变化和国内战争的爆发，可以分成三个阶段：(1)"孤岛"时代的后期（1940～1941年）；(2)沦陷时期（1942～1945年）；(3)解放战争时期（1946～1949年）。这三个不同时期互相衔接，彼此影响，组成20世纪中最具战斗力、丰富多彩的文学年代。

抗战爆发后，上海租界因英、法租界当局宣布中立，成为爱国进步人士汇聚的中心，救亡运动蓬勃展开。抗战烽火向内地蔓延后，因各种原因留在"孤岛"的文化工作者，继续焕发热和光，他们虽四面受敌，仍不断发出抗日救国的呼声，编辑文学期刊和撰写文学作品，描写在"孤岛"的爱国青年的痛苦和彷徨，同时受到从前线传来战士们英勇事迹的感召以及对大后方抗战圣地的向往。1941年，太平洋战争爆发，"孤岛"不复存在，上海全部沦陷。爱国的文艺工作者目睹同胞们在敌寇压迫下过着水深火热的屈辱生活，他们为了维护正义，抵制日伪宣传，冒着生命危险，发表作品，有的借历史题材宣扬抵御外侮的爱国情神；也有用故事新编和民间传说重编的形式讽刺当时现实，也有反映在强暴统治下人民的苦难生活；更多的是以哀婉悱恻的爱情故事描绘了因战争造成生离死别的反侵略内容；也有以上海风情为背景编造风花雪月的传奇故事，使沦陷区的上海人民在苦难中获得慰藉和鼓励，既表达了遭受压迫的同胞的心声，也使沦陷区人民对未来怀有希望和信心。1945年，抗战胜利，全国欢腾，上海文学界出现一派从未有过的新的气象，留在上海的作家为了迎接胜利，写出在沦陷时期不能发表的揭露日军罪恶以及地下工作者与敌斗争的作品。

第二编　陈汝惠文学创作研究

从内地来的老作家们也发表了我军在战场上英勇与日军作战和内地人民战时苦难生活的小说。与此同时，所有作家有一个共同愿望：胜利后的中国应该和平、团结和进步，对国民党反动当局的独裁、专制，破坏和平，压制进步力量，使国家重又陷入战乱的政治压力，表示极大愤慨，于是纷纷起来，以各种文学形式予以抨击和反抗。上海的作家队伍空前壮大，文学作品前所未有地充实而有力量，形成上海文学的黄金时代。

在这阵容强大的作家群中，有一位曾亲身参加抗敌工作，在作品中宣扬爱国主义的陈汝惠先生。他从"孤岛"时期起就开始写作，在沦陷时期默默耕耘，直到抗战胜利，连续发表和出版在沦陷区无法发表的以描写中国爱国男女青年在抗战时期的苦难经历和英勇奋斗的小说；尤其难得的是，他真实地记录抗战时期的上海大学生满怀赤诚的爱国热情和对侵略者及汉奸的强烈仇恨，参加抗日组织，展开对敌人白刃相见和冒险的地下活动，有的被捕牺牲，有的上战场战斗，以青春和生命换取抗战的胜利。他的全部作品概括了上海从"孤岛"到沦陷的历史，也正面描写了爱国青年的悲壮人生，在抗战文学史上应有一定地位，也具有特定时期真实的史料价值。

陈汝惠最早发表于《小说月报》（1941年）的中篇小说《女难》，是一篇写中学教师林田身在"孤岛"，心向内地，却受到难以抵挡的浪漫爱情的纠缠，又因有负正义的感召而深感内疚和无奈，最后终于跳出爱情旋涡，摆脱脆弱的心灵动荡，离开"孤岛"的故事。这篇小说并没有曲折的故事，也少有动人的情节，仅是男女主人公日常交往和感情的播弄，然而细腻的心理描写，复杂而深刻的思想交流以及人物的感情起伏，尤其是富有哲理的对话和作者叙述，是当时文学作品中极为少见的、别具特色和风格的爱情小说。在《小说月报》上连续3期发表，受到"孤岛"青年的喜爱。

1941年，"孤岛"沦陷，上海文坛环境恶劣，文化人受到日伪势力的压力，在死亡线上挣扎。然而，爱国的作家们仍努力写作，抒泄对敌人的仇恨和爱国的激情，可是又不能正面描写，只能借古喻今或以隐晦的手法表达生活的苦闷和冀求。陈汝惠在1942年先后发表短篇小说《捕珠手》

和《斗牛士》。前者写阿拉伯人米太的父亲以捕珠为生,后因雇主所逼,冒险出海,最后被鲨鱼伤害而死;米太长大后,孤苦伶仃,也为了生活所迫,不得不为雇主卖命,最后也被鲨鱼残害而死。后者是写西班牙斗牛士雷马特,为了求生和谋取家庭幸福,尽管他有无比的力量和高超的斗牛技巧,最后还是丧命于疯狂凶猛的蛮牛牛角下。在这两篇异国背景的小说里,作者将鲨鱼、雇主、凶牛、赌主比喻为日伪势力,将捕珠手和斗牛士比喻为沦陷区的中国同胞,听凭剥夺和残杀。读者能在动人的情节和人物的悲惨命运中体会到作者蕴藏在内心的仇恨和救国的激情。

"孤岛"沦陷,上海文坛在沉重压力下,很多作家停止写作,更无法发表正面抗日的作品。有的作品揭露沦陷区人民苦难生活和受暴力压迫的小说,不但文章受到删改,禁止发表,甚至遭到传讯,以致被捕惨遭酷刑、杀害。陈汝惠先生当时除了直接参与爱国抗日活动外,还不断地撰写小说,正面记述和描写爱国青年在沦陷区英勇奋斗的抗敌活动,反映大后方同胞受到日机轰炸等,造成无数爱情和家庭不幸的悲剧。他从1941年到1944年,共写了5篇小说,合计10万字左右。写于1941年空军节的《死的胜利》,记述一批热血青年参加中国空军打击日寇的英勇事迹。凌云和高平两位飞行员,奉命从K城出发,任务是护卫一个轰炸机队去完成使命。在一场恶战中,取得胜利。归航后,另一位信教的佐治却认为战争的残酷有违天主传道的爱;然后他也认识到:"我们去杀人是要叫此后没有人再会被杀,是要叫爱永远在人类的命运里光耀着。"他又接到爱侣来信鼓励,终于在一次空战中牺牲。创作于1942年的《小雨》,是写重庆遭到日机轰炸,玉华为了不让儿子小雨受害,经过艰苦的历程,来到上海。她丈夫被日伪特务逮捕,她为了救丈夫出险,为了给儿子小雨治病,毅然担当一切,四处奔走。最后,既未见丈夫归来,儿子又在病痛中离去,悲痛压倒一切。这篇小说的主角玉华真有其人。玉华本人读后,在小说后写了一段附言,令人痛心。第三篇《共死生之》,写于1944年4月,写一对上海男女青年在1932年1月28日第一次淞沪战争中相识相恋,又在1937年8月13日——第二次淞沪战争发生时一起从军。这是一个发生在士敏和蔚英、小薇之间的爱情故事,情节并不曲折,但人物的感情深厚,

第二编　陈汝惠文学创作研究

三人之间的关系随着战争的爆发和进展，随着抗日活动的深入，有合有分，有近有离，不断变化，但是爱国之心始终如一，爱恋之情也始终不变。这是一首可歌可泣的恋歌，唱出了祖国儿女爱国、爱人类的高尚情操。4个月之后，陈汝惠又写了一部近4万字的中篇小说《三人行》。这更是一篇令读者读后既激动又心情沉重的爱情故事。其内容是写一对上海男女知识青年扶风和乃德在"八一三"事变后，奔赴大后方投军抗敌，途中遇日军飞机空袭，女青年乃德因抢救伤员被炸牺牲。她临终时勉励扶风继续英勇杀敌。作者在这篇小说中充分展示了中华青年为了祖国命运，不惜牺牲一切：自己的青春、家庭、爱情，甚至生命。小说中人物，在激烈的冲突中展现出对人生的理解、懂得生活的真谛和激扬人类的真情以及家庭情侣的亲情。这是一首爱与恨、公与私、生与死的交响曲，在任何时代都能撼动人心。最后一篇是《沉船》，也是写两位青年男女好友，同船离沪往大后方，客轮中途被日本军舰撞沉，两人双双落水。在生死最后关头，男青年舍生援救女青年，自我牺牲，成全对方去内地与她情人相聚。这是一个短篇，文章虽短，情节动人，感人肺腑。

这5篇小说，有的发表，有的因正面写抗战，不能在沦陷区露面，直到抗战结束，作者才发表在小说集《三人行》中，受到读者注意和称赞。人们这才知道陈汝惠先生在上海沦陷时期虽未见有多少作品发表，但他默默地写下了近10万字，歌颂祖国儿女英勇抗日的壮烈事迹。

继《三人行》出版之后，陈汝惠先生又在《茶话》月刊上连续发表长篇小说《风尘》。这不再是虽有事实依据然有艺术虚构的小说，而是一群上海青年有组织、有纪律、有血有肉的抗日爱国活动的真实记录。《风尘》是写一位中学教师天池，与上海几个大学的一批青年学生，开展地下抗日活动，负责宣传联络工作。他离开家庭和母亲、妻儿，躲在一幢洋人居住的公寓里，独自一人编写和油印一份秘密刊物，在组织内部起到很大鼓舞和指导作用。他见到了组织的领导和不少同伴，不料受到敌伪注意，不得不撤退，暂时去内地。天池在游击区见闻不少，遇到过去曾在一起战斗过的老友，已成了游击队长，向他讲述很多英勇战斗的故事，以及重庆被日军轰炸情景。他回沪后，又知道曾一起战斗的同伴，有的被捕，有的被杀,有的家破人亡,有的光荣牺牲,一个个爱国青年,一段段震撼人心的血泪故事,使他更勇敢地投入战斗。有人告诉天池,他已被列入日本宪兵队的黑名单,他毫不畏怯,面对风险,负责安排胜利时的各项抗敌任务。而日本投降,胜利迅即来临,他和他的同伴们在国际饭店升起了国旗,电台里广播出自由的呼声。小说的结尾,作者写下一段话:"历史是客观而必然的,它怎样记载着他们的过去,也将怎样公正地评论他们的将来。"

《风尘》也是正面而真实地撰写 20 世纪 40 年代上海沦陷时期上海爱国青年与敌伪斗争的一部纪实小说,具有一定历史价值。这部作品也是陈汝惠先生本人的感情生活和战斗经历。小说中的主角天池实际上就是他自己,其他人物也真有其人。陈汝惠在抗战时期出于爱国热情和抗日的决心,曾加入过上海三民主义青年团,担任一个分支组织负责人,策划领导地下抗日爱国工作。然而,在抗战胜利后,三青团成了国民党反动政府的帮凶,"成了没有灵魂的躯壳,失去了青年失去了真理"。于是,真正爱国、曾热血抗日的青年们觉悟了,纷纷退出"三青团",陈汝惠先生也就毅然与三青团断绝一切关系。他还为《风尘》写了一篇《后记》。这是一篇重要的公开声明,足见陈汝惠先生既满怀爱国热诚,投身抗日怒潮,又在时代潮流中有胆有识,奋勇前进。他在自己的作品中歌颂上海青年的爱国抗敌的壮举,在《后记》中又严正地唾弃国民党政权,而且公开预言:"……这个政府,这个被人诅咒着代表少数家族豪门的特权的政府,在政治的基本斗争——人心之争取上,又失败了,其惨败如同惨胜。"这是一篇激昂慷慨的檄文,预告国民党政府必然崩溃。

陈汝惠先生的小说在文学上也有其非同一般的特色和风格。小说中的人物都是上海 20 世纪 30~40 年代的知识分子,他们在"孤岛"上彷徨、挣扎、苦闷,而战火的洗礼又推动他们向残暴的敌人战斗;他们有各自的生活、思想和感情,也都有一段回肠荡气的爱情,而他们的爱情又和生死搏斗的战斗时代不可分割,于是谱写出一曲曲悲欢离合、可歌可泣的恋歌,令人感动,令人难忘。陈汝惠的小说在历史背景、社会环境和人物处境的描绘上更见功力,他写两次淞沪战争,写"孤岛"的社会生活,写1941 年太平洋战争爆发后日军侵占后戒严、防空等恐怖景象,以及人们

第二编　陈汝惠文学创作研究

经过封锁线和内地被轰炸,等等,都是绘声绘色,真实而具体,使曾经经历过的老人勾起难忘的记忆,使年轻一代看到当时真实的社会和历史。

陈汝惠先生的《风尘》和其他中短篇小说《女难》《共死生之》《三人行》等,从不同侧面描写了中国热血青年投身抗日救国事业的事迹,赞扬了中国青年爱国主义精神和他们视死如归的大无畏气概;同时,又保存上海一部分地下工作者抗日活动的重要资料。

陈汝惠小说在今天重新出版不仅仅是怀旧;怀旧的目的是为了记得,记得过去,记得历史。历史是一面镜子。人们从镜子里能见到真实的生活,也看到自己的真正面貌。历史是教训,生活是方向。今天的人们在前人的教训下走自己的人生道路。

50年前,陈汝惠先生和我曾在同一本刊物《小说月报》上发表小说。他那文笔优美、富有哲理的作品令我钦佩。我们在胡山源先生的介绍下成为文字之交。我知道他参加地下活动,我自己曾经到过游击区,也曾被关进日本宪兵队。我知道并认识沦陷后的上海有一批爱国青年,不顾风险投身救亡运动。陈汝惠作品写的人物,我也有相熟或相知的。他小说中各个历史事件,我也都经历过,他小说中描写的各种场景,我几乎都有过同样的身受,其情其境,历历在目。我在陈汝惠的小说中看到我自己、我的朋友和我不相识的朋友们,我读他的小说,就像读上海沦陷时期的历史,看到当时的社会,也知道更多爱国青年可歌可泣的英勇事迹。当我读到陈汝惠先生发表在《风尘》的最后一段的声明时,我更敬佩他的胆识和明智。我在主编《幸福》时,请他写稿,他将过去未发表的《三人行》压缩为短篇,改名《黑纱》发表,也在我主编的《春秋》上发表《沉船》。他创办《启示》,曾因发行事与我商议。他主办江湾中学,我曾介绍学生去就读。我知道他主编《正言报》,因反对当局而受到迫害。上海解放,我从香港回来,陈汝惠先生已去福建厦门大学教书,讲授儿童文学,还特地约我为福建人民出版社编写儿童读物。此后,因历次政治运动,双方音讯断绝,直至"文化大革命"结束,他长期患病而逝世。我和他数十年友谊,又有共同遭遇,不禁痛心和悲伤。我负责编纂《上海四十年代文学作品》系列短篇集中将陈汝惠先生的《沉船》(发表时署名罗荃)列入,不是为了私情友谊，而是他的作品在 50 年后仍有文学价值。如今，我们将陈汝惠先生生前所写的部分作品，结集出版，不仅是对他的纪念，也是对过去时代的纪念，对上海历史的纪念。

（作者为著名电影剧作家）

革命途中的献祭与超脱

——陈汝惠小说论

罗振亚 于 倩

陈汝惠先生生前曾出任厦门大学高等教育研究所副所长,多年致力于教育研究事业,这是人所共知的。但很多人并不知道,他还是一位爱国作家,从"孤岛"时期至新中国成立前期在上海写过许多文学作品。他的创作主要以中短篇小说为主,兼及杂文和文艺评论,取材范围比较广泛。也许因为作者有过在沦陷区开展地下工作的特殊经历,陈汝惠的小说大多集中反映抗战时期军民对敌斗争的事件,其中人物的生活形态与精神面貌,也和抗战生活直接相关。可以说,他的创作隶属于抗战文学范畴。

一

抗战时期是一个全民行动的时代,在国家、民族、权力等符码的庞大身影引领下,整个民族的团结对外是毋庸置疑的。当时陈汝惠置身的上海已成为沦陷区,时局动荡,民不聊生,文化环境的恶劣程度可想而知,爱国作家们的创作均不同程度地受到了日伪势力的封锁与压制。但这种备受压抑的政治氛围与殖民文化统治,并没有遏止住作家们的爱国激情与斗志,相反,大量鼓舞民族士气的作品在高压政策下蜂拥出现。这里,作家们的选择并非是一种巧合,而是在特定历史语境下形成的一种创作共识:当时的文学急需鼓舞士气,引导人们抗争;因此具有表率功能的人物形象塑造具有非常积极的意义,它可以在某种程度上实现文学、意识形态以及政治宣传上的多赢。就政治实践理性的独特编码方式要求来看，这类作品的文学功能必然指向革命实践本身，要求作家以历史实践、革命信仰、政治斗争以及道德品质等等为主题单元来进行创作，于是，秘密集会、口号、传单、冲锋、流血、牺牲等革命中所包涵的行动环节和轨迹，加上革命过程中浪漫、庄严的献身情怀，使得青年知识分子革命者形象顺理成章地成为爱国作家们笔下的核心文学符号。

应该说，知识分子往往是对一个社会的时代变迁具有最敏感发现的特殊群体，他们的自我身份定位、价值取向、面对时事变迁而发生的心理反应机制，都具有很强的时代意义。求学时期，陈汝惠本人曾以超等奖学金修完上海大夏大学教育行政系课程，而同时他又参加过地下工作，因此当他开始文学创作活动时，便自觉地将这种经验与内在心理透射到文字中，塑造心仪的人物形象。短篇小说《女难》描写了男主人公林田从浪漫爱情的幻想中走回现实，摆脱掉心灵的游离，最后终于离开自设的爱情泥淖，完成了脱胎换骨的过程。它的叙述中没有曲折离奇的故事情节，故事的铺展也都是在平淡的言说中展开，既无让人心动的波澜壮阔，也少"执子之手，与子偕老"的山盟海誓，但就是在这种平淡中，却真切地呈现了一个正在向成熟期迈进的青年知识分子复杂的心理世界。林田徘徊在乃平、红荷、偲之、薇等年轻貌美的女性中间，乃平是林田的学生，娇羞可爱，天真执著，家境颇丰，具有小资产阶级身份；红荷是林田的大学同学，她是一个"聪明、谨慎、万事周到的女杰"，林田与红荷"彼此欣赏着，或者竞赛着，只以自己的智慧作赌注"；偲之是一个革命先烈的后裔，"带一点北方巾帼的气概，坦白，豪爽，活泼，审美"；而薇则是林田在情窦初开的时候便相识的姑娘，他们相识八年，彼此之间没有中断过通信，"从孩子的稚气的慕恋，一直写到青年情爱的自觉"。倘若是张资平操刀设计这几个人物角色的话，小说很难逃脱情欲呈现与肉身纠缠的低俗命运。但是，陈汝惠笔下的林田却是一次次地陷入反省与自责中，他无法拒绝乃平的真纯与善良，以至于"他劝告乃平离开的勇气几乎消失了，另一种由同情滋长的爱怜，由爱怜滋长的责任观念，使他不得不忍耐着去卫护一个女孩的纯洁的爱心"。他痛苦于自己这种软弱的顺从，作家细致地刻画出了

第二编　陈汝惠文学创作研究

主人公纠结的矛盾情绪："如果恋爱只是一种虚荣的满足,即时的游戏,或者自私的征服,骄傲的比赛;那么,剩余的果子是什么呢?人们似乎都学着愚笨的孔雀,褊狭地妒忌一切华贵的游客,自卑地急急展开扇羽,在刷刷的振动中不惜耗费体力满足自己,以夸耀弥补了下意识的虚弱。——他不时感到的就是这一种内疚的悲哀。"以至于林田一度陷入两难的困惑中,他无法抗拒乃平的主动与热情,却又为自己精神追求的陷落而自责,当他真正选择了乃平之后,仍然难以消灭心头的愁绪,林田的困惑与矛盾心态,在当时的社会环境下也代表了相当一批青年的心理变化。在表现青年知识分子的矛盾心态问题上,作家写道:"乃平的真实虔诚,使他日趋严肃,平时活泼的交际忽然拘谨了,他既然在一个还不能够了解、坦白无私的异性交际的人的身上有了责任,他不得不防止可能的妒忌与刺痛。同时他又感到:事实上要把友谊和爱情划分,是相当苦难的。这几乎是灵与肉的长期的斗争,也多少带点悲剧成分的。青年在性的感应上,去遵守理智限度,抑制奔放的情绪决不是每一个男女都能胜任的。即使他可以勉力遵行,可是遗留给人的误会呢?情感的伤害是残酷的。于是林田渐渐疏远了红荷、偲之、召南……林田的矛盾加深了。甚至抱着薇的信暗泣起来。"但是当林田最终决定与乃平交往的时候,乃平却出于物质现实的角度考虑而选择离开。尽管陈汝惠笔下的以林田为代表的青年知识分子经常会产生矛盾、慌闷的心理情绪,但是却不是波希米亚式的颓废、消极的形象。小说中的林田最终没有获得圆满的爱情,可故事的结尾作家并没有让他消极下去,而是为他预设了一个颇具象征意义的图景,"黑暗的天幕降落下来,时间永远走着静悄悄的长路。但是在世界的另一面,林田知道:黎明正展露了最初的一线曙光"。从中可以看到陈汝惠笔下的青年知识分子身上所具有的一种主导性格:他们是道德理想主义者,他们的迷惑多产生于现实与理想的冲击之下,或是人自身的软弱与理想冲突的时候,而他们之所以矛盾,也是因为想依靠自身的力量克服这种软弱。这些青年知识分子具有道德信念、精神追求与革命激情,他们依然属于五四式的新青年,而决不是虚无衰弱、沉溺于感官混沌的颓废文人或波希米亚式的浪者形象。

陈汝惠小说中的女性形象同样值得细细品读,他在小说中主要描写了两类女性。首先,女性青年知识分子在他笔下均是年轻貌美,受过良好的教育,很多时候她们的思想觉悟甚至高于身边的男性,她们对于身边的男性青年知识分子走向革命往往具有引导的作用。这些年轻的女孩子们是五四思潮影响下的新时代女性,同时又是爱情的绝对忠诚者,她们在作者笔下显得更加具有政治正确性。革命,不仅给这些新时代女子们的个人生存提供了另一种生存可能,而且也使她们对于自由的追求表现的更为明显,由"个人"而扩展到"民族"和"大众",她们的革命行为被赋予了崇高的政治意义,她们积极地投身到轰轰烈烈的大革命中,果敢坚强,勇往直前,与作家笔下的男性青年知识分子进行平等对话,甚至对于男性走向革命起着至关重要的作用。比如短篇《三人行》中,男主人公最终决定走进航空学校学习飞机驾驶的直接动因,便是受到女主人公乃偲的影响与鼓励。其次,作家又不吝笔墨地描写了女性作为母亲所特有的坚忍与担当。在中国的传统文化中,女娲造人与补天的故事,便为文学中的母亲形象奠定了一个神圣化的地母形象基础。她们饱经生活的沧桑与命运的欺凌,心中却依然充满无尽的慈悲与爱怜,对苦难有着常人难以理解的包容与含纳。小说《小雨》选材于一则真实发生的事件,这个故事描写出战争环境为平民百姓酿成的生活的苦难。主人公玉华的丈夫被日伪特务逮捕,早慧的儿子小雨又身患重病。玉华一方面想尽一切办法营救丈夫,一方面又尽全力挽救儿子的生命,然而故事的结尾,她的丈夫并未被救回,儿子小雨也被病魔夺去了弱小的生命。失夫丧子的双重悲剧同时发生在玉华一个人身上,但她这样一个弱女子为了救夫救子,以常人所无法想象的力量支撑自己,担当家庭的一切,其坚忍的品质不能不让人感动,整则小说的记述都呼应了题记中的那句话:"女子本弱,为母则强"。在这一点上,陈汝惠对于母亲形象的塑造与新文化运动后作家们对于母亲形象的重构不同:《围城》中的方老太太平庸、可笑甚至无知;《雷雨》中的繁漪果敢、报复、对传统礼教的冲击力和破坏力极强;《金锁记》中的母亲对待子女的方式甚至达到了一种残忍。在这些作品解构了中国传统文化中的地母形象时,陈汝惠却将他笔下的母亲形象刻画得神圣而富有光芒,不难推断他的创作是受了中国传统文化的影响的。

第二编　陈汝惠文学创作研究

二

　　陈汝惠选择将青年知识分子形象作为核心符号进行摹写与再造，誊写出了具有典型时代特征的青年知识分子心态与革命情怀，让我们更清楚地了解到当时青年知识分子在革命过程中所具有的矛盾、苦闷、犹疑的内心世界。同时我们在文本研读过程中也很容易联想到20世纪20年代末与30年代初的重要文学现象之一："革命＋恋爱"的文学叙事模式。应该说，"革命＋恋爱"这一概念在当时是以颇含贬义色彩的面貌出现在评论家与读者面前的，无论从文学艺术审美价值的角度还是从意识形态的角度来看，这种缺乏独创性、叙事过程带有明显的模板复制嫌疑的小说文本，都被视为比较失败的文学形态。1935年，茅盾发表《"革命"与"恋爱"的公式》一文，将"革命与恋爱小说"归纳为三种模式：一是"革命"＋"恋爱"；二是"革命决定了恋爱"；三是"革命产生了恋爱"。如果撇开茅盾在论述过程中的意识形态预设，他对于"革命"与"恋爱"关系的描述还是比较准确的。随后，钱杏邨、瞿秋白、阳翰笙、郑伯奇等人也都对这一缺乏新意的公式化写作模式进行了批判。继20世纪30年代初左翼文人对"革命＋恋爱"这一文学叙事模式勾画出一个批判轮廓后，各时代的研究者都没有停止过对这种文学现象的研磨与追踪。在陈汝惠的小说文本中，我们无心深究"革命＋恋爱"这一概念的初始形态与流变，但是应该明确的一点是，对于一个文学概念的评价，不同的历史时期必然有着不尽相同的文学评价标准，也可以说，一个文学概念由含混走向清晰的过程必定是一段不断变化与游走的路程。倘若在面对文本的时候，研究者能够摆脱外在的先见，不以所谓的正确阶级立场来衡量作品，不以简单的二元论来衡量小说所具有的文学价值，就会发现，在人类漫长的文学史长河中，即使一些经久不衰、经得起时间考验的大部头文本，在描写人性多元化的方面也都无法离开"革命"与"恋爱"这一文学叙事母题。同时，"革命"与"恋爱"同样是描述中国现代化进程中的具有典型代表性的话语符码之一。在进入陈汝惠的小说文本时，若持一种较为中正的态度，便会感受到

他所描述的革命胜利指向的是自由、平等、解放等等让人斗志昂扬的语汇，而"恋爱"则展现着男人与女人之间的关系，甚至是青年知识分子作为个体的人的意义的实现。无论革命以怎样的模式发展，它最终都无法逃脱被人类性本能所影响的命运，而情爱在革命进程中又无法朝着它既定的方向顺其自然地发展成熟下去；因此，"革命"与"恋爱"之间便产生了一种张力，在这种既相斥又相容的张力中间，"革命＋恋爱"这一不言自明的概念便获得了被重新阐释的多种可能。对于作家陈汝惠来说，"革命＋恋爱"不仅仅是一种单纯的文学叙述，它在某种程度上更是作家本人真实生活经验的直接转向。对于他笔下的青年知识分子来说，革命与恋爱之间的关系，这种理念上的浪漫主义与行动上的现实主义所发生的冲突，实际上即是作家本人与其笔下人物形象的精神遇合。或者说在某种意义上，"革命"与"恋爱"的关系恰恰可以构成解读知识分子精神史的一个极好的旁证。

随着创作的日渐成熟，陈汝惠笔下的青年知识分子形象也在圆润的笔法中丰满起来。如果说《女难》中的林田还处于初涉人生的岔路口，带着一丝犹豫与青涩，那么在《死的胜利》《三人行》《共死生之》《风尘》等篇章中，青年知识分子形象已经具有坚定的抗争精神与战斗的主动性。他们自觉地投身到革命中，并且不惜以牺牲生命为代价，在祖国、民族、人民等宏大话语的感召下，他们身上所具有的布尔什维克色彩的牺牲精神表现得更为明显，而因之引发的无法圆满的爱情悲剧也更加令人扼腕叹息。《女难》中的主人公处于对于生活的想象与憧憬期，林田所代表的青年知识分子形象还在取舍、选择与欲罢不能中矛盾挣扎，还未确定自己的人生选择，身上多少还带有一些对于恋爱的幻想；而写于1941年空军节的短篇《死的胜利》中的青年知识分子，则有着坚定的革命信仰，读者也很难在他们身上找到一丝所谓的小资产阶级意识，他们也不会因为在恋爱中遭受挫败而投身革命，而是以革命作为人生主导，而与此同时进行的恋爱则是朝向一个更具有浪漫主义色彩、更倡导崇高道德感的生活形态上发展。在小说《沉船》中，男主人公天池为了救梅，在救生艇只能再承载一个人的情况下，为了成全梅和她的爱人，不惜牺牲自己的生命，毅然选择与死

第二编　陈汝惠文学创作研究

神相伴。天池这样说道:"请相信死是真正的精神生命的开始,死开启了永恒的门,至少,死可以使我们的关系不会变得更坏……这以后,你对我的回忆,将追想到今天为止,也没有能比今天的印象更美更深刻了,所以我感到高兴。凡是人们能做到他所愿意做的,他决不会不快乐的……"这一幕很容易让人想起电影《泰坦尼克号》沉船的一幕,然而更让人感动的是,主人公不是为了成就自己的爱情,而是为了成全自己爱人的爱情,当爱而不能,却只能用生命来成全的时候,我们说这种道德境界的追求是我们观念意义上的"革命+恋爱"的小说所没有达到的。《三人行》貌似讲述了一个爱情故事,实际上却描写了一个为革命而牺牲爱情的故事。小说中的主人公都具有很强的家国使命感,克文与乃偲本是一对感情笃深的恋人,在家国危亡的现实面前,克文为了民族解放的崇高使命毅然参军,成为一名优秀的空军战士。他在一次激烈的空战中,为了援救被包围的战友而不幸牺牲。乃偲则为了继续完成爱人生前的夙愿,有过医学教育背景的她也奋不顾身地参加了前线的救护工作。在一次日军飞机的偷袭中,乃偲为了抢救伤员而身负重伤,一个如花的生命最终也因战争的烟火而消失。她在临终前,鼓励好友扶风继续战斗下去,扶风的空军学校录取通知书则成为她死前最大的安慰。在这篇小说中,我们可以清楚地看到"救亡"绝不仅仅是一个爱国的口号,陈汝惠笔下的爱国青年们是真正充满激情地投入其中,做着最踏实的奉献,他们为了国家、民族的命运,为了更多人可能拥有的自由而自觉地投入革命,在战争的炮火中,在家国岌岌可危的真实处境面前,他们身上没有一点个人私欲,祖国的命运高于一切。他们身上的使命感极其强烈,就如男主人公扶风所说:"我觉得人生像一张契约……我们有必须完成的工作,这张契约与生俱来,规定对我们对己对人对社会的所有的职责。我们实践了是守约;我们偷懒是失约;各人的契约条文也许不一样,因为订约的人确实一样的。青年人应当有履行契约的准备,中年人应当有履行契约的勇气毅力,老年人应当是契约的完成,死亡是契约完成后的签字。多少人在夕阳西下的最后的一刻,还留着痛苦的忏悔,就因为他在告别世界时,不能做愉快的签署。"而对于这种使命感驱使下的个体所将面临的牺牲,这一群爱国青年也有着充分的心理准备。这

是一群心中充满着大爱的坚强而美丽的生命群。他们的故事无论何时何地都饱含一种震撼人心的力量,在今天这个将个体的我推崇备至的时代,像陈汝惠小说中这样真挚博大的灵魂更是不多见的。

此外,陈汝惠笔下青年知识分子之间的情感变化往往是有爱无性,相爱的男女由于处在战争背景下,他们身居异地投身革命,彼此间只能通过信件往来传递思念之情。恋人之间没有可供他们私下相处的私密性空间,一般意义上的恋爱在这种情况下无法达成。也就是说,"革命"遮蔽了恋爱行为上的实质性动作,而使得青年人的情感依托只能停留在精神层面的想象。由于这些青年知识分子普遍受到过良好的高等教育,因此在人的自我意识与自我价值的认知上要明显高于其他人;然而在救亡面前他们又无暇顾及自己的情感,在投身革命后主动将这种自我意识遮蔽掉。总之,"'革命'在这些小说中占据着一个结构性的位置,它瓦解着一个男人和一个女人之间秘密的情感同盟,以使革命者完成一种超越性的主体认同。"①

三

中国虽然有着悠远的宗教传统,但在总体上却不是一个宗教氛围浓厚的国家,严格意义上的教民与人口基数相比也是少之又少,甚至可以说,中国是一个非宗教的国家。宗教是什么?它是人类为了解决普遍矛盾所做出的最伟大的努力之一,对于文学甚至就是其存在价值的最终旨归,是文学创作者永远也无法完成的一种超越。20世纪的中国文学与宗教文化互相融合与同化是一个不争的事实,从20世纪的文化语境看,一战后在整个世界范围内产生了信仰危机,而新文化运动后的中国文学在迈入现代化进程中,又面临着思想资源的缺失。在这样的背景下,中国作家在个体精神资源的扩充上便对宗教产生了天然的接近与热衷。回顾中国现代文学的发展历程,可以列举出相当一批与宗教文化有着不同程度关联的作家,诸

---

① 贺桂梅:《性/政治的转换与张力:早期普罗小说中的"革命+恋爱"模式解析》,《中国现代文学研究丛刊》2006年第5期。

第二编 陈汝惠文学创作研究

如鲁迅、周作人、巴金、老舍、曹禺、冰心、许地山、丰子恺、郭沫若、郁达夫、茅盾、沈从文、艾青、徐志摩、戴望舒、朱自清、林语堂、废名,等等。宗教与中国现代文学呈现出的相互渗透的关系,是一种文化指向上的更深层次的交叉,无论是基督教还是佛教,无论是在审美意境还是叙事结构上,宗教意义的渗透都为处于五四之后文化转型期的中国作家们提供了一个极好的话语开拓空间,为他们提供了一份宝贵的精神资源。

宗教意识必然涵盖一种对人生的终极关怀,对人性价值的肯定与承认,对于人性、尊严、命运的维护与追求,对人的生存状态的关注则更是宗教之爱的主要体现。因此大凡具有恒久艺术价值与文学魅力的作品必然会表现出某种宗教意识。需要注意的是,这里我们将要强调的是文学文本所体现出的宗教意识,而不是宗教形式。陈汝惠本人曾是基督教徒,他笔下人物所体现出的关于人的救赎、人在世界中的地位、个人与他者之间的关系以及人生的终极目的等方面都与基督教教义形成了契合,他们的言行都表现出作家是如何在基督教义的影响下看待世界、爱、战争以及死亡。陈汝惠是自觉地将宗教意识投射到他笔下的人物形象身上的,并以此更完整地完成他的文学创作的。

小说《女难》的主人公林田是在乃平的引导下接近宗教的,尽管他的恋爱没有获得圆满的结局,但是宗教精神却在他的心底扎下了根。他第一次听唱诗班的歌声就被赞美诗的歌词所感动,"他以往的悲痛,现在的忧虑、苦闷,都在赞美诗声中融化了,在大众高声唱歌的洪流里,似乎因了有所寄托而轻松快慰了"。作家所要急于表现的基督教的宗教力量已经跃然纸上。之后,林田出现了很大转变,他对基督教的信仰渐渐热心起来,甚至写起关于基督教的论文。可贵的是,陈汝惠并不仅仅满意于基督教对于年轻人吸引的描写,如果说《女难》中的林田还只是逐渐走入基督教的宗教信仰,那么《死的胜利》中的青年飞行员佐治已经是一个虔诚的基督教徒,他参加战争的精神支撑点便直接来源于他所信仰的基督教,并且他已经可以用《圣经》中的教义与战友进行十分具有思辨色彩的辩论,有力地表达自己对战争、爱、人类以及人性的看法。对基督教徒来说,他们一生的命运都在上帝的引领与安置之下,但并不是每一个信徒都能获得光明、顺畅的人生。上帝往往会使基督徒经历某种困难的遭遇和某种有限度的困苦，以此使信徒更加相信上帝在他们的命运中所占据的引领地位。所以，基督徒在世的时候，因为有主的相伴，仰望主的恩典，可以在任何环境中始终保持自己内心的平安喜乐。佐治在给芙之的信中这样写道："但愿我们每一滴血汗，能和全世界争取自由的同志底血汗相凝聚，为争议和平而奔放。但愿我们背起自己的十字架来接受苦难，担当悲痛，以牺牲换取成功。因为'痛苦有其使命，能成全幸福。'主的杖和竿，将领我们到可安歇的水边，苏醒我们的灵魂，虽然行过死亡的幽谷也不怕遭害。"对于战争，陈汝惠更是直接透过佐治的论断表达自己的宗教观点："耶和华曾领导以色列民族奋战于迦南，脱离埃及人的束缚，从奴隶生活中解放出来。现在我们的独立解放战争，也必然邀得上帝佑助。至于我，既是许身于国的军人，我的生和死，就得终于职守。尤其要荣耀上帝的工作。""我们去杀人是要叫此后没有人再会被杀；是要叫人类永远依着圣律而生活着，是要叫爱永远在人类的命运里光耀着。""但是我相信战争属于上帝的计划，世界上有多少成就要以多少苦难为代价，这又是自然的法则，战争就是一种代价，一种法则。"对于爱，他笔下的人物已经不仅局限于男女之间的情爱，或是亲子之间的舐犊之爱，而已升华到一种宗教层面上的博爱。基督教徒生活在此世的目的，不仅是为了完成一种正常人的人生，而是要把主救人的福音与上帝的爱传递出去，使更多的人能够同享永生福乐，在这一点上，陈汝惠小说的内蕴便有着向更深层面铺展的可能。他这样写道："爱，怜悯，并非无条件的宽容，社会问题的解决，也决非惟战争是赖。不过以历史的眼光来论断，战争未必会从此废弃，战争是人类进步的一种原动力，战争划分了历史的阶段。""不是为了牺牲才爱，乃是为了爱才牺牲。因为凡是我们甘愿牺牲的，应该是最宝贵的一切。否则牺牲的崇高的本质何在呢？"对于死亡，陈汝惠小说中的宗教色调更加浓重。佐治即使到了生命的最后一刻，也无所畏惧，在生命行将走向终点的一瞬，他也断续地发出最后的祷语："主啊！感谢你使我在苦痛中完成了使命，因为这世间一切的罪与罚，都是为你的公义和真理作了见证……"也就是说，对于基督徒来说，在完成使命的过程中，即使结局是自己的牺

第二编 陈汝惠文学创作研究

性,死亡在某种程度上也可以被理解为一种人的生命的升华。

一般来说,在基督教的教义中,信徒们相信上帝以《圣经》做媒介,向世人传递并启示他的话语和行为,比起道德伦理标准因其所受到的时代观念影响而产生的不稳定性来看,宗教的神性尺度具有相对的恒定性。基督教的教义中有一些对人的原欲带有排斥性的文化形态,所以在宗教的理想人格与人的现实欲望之间便存在一种冲突。然而,陈汝惠在将宗教意识渗入到小说文本的过程中,并没有以独特的方式提出类似宗教终极关怀的问题,也没有深刻体现人在精神与物质双重捆绑下的精神重压与挣扎,更没有写出人的天然欲望所存在的合理性,而仅仅借用宗教寻求一种灵魂上的安慰与依靠,或者说,宗教仅停留在对小说主人公的命运进行庇护的层面。按有的学者理解:"由于中国本土文化对作为异质文化的宗教在接受根基上的阙失,更由于特定的历史时代境遇的限制,对于多数中国现代作家来说,宗教的影响不可能像在西方那样成为一种感同身受的东西;这样,中国现代作家在遭遇某一宗教后,他们的宗教体验在作品中的呈现难免会发生某种变异,实质上是以汉语表达的特别样式'过滤'和重新阐释了宗教。"[①] 这大概是中国作家在将宗教意识引入进行文学创作时所留下的遗憾,当然我们不会要求作家以小说来阐释宗教的教义,文学与宗教虽然有交叉,但两者毕竟不能等同。在此依旧可以称道的是,陈汝惠在男女主人公的书信、对话等交流方式中,穿插了许多哲理性的论述,这些文字往往透射出较强的宗教思辨色彩,尽管这种宗教哲学思考的表现形态只是以碎片化的形态出现,并没有形成一种完整的哲学理念,只言片语的灵性思索中,也并未完全交代出作者对世界、对存在的至深思量,甚至以今天的审美要求来看,他的一些智性思索似乎并未能给读者带来一种被击中的阅读快感。但是在 20 世纪 40 年代的中国文坛上,能够在文学创作上亲近宗教,又不放弃对于时代的关注与追问,并且得出比较富于理性思辨的哲思,已经十分不容易,对此要积极地予以肯定。

除了将宗教意识引入创作外,在《捕珠手》《斗牛士》《熊》等篇章

---

① 张桃洲:《宗教与中国现代文学的浪漫品格》,《江海学刊》2003 年第 5 期。

中，陈汝惠的创作在艺术上也体现出一定的寓言特色。他在《小说漫谈》中将"斗争的场面""纠葛的兴味线""未知点""戏剧的顶点"作为短篇小说创作的基本要素，并从内容、线索、悬念和余味等方面对短篇小说的创作技巧进行总结。他比较推崇莫泊桑的小说叙事技巧，提倡洗练流畅的小说结构以及炉火纯青的布局。他认为，在小说清晰的行文结构上设置悬念，可以让读者在故事世态的发展上展开丰富的想象，以此产生阅读共鸣；同时，在高潮部分留下一个戏剧顶点，并在故事情节发展到高峰的时候以快刀斩乱麻的手法结束全篇，让读者在阅读结束时有恍然大悟之感，才是作家小说技巧的高明所在。沈寂在《陈汝惠文集》的序中认为这《捕珠手》与《斗牛士》两则短篇"借古寓今或以隐晦的手法表达生活的苦闷和冀求"。他认为："在这两篇异国背景的小说里，作者将鲨鱼、雇主、凶牛、赌注比喻为日伪势力，将捕珠手和斗牛士比为沦陷区的中国同胞，听凭剥夺和残杀。读者能在动人的情节和人物的悲惨命运中体会到作者蕴藏在内心的仇恨和救国的激情。"① 我以为这样的分析是符合作家当时的创作目的和创作实际的，如果将这几篇小说具体的创作环境与时代背景抽离掉，即会发现它们那种寓言的性质。《捕珠手》表明了一种命定的叙述，仿佛一切都已被写好，只能等待命运的绳索将其牢牢拴住。《斗牛士》描写出一种人类普遍性的虚无，尽管斗牛士不断地赢得胜利，却一再对自己的生活产生怀疑，幻灭感也随着每次斗牛的胜利而滋生。这大概就是人类生存的事实，所有的奋斗、抗争、欢喜、忧愁最后都将归于寂灭，一切都终将消失不见，一切又仿佛都未曾发生，生命的死生在一环一环地更新，只有地球默默无言地支撑与承载着一切灵魂的轮回。而这些小说在写作技巧与整体布局上，也都比较符合他在《小说漫谈》中所提出的小说创作理念。陈汝惠认为传统小说中作者喜欢把主角送入洞房，同时记录主角的寿限，甚至连主角的后代也要表明几句的叙事方式俗不可耐。陈汝惠为了避免重复中国旧式小说大团圆结尾的喜剧模式，多以悲剧性质素材进入小说文本，以此让读者产生"悲哀使我们的情感更纯洁更崇高"的共鸣，同时

---

① 沈寂：《序言》，《陈汝惠文集》，上海社会科学院出版社 2005 年版，第 3 页。

第二编　陈汝惠文学创作研究

他在小说收尾上也很有节制感与韵味感。他将故事的包袱抖开后便及时收住，干脆利落，绝不拖沓。应该说，陈汝惠的文学创作也比较讲究叙事策略与写作技巧，他的小说情节并不复杂，时而略有清淡之嫌，但他的下笔却并不是淡而无味，里面夹杂着许多智性的思考，无论在行文结构的安置还是主题韵味的提升上，都体现着作家的精心与严谨。

目前，学术界对 20 世纪 40 年代的上海文学研究还不够深入，许多作家的文字仍然被遮蔽在现有的文学史之外，而那中间不乏优秀的、价值较高的作品。虽然，陈汝惠的文字能否真正进入文学史，还有待更多业内人士的专业估衡，但是对以他为代笔的这一类作家作品文本的发掘，却将实实在在地丰富中国现代文学的历史图景。

（罗振亚为南开大学文学院教授；
于倩为南开大学文学院博士研究生）

论陈汝惠小说创作的主题

余 娜

1937年七七卢沟桥事变爆发,中华民族进入了一个浴血奋战的动荡时代。此时五四以来的新文学面对着民族危亡的形势,担负起救亡图存的使命,呈现出不同于20世纪20~30年代的景象。1937年11月上海沦陷后,处于被包围之中的租界成为类似孤岛的特殊区域。在这"孤岛"中,作家坚持创作,开展抗日救亡活动。1941年,太平洋战争爆发,上海全部沦陷,结束"孤岛"状态。上海的作家在沦陷中处于极度不自由的状态,在夹缝中坚守爱国文学阵地,以更加隐晦的方式发出抗日救国的呼声。政治的限制,行动的封锁,思想的钳制和时代的动荡没有使上海成为文学孤岛,恰恰相反,这个时期的上海作家人数众多,作品特点突出。在这样的基础上,出现了陈汝惠先生这样的爱国作家。他曾经亲身参加抗日工作,从"孤岛"时期开始写作,结合自身经历,描写了战火纷飞的上海社会、战争环境下的知识分子、志士投身的地下抗日组织活动,作品记录了上海从"孤岛"到沦陷的历史,具有鲜明的时代特征。

从《陈汝惠文集》所收录的小说作品中,可以看到救亡图存的时代思想贯穿始终,同时也能够发现五四新文学传统在作家创作中的延续。正是这两方面构成了陈汝惠先生小说创作的完整主题。

在抗日战争的时代情势之下,文学被规定在救亡图存的大主题中,当时的人们认为:"我们在这项战争之后,若不做小说则已,若要做小说,

第二编　陈汝惠文学创作研究

就非带有积极性的反战小说。"① 民族危亡的时刻，文学必定要高扬民族意识振奋民族精神。曾亲身参加抗战的陈汝惠在创作中以自身的真实经历和真实感受来表现救亡主题。在《死的胜利》《三人行》《共死生之》中，陈汝惠正面描写了青年男女奔赴抗敌战场并不惜牺牲一切的可歌可泣的爱国壮举。在这过程中，这几位年轻的知识分子有个人的感情牵挂，之间的关系有分有合，但对祖国的爱恋之心始终不渝。佐治、克文、乃偲、蔚英他们"找到了祖国"并为之献出了自己年轻的生命，但他们的"曾经占据过的岗位上"，还有别人"永久忠实地守望着"。这一群前赴后继为国捐躯的爱国儿女完美地诠释了人生和生命。长篇小说《风尘》是一群上海青年机智勇敢地投身于抗日爱国活动的真实记录。主人公中学教师天池秘密参加地下抗日活动，几次身陷险境，仍然毫不畏惧地投入斗争。曾和天池一起战斗过的同伴，在斗争中有的被捕，有的被杀，有的家破人亡。一个个爱国青年、一段段撼动人心的血泪故事让人们更能体会胜利来临时电台里自由呼声的珍贵。

在陈汝惠先生的作品中除了宏大的救亡主题之外，我们还看到了对五四新文学传统的自觉追随。随着抗战的爆发，曾经是新文学发展中心的北京、上海都陷入荒芜之中，文学上一度沉寂，有人回顾道："那只是空洞的呼喊，衔接不了过去的传统，也不能真实地打开一条道路，结果所留给今日的印象，仍旧只是那空白的一页。"② 而事实上，被突然战争打断的中国现代文学在这个特殊的时期中，在巨大的"救亡"旗帜之下，依然保持着自己的传统，延续着五四新文学。这一点，陈汝惠先生的创作可以作为明证。

小说的题材选择就带有鲜明的五四新文学的痕迹。五四新文学诞生以来主要写知识青年的生活天地，展现五四青年的思考。这样的时代题材直到鲁迅才被打破，扩大到更广阔的人生。到了 20 世纪 40 年代，"孤岛"时期和沦陷时期的陈汝惠重新选择了青年男女、知识分子作为小说创作最

---

① 郁达夫：《战时的小说》，《二十世纪中国小说理论资料》（第四卷），北京大学出版社 1997 年版，第 23 页。
② 上官蓉：《北方文坛的今昔》，《文化年刊》1945 年第 2 卷。

主要的表现对象，着墨最多的地方也是青年男女知识分子的感情波澜和人物关系的远近。《女难》讲述的是"孤岛"时期，中学教师林田和女学生乃平之间的爱情纠葛，在陷入爱情旋涡的同时，林田心怀对远方女友深深的内疚。在经历了甜蜜、无奈、愧疚交杂的心灵动荡后，林田和乃平的爱情以分道扬镳告终。在《死的胜利》《三人行》《共死生之》《沉船》这几篇小说里都展现了青年男女纯洁美好的爱情，伤感动人。

如果说题材上的追随，是对五四新文学的浅层理解，那么对五四新文学主题的继承和发扬，则表明了陈汝惠在新的时代环境下对五四新文学精神的坚守。

五四新文学最重要的主题就是批判国民性弱点，以鲁迅为代表的作家们在作品中关注着病态社会里人的精神的"病苦"。这一文学传统在陈汝惠的小说中得到了延续，在特殊的战争环境中获得了新的意义。在上海的孤岛和沦陷时期，形形色色的人物展示出国民性格中的种种劣根性，或盲目顺从、坐以待毙，或迷信守旧、自欺欺人，或投机取巧、大发国难财。令陈汝惠痛心的是，国民性格的麻木、顺从是导致自身悲剧和民族悲剧命运的主要根源。在《捕珠手》《斗牛士》中，阿拉伯两代捕珠手和西班牙斗牛士的悲惨命运能够激起国人对底层人民受压迫受剥削地位的共鸣和同情。同时，捕珠手米太而对雇主的无知和心存幻想，斗牛士雷马特在贵族社会毫无人性的喝彩声中逐渐失去自我，他们的麻木和愚昧仿佛是华老栓、祥林嫂的复活。尽管故事发生的背景在异国，作家真正要批判的是，在当时国家危亡的时刻，国民的麻木无知，更助长了侵略者魔爪的肆虐。对帮凶、看客形象的表现和批判，也是国民性弱点批判的重要部分。陈汝惠的小说表现孤岛时期和沦陷时期的上海社会现实中，都真实地展现了在国难当头，囤积货品牟利："手电筒和洋烛的买卖，突然成了暴发的交易"，普通物品挂上"防空"名号就身价飞涨，大发国难财。而那些利用国难钻营发迹的汉奸更加可恨，陈汝惠在《风尘》中通过"绳子的发迹"专门抨击了这类可耻的帮凶，用生动的场面描写，以对话形式来表现汉奸走狗对同胞的残酷无情，对侵略者的卑躬屈膝的丑陋无耻。

五四新思潮唤起了作家们对人的生存价值以及种种人生观问题的思

索,个人意识的觉醒成为五四新文学的精神基点,理性色彩也成为五四文学创作的特点。国土沦亡的时代使作家们的思想意识受到巨大的震动,开始质疑原有的生活价值和人生意义,在知识分子题材的作品中对个人的反省尤为明显。陈汝惠的小说中的青年知识分子都在思考着人生的意义,充满了哲学思辨意味。《三人行》里,乃偲和扶风关于人生观的对话洋洋洒洒,立场鲜明。《女难》中林田则在日记中剖析自身的心灵,真实展示内心的愧疚、摇摆和疑问。小说中个人意识突出,使作品具有了知性化的趋向,在思辨里叙述生活事件和表现个人的内心感受。尽管陈汝惠的小说具有了五四时期"问题小说"的理性色彩,但没有凌空高蹈走向抽象。因为小说中的青年知识分子反省自己、思考人生都和祖国的命运紧密联系在一起,现实的责任、迫切的任务都一扫个人意识的狭隘性。他们的人生价值正如《三人行》乃偲说的:"人生,当然要求的是幸福,但幸福只是一种苦难与斗争的持续,而这一种斗争永远为希望所挽救了。"

追随五四新文学,不仅仅在具体的主题和意识上,还表现在对五四时代精神的向往。五四是一个充满激情的自由时代,要求解放、提倡科学民主,呼唤人人投身其中的时代。而在陈汝惠身处的四十年代,"国破山河在",被称为"大而破"的时代,理想与现实的距离困扰着年轻知识分子敏感脆弱的心。在作品中,作家借日记的体式或全知叙述的方式传达了对现实的感受——"密云的天空"、"阴冷的气候,正是沦陷区内所应有的",抑郁恐怖笼罩着沦陷区。但作家对这样的现实处境表示了拒绝、表达对理想生活的渴望和对远方的向往。在《三人行》《女难》《风尘》等作品中,都可看到有志青年对人生的思考,并都用自己的实际行动去实现着目标,都投身到了斗争中。不屈从现实积极投身到时代中,发挥了五四新文学的自由精神,是对"五四"的一次历史性回响。

在 20 世纪 40 年代的上海,时代的特殊导致了文学发展的特异。陈汝惠先生的小说主题颇有代表性,通过对其救亡主题中延续五四新文学传统的研究,有助于认识同时代作家,进而更深入理解 40 年代文学。

(作者为集美大学文学院教师)

迷惘中的人生探寻

——论陈汝惠的教育小说

孙德喜

教育小说在现代文学史上数量虽然不多,却也不可忽视,最突出的教育小说家当推叶圣陶。他的教育小说以现实主义的手法描写了 20 世纪 20 年代战乱时期知识分子的卑微和苦闷,成为现代文学史上一道独特的景观。后来的教育小说主要有钱钟书的《围城》,表现的是 20 世纪 30 年代大学里的知识分子的虚荣、荒谬和滑稽。老舍的《八骏图》同样以批判的笔法讽刺了某些高级知识分子的虚伪和无能。对于抗战爆发以后直至 20 世纪 40 年代后期,特别是"孤岛"时期陈汝惠的教育小说创作,一般人了解不多,更没有人进行深入的研究和探讨。本文拟对陈汝惠的教育小说进行初步的论述,希望引起学界的关注。

陈汝惠(1917—1998),上海宝山人,现代教育家、作家,著名儿童文学作家陈伯吹的胞弟。抗战爆发以后,陈汝惠立足上海,在《小说月报》和《茶话》等文学刊物发表过《女难》《三人行》《风尘》《淡水》(上、下)《共死生之》等小说,在沦陷区产生了一定的影响。由于陈汝惠长期从事教育事业,在中小学任教,因而与叶圣陶一样,既是教育家,又是小说家,而且他的小说也与叶圣陶的一样,大多取材于中小学师生的生活。如果说叶圣陶所描写的是 20 世纪 20 年代战乱时代小知识分子的灰色人生,那么陈汝惠则是表现沦陷时期青年知识分子的压抑、苦闷、迷惘和追寻。陈汝惠的创作应该是作为 20 世纪 30 年代后期到 20 世纪 40 年代的教育小说。

第二编 陈汝惠文学创作研究

　　有些学者将陈汝惠放在"孤岛"文学的语境中进行考察和研究,确实有其一定的合理性。然而,陈汝惠的小说显然与"孤岛"文学的许多作家存在着巨大的差异。由于那个时期特殊的政治文化环境,"孤岛"文学的大多数作家往往取材历史,书写历史,采取以古讽今的手段,表达特定历史环境中中国人的抗战的心声。而陈汝惠虽有少量借外域题材隐喻中国现实的作品之外,大多是他面对惨淡的生活和严峻的现实,表现沦陷区学校青年教师与学生的真实面貌。而且,陈汝惠还有部分作品是在抗战胜利以后的20世纪40年代后期创作的。他的作品具有着力于描写青年学生和教师,探讨当时青年人思想和人生出路的一贯性。因而,我们可以将他的小说视为教育小说。所谓教育小说,是指主要叙述和描写青年学生和教师的小说,表现他们的生活状况和精神状态,或者通过叙事和描写给当下的青年读者以人生警示与启迪,具有某种教育意义。陈汝惠的创作为我们真实地描绘了上海沦陷后"孤岛"内外的青年教师和学生的生存现状和精神状态,具有独特的历史认识意义。

　　阅读叶圣陶的教育小说,人们首先看到的是军阀混战时代,知识分子的理想在残酷的现实面前遭到严重的碰壁。他们的生活秩序被严重破坏,他们的心灵被严重地扭曲;同时人们还看到在封建礼教的围剿和地痞流氓的滋扰下现代教育思想、理念和方法的种种尝试遭到的惨重失败。陈汝惠的教育小说给人的印象首先是日本侵略者铁蹄下的上海虽然不是一副乱像,却让青年们感到深刻的心痛的现实,同时表现了他们的爱国热情。《女难》不仅是陈汝惠最早发表的小说,而且是他的代表作之一。小说中的林田与文乃平是"孤岛"里一所中学的师生。如果单从生活来看,他们虽然处于战乱时期,但由于是在列强保护下的"孤岛",可以过着比较平静安逸的生活,抗日战争的大环境没有影响到他们的日常生活。林田虽然只是一个中学教师,但是生活条件仍然十分优越,他不仅穿着西装革履,而且家住楼房,家里还雇佣仆人,其生活条件可以说达到了中产阶级水准;学生乃平的生活条件在小说中虽然没有直接描叙,但是仅从她那"时式的紫红绒绳衫"和"墨绿色的旗袍"可以看出她家的生活一定也很不错。然而,他们并没有浑浑噩噩地生活下去,而是在亡国的迷惘中苦苦地思索着人生道路。在林田的感受中,"战后的上海,畸形地繁荣了。在举国烽火之中,有这样一个安乐的'孤岛',有一天将成为历史上的奇谈。自从上海人看完'赛球'似的眼看国军退走以后,便渐渐忘记了一次空前紧张的局面,和这生死存亡的斗争的持续。虽然有时候他们也谈谈那一次剧烈的争战,而且的确有人曾经参加在许多无名英雄的队伍里,流过汗,滴过血,然而呼号争斗都过去了,火药味血腥气也消散了,人们这样的软弱就给环境诱惑,压迫,叹息着,彷徨着,渐渐地沉沦下去"。这是"商女不知亡国恨,隔江犹唱后庭花"的令人痛心的现实。然而,林田并没有与现实中的许多人那样沉沦下去,没有"偷安"或者"耽于娱乐,舞场,戏院",作为一个不甘沉沦的青年知识分子,作为一名教师,他看到远处飘扬着的侵略者的旗帜就倍感痛心。然而,痛心归痛心,他到底该怎么办呢?他到底能为他的受难的祖国做些什么呢?他不知道。林田具有着过人的天资和聪慧,早在12岁时,他就开始写作"小说",赢得了级任先生的赏识,并且赢得了女同学的艳羡,得到了"中国莫泊桑"的称号。到了20岁时,他就已经出版著作30种,仅仅从高三到大四这几年,他就在各种报刊上发表20多万字,同时还写作了书信和日记,共计至少100万字,后来他写作的论文能够"与教授们的大作并列了"。这样才华横溢的青年本来应该充分展示自己才干,可是,此时次刻,他眼看着祖国沦入侵略者的铁蹄之下而无能为力。他看到了国军的撤退,不知道抗日的力量在哪里,不知道到哪里去参加抗日队伍,为苦难中的祖国效力。因而,他虽然生活在优越之中,内心却依然充满着烦恼,这是为国而忧的烦恼。烦恼折磨着林田,即使学生乃平深深地爱恋着他,他也没有感到幸福。乃平爱上老师,纯粹是少女的爱,与国家、民族的命运没有什么关系,因而她的爱不能解开林田心头的结。这样,面对着乃平的爱,林田在最初一段时期里感到厌恶,甚至竭力摆脱。在他的眼里,乃平这个活泼可爱的少女被贴上了"小资产阶级"的标签。"小资产阶级"曾经在20世纪20年代的上海不断高涨的左翼文化思潮中指称那些只图享受、比较自私,而且情感脆弱、思想狂热的人,具有非常明显的贬义,其中的意识形态色彩非常浓厚。而乃平本来是个年轻活泼、个性鲜明的女孩,她有追求爱情和美好生

第二编　陈汝惠文学创作研究

活的权利，同时还应有展示其个性的权利。她身上所体现的是青年人的朝气蓬勃和五四文化的某些传统。然而经过了 20 世纪 20 年代后期到 30 年代前期的左翼文化运动，左翼政治意识开始渗透进人们的思想，曾经大胆而勇敢追求的爱情现在却似乎成为与物质享受同样可怕的沉沦消极的象征。现在，在林田的思想意识中，来自异性的爱情似乎成了洪水猛兽，他竟然设法躲避。然而，躲避爱情并不意味着解决了内心烦恼，而烦恼中的林田虽然可以以老师的身份要求乃平用功学习，要找到人生的目标，可是他自己还没有找到人生的目标。因此，他对乃平的教育显得十分无力。后来，林田还是在乃平的影响下渐渐地接近基督教，以至后来投入了基督教的怀抱，让自己的心灵在基督教文化的呵护中寻得精神家园。与此同时，他的思想意识渐渐发生了变化，渐渐地接受了乃平的爱情。林田接受了乃平的爱情，同时在基督教中寻求到某种精神寄托，然而这并没有根除他的心病，因为日本侵略者的旗帜还不时出现在他的眼前，提醒着他国家处于危难当中。因此，林田仍然没有摆脱苦闷，他告诉乃平："我们只兜着一条旧路，每转一个弯，我们都以为逢到了新的境地，然而转弯多了，却发现仍是在老地方。"《女难》看似"多余的喜剧"，实际上表现的是沦陷后上海青年面对侵略和殖民而找不到出路的痛苦。

《淡水》中的尤明其实是另一个林田，他也是一个青年知识分子，同样生活优裕，同样怀有苦闷，由于"再度炮火洗礼了上海，生活在血腥与火药气中，只叫人挂心到'呼吸自由'的问题"。尽管有学妹偲之同他比较亲近，但是他还是觉得自己"开始了一个真正'女难'的命运"。他与偲之多次通过书信往来以探讨人生的真谛和道路，通过交谈来谈论友谊与爱情。只不过，尤明并不像林田那样始终沉浸在痛苦之中，他到后来似乎有所醒悟：只要自己留心，就可以发现表示人生希望的"淡水"的。不过，这"淡水"究竟能否解决"孤岛"青年的苦闷和抑郁，答案还不明朗。

林田与尤明在人生的奋斗目标的探索上没有找到答案，虽然在尤明这里显示了希望的存在，然而这种希望仍然是十分模糊的。那么，在这祖国遭到侵略者铁蹄蹂躏的时刻，青年人的道路究竟在哪里呢？陈汝惠也在苦苦地思索，他在《死的胜利》等小说中试图给出一种答案。《死的胜利》叙述了高平、凌云和佐治等参加空军投入到抗敌斗争的行列之中，他不仅为战友的英勇顽强的战斗精神所深深感动，而且对人的生与死有了非常深刻的认识。但是，他们很快遇到了一个矛盾：宗教信仰与卫国杀敌相抵牾。佐治与林田一样信仰基督教，而宗教所要求他的是博爱，包括爱他的敌人；然而现在他为了保卫他的国家就得和侵略者战斗，就必须消灭这些侵略者。如何解决这种矛盾呢？佐治终于找到了答案："我们去杀人，是要叫此后没有人被杀；是要叫人类永远依着圣律而生活着，是要叫爱永远在人类的命运里光耀着。"这个答案看似完妥，实际上只是一种世俗的解释，关键的问题是任何人都可以以此为借口大开杀戒，进而走向宗教精神的反面。因此，这里看似找到的答案实际上并不能最终彻底地解决问题，不过可以给人找到心理的平衡。

既然《死的胜利》中的佐治、高平和凌云奔赴战场英勇杀敌作出了榜样，那么《三人行》中的青年乃偲与扶风同样受到时代的感召，奔赴前方投军抗敌。在奔赴前方的途中，他们同样有一番关于基督教信仰与杀敌的争论，最终乃偲说出了与佐治同样的话，为信仰基督教的青年投军杀敌报效祖国解开了心理疙瘩。后来，女学生乃偲在抢救战场伤员时被敌机炸死，为国捐躯。与此同时，扶风一边替抗日的"义士"祈祷"平安"，一边在医院里为抗战中受伤人员献血，挽救他们的生命。就在乃偲临终之时，扶风告诉她，自己已经被航空学校录取，将来可以参加空军抗击侵略者。这令乃偲得到了安慰。

《共死生之》中的小薇和蔚英走出学校大门，来到田野中，因为田野是一本"比一切都好的书本"。这里的学校与田野，不只是两个不同的场所，而是代表着人生的不同阶段，甚至隐喻着从浪漫到现实的转变。在学校里，学生的主要任务就是学习文化知识，提高自己的文化素养，而田野则是社会现实，学生走出校门，意味着走向社会，开始担负起一定的社会责任。学生在学校学习，与老师和同学相处，相对来说比较单纯，而且对未来充满着幻想，是人生最浪漫的时光；当学生来到了田野，他就会发现社会现实的复杂，还有许许多多东西不懂，因而还需要进一步学习，让人

第二编　陈汝惠文学创作研究

走向成熟。催成他们走出校门像家人一样成为难民，同时也催成他们心智的成熟。不幸的是年仅18岁的士敏由于"努力不是他们毕业时刻的到来，而是日本侵略者发动的侵华战争。战争摧毁了和平，迫使学生与他于教书著书"而"操劳过度""得了肺病呕血死了"。后来小薇和蔚英不仅离开了学校，而且在"人的召唤""时代的召唤"和"时代引领"下，"毅然告别了上海，到有山有水的湖南去了"。特别是蔚英为在汉口即将参加一个会战而感到十分激动，因为他感觉"已经找到了祖国"，后来他在战斗中光荣负伤，最后为祖国献出了年轻的生命。

创作于1948年的《风尘》应该是陈汝惠最长的一部小说，大约15万字，可以说是他唯一的长篇小说，也是他20世纪40年代后期的重要作品。这部小说情节复杂，人物众多。小说取材虽然涉及"孤岛"时期的生活，但是并不限于此间。小说以纪实的手法叙述了中学教师周天池（周弢）与上海一群大学生走出校门投身抗日的活动。这些热血青年不畏艰险，克服各种困难，历经艰辛，坚持抗敌。当然，小说的着重点并不在于歌颂这些青年英勇顽强的斗争精神，也不在于仅仅让人们了解上海沦陷时期热血青年具有传奇色彩的抗敌生活，而在于告诉人们当国家处于危急之际，青年人究竟应该怎样生活，走怎样的人生道路。作家通过周天池的报告表达了自己的看法："现在，我们是真正的孤臣孽子了，我们不得不当仁不让地去担当全上海的策反工作。孤军奋斗，往往建树最多，因此大家不要惧怕，要感谢要赞美这千古难逢的良机，所有的同志，必须起誓，誓以突破记录的成绩，作为敌人空前迫害的答复。革命精神，就在知不可为而为之，今后无论接受何种牺牲，无论成功成仁，都要有义不容辞的信念，都要有单独作战至最后的能力。……打倒敌人，至少先要反省自己：是否已有超越敌人的智慧、勇气与忍耐？请从自强强国做起，请以个人的生命荣誉与吾民族的生命荣誉打成一片……"周天池的这番演讲既指出了当时青年人的时代处境，又阐明了个人与民族、国家的关系。然而，我们也必须看到，仅仅以极大的热情投入到抗敌运动中去，并没有解决许多问题，且不说其他许多青年，就是周天池也有不少困惑和迷茫。因为他们这些青年所参加的是国民党领导下的三青团组织，而这个组织在抗战胜利以后沦为国民党反动政权的帮凶。当年，作家本人曾经本着抗日的意愿参加了这个组织，但是他后来与许多爱国青年一样，于1947年公开声明退出这个组织，并且与其断绝一切关系。由于对三青团日益感到不满，作家笔下的这些热血青年虽然能够投身抗日，但是他们自身的素质和组织变成了"没有灵魂的躯壳"并且"失去了真理"必然使他们在人生奋斗道路上迷失方向。同时，这些热血青年为之流血牺牲的国家在摆脱了日本侵略者的统治后，却又为腐朽、独裁、专制的国民党统治之下，青年们的奋斗目标在不知不觉地改写了，他们怎么能不感到困惑和迷茫呢？

陈汝惠的教育小说与叶圣陶的相比，他在社会生活的描绘、人物性格的刻画和故事情节的叙述等方面显然是不足的，但是他在人生道路的选择、人生意义的探讨以及青年心理苦闷的表现等方面则描写比较充分，这可能使他的小说在阅读接受上可能产生一定的消极影响。不过，从文学史来看，陈汝惠的教育小说不仅客观真实地反映了沦陷时期上海青年的生活方式和精神状态，积极投入抗敌救国的斗争，而且让人们了解到一代青年于苦闷迷惘之中对于人生的探寻。

(作者为江苏省扬州大学文学院教师)

历史的回音　心路的旅程

——反思陈汝惠小说的知识分子形象

杨理佩

抗战爆发，上海文化界救亡运动蓬勃展开。烽火内延后，留在"孤岛"的文化工作者继续焕发光和热，他们在敌伪势力的重重压制下，仍不断发出抗日救国的呼声，编辑文学期刊和撰写文学作品，反映在残酷统治下人民的苦难生活，描绘因战争造成生离死别的家庭及爱情，表达了遭受压迫的同胞的心声。在这群坚强而从容的作家当中，有一位大力宣扬爱国主义的陈汝惠先生。

一

陈汝惠于1917年1月17日出生，上海宝山人。他爱好文学，业余时间遍览世界文学名著，并受其兄陈伯吹的影响，开始写作。

1937年淞沪会战后，中国军队西撤，上海租界沦为"孤岛"。然而上海市民的爱国热情却日益高涨，文化教育界利用报刊、课堂宣传抗日救亡。陈汝惠也在课堂上教育学生不忘救国，又以笔代刀，向《申报·自由谈》《译报·前哨》《文汇报·学林》等投寄杂文《勋章与阉羊》等，还写了《我们的新生活》等儿童文学作品，分别由中华书局、北新书局出版。

1940年10月1日，顾冷观主编的《小说月报》创刊，陈伯吹、秦瘦鸥、阿英等应邀撰稿。由于陈伯吹的推荐，陈汝惠将长达6万字的中篇小说《女难》分三期在《小说月报》上发表。小说描写中学教师林田身在

"孤岛",心向内地,却受到难以抵挡的浪漫爱情的纠缠,又因有负正义的感召而深感内疚和无奈,最后终于跳出爱情旋涡,摆脱心灵动荡,坚守自己的理想。这篇爱情小说没有曲折的故事,也少有动人的情节,仅是男女青年的日常交往和感情起伏,然而细腻的心理描写,复杂而深刻的思想交流,尤其是富有哲理的对话和作者的内心叙述,在当时文学作品中是极为少见的。小说发表后,受到"孤岛"青年的喜爱,陈汝惠因此在上海文坛崭露头角。

陈汝惠命名为《女难》的小说,多少应该受到当时文学语境的影响。男主人公林田的使命感,那种五四文学中伤时忧国的知识分子的思维方式,使他显然不同于当时"孤岛"小说中出现的那些完全丧失政治感觉的主人公。这个"林田",他那使命感式的抗日意识和写时事政评的具体行为,使他凸显得如此清新挺拔,让人见到了蛰伏上海而心向祖国的青年知识分子的心。

接着陈汝惠又在《小说月报》上发表《淡水》,写男女大学生为了探索人生,因志趣多异而发生悲欢离合的故事。这篇作品比《女难》更含蓄,男主人公的名字换成尤明,却又点明是《女难》的作者,似乎就是陈汝惠自己。这不是对读者故弄玄虚,而是作者借小说人物对自己的灵魂展开了剖析和拷问,点出了"孤岛"的青年何去何从。结尾处暗示了方向:"因为他们忘记了希望,忘记了年青,而且有太多的幻想,太多的回忆,太多的虚无的叹息……他们只焦急水箱里没有了'淡水',没有发现自己正在'淡水'中行进。'淡水'是要发现的,甚至创造的。"寓意为在任何时候任何地方,只要全身心地投入,矢志不渝地坚持,就一定能实现伟大的理想。

1941年6月,世界反法西斯战争发生了重大转折,中国抗战也进入了一个新阶段。上海人民在黑暗中企盼光明,在深渊里冀求希望。陈汝惠感到自己再也不能在《淡水》中安生,也不愿成为《女难》里彷徨的男主人公。他要冲破"孤岛"沉闷的气氛,他要向读者呐喊,吹响抗战的号角。他将朋友们从内地传来的中国空军抗日的英雄事迹构思成小说《死的胜利》,并在中国空军节完成。小说描写内地空军基地的三名空军飞行员

第二编 陈汝惠文学创作研究

奉命去轰炸日军,遇到敌机,一场激战后,有人牺牲了,但战斗胜利了。这是用生命夺取的胜利。主人公在临死时想起朋友的话:"我们去杀人是要叫此后没有人再会被杀……是要叫爱永远在人类的命运里光耀着。"显然,作者已经将《女难》中纠缠的"小爱"变成了伟大的人类之爱。这是"孤岛"时期少有的正面描写抗日战争的小说,也是陈汝惠创作生涯中新的飞跃。之后,他又发表了《小雨》《捕珠手》《斗牛士》《共死生之》《沉船》以及《三人行》等作品,充分反映了他的高涨的抗日爱国热情。

继《三人行》出版后,陈汝惠又在《茶话》月刊上连续发表长篇小说《风尘》。小说写一位中学教师周天池,与上海几个大学的一批青年学生,开展地下抗日活动,负责宣传联络工作的壮烈事迹。小说的结尾,作者写下了这样一段耐人寻味的话:"历史是客观而必然的,它怎样记载着他们的过去,也将怎样公正地评论他们的将来。"一个民族存亡的危急时代,一个充满了危机的艰险环境,一种报国赴难的使命感,一种紧绷在弦上的紧张心情,个人的全部感情就回荡在家国存亡、组织安危、个人生死之间。这部小说里,再也没有爱的抒情、浪漫的梦想,连新婚期间的早餐也失去了它的温馨。《风尘》描写的是一场战斗,记录了历史另一面的真实。

可以说,陈汝惠的全部作品,概括了上海从"孤岛"到沦陷的历史,同时正面描写了爱国青年的悲壮人生,在抗战文学史中有一定地位,也具有这一特定时期真实的史料价值。

二

陈汝惠的小说在文学上有着非同一般的特色和风格。小说中的人物大多是上海 20 世纪 30~40 年代的知识分子,他们在"孤岛"上彷徨、挣扎、苦闷,而战火的洗礼又推动他们与残暴的敌人展开殊死的搏斗。他们有各自的生活、思想和感情,于是谱写出一曲曲悲欢离合、可歌可泣的生命之歌。陈汝惠的小说在历史背景、社会环境和人物活动等方面的描绘足见功力,向人们揭示了另一种生活。

陈汝惠的作品对上海沦陷后的生活进行了真实的抒写。那些恐怖的日

子，人们生活在惊惧的窒息中，无时无刻都可能出现的街区"封锁"造成的惶恐不安，防空管制时城市的黑暗和巨大的威慑力，边界封锁线上所遭受的人格侮辱，人们感情的上空总是响彻着森然的皮靴的声音……这一切尖锐地折磨着那些怀着丧国辱邦之愤恨与伤痛的人，这种可能已在某些人心中渐渐淡化的过去，却通过陈汝惠笔下的人物的刻骨铭心的伤痛，依然勾扯起过来人难忘的记忆，震颤着今日读者的心灵。

20世纪的中国历史是中华民族在救亡和启蒙、觉醒与抗争之间探寻现代化中国的历史。在这风云变幻的百年中，知识分子该怎样承担时代赋予的历史任务，一直是知识分子探索的主题，而作为这探索的一部分，20世纪的中国文学自觉地承担起了一个神圣的历史使命：以巨大的热情塑造知识分子形象。知识分子形象作为作家对知识分子群体的文学观照与精神反思，是一个时代的文化背景在文学中的某种渗透与言说，并由此展现了深刻的社会及文化审美意义。

20世纪前期，在传统社会结构秩序迅速解体，新的价值体系逐渐构建的过渡时期，中国知识分子的社会价值取向、角色职能也发生了巨大的变化。政治文化的同质整合关系被打破，呈现出空前的分裂、异质化倾向。一向于自身价值估量很高，以"为天地立心，为生民立命，为往圣继绝学，为万世开太平"，一欲"至君尧舜上，再使风俗淳"的士人顷刻被衍化为游离于社会主流文化之外的零余者，"生则于世无补，死亦于人无损"。传统文化价值的迷失和生存空间、道德信念的陡然局促使知识分子产生出空前的软弱感，深感"一为文人便无足观"的无奈。

这一时期中国知识分子在价值选择上的最大困惑与尴尬即是知识分子的"认同（身份）危机"，鲁迅说："我觉得文人的性质，是颇不好的，因为他智识思想都较为复杂，而且处在可以东倒西歪的地位，所以坚定的人是不多的。"这话可以用来解说20世纪30～40年代的知识分子形象。战争、动荡、污浊的现实侵蚀着知识分子，使他们在道德坚守、价值观念等方面倾斜与失控。于是，动摇、懦弱、卑微、无能为力感充分暴露出来。

陈汝惠小说中的知识分子——《女难》中的林田、《三人行》中的扶风、《淡水》中的尤明、《风尘》中的周天池等人，他们都心怀救国大志，

虔诚地信奉上帝，同时又容易为情所扰，苦闷彷徨。从某种意义上说，上述认同问题关系到一个个体或族类的安身立命之本，它需要解决的是诸如"我是谁？""我从哪儿来？""我向哪里去？"的问题。有了这个自我确认的标准，人在与环境、世界相处时就有确定的方向；与此相反，"认同危机"的表征则是失去了方位定向，不知自己是谁，不知自己从哪儿来，更不知自己要向哪儿去，从而产生了不知所措的感觉。查尔斯·泰勒指出："人们经常用不知他们是谁来表达（认同危机），但这个问题也可视为他们立场的彻底的动摇。"福克玛与蚁布斯则将"认同危机"喻为"风中之草"："心理学告诉我们，人类是不能离开身份而生活的，缺乏自我将会使一个人不能在社会中发挥作用，用流行的说法就是，他或她将只会是风中的一根草，风把它吹向何方它也就飘向何方。"现代知识分子中的许多人正像这一株株"风中之草"迷失了自我，不知所措。几千年沉淀的儒家伦理与政治哲学为知识分子提供了"通向官场之路（现实功用层面）与终极精神寄托（文化价值层面）"①，而面对现代文明的冲击，特别是烽火硝烟的轰炸，这些伦理就溃不成军，于是知识分子们不得不开始了对"认同"的漫长而痛苦的叩问和摸索。

三

综观陈汝惠小说中的知识分子形象，我们不难发现，传统文化价值的迷失和生存空间的陡然局促迫使知识分子改变固有的行为方式，寻求新的人生坐标。然而，如此角色的确立并不意味着传统士人意识的终结，相反是在以天下为己任，积极入世的意蕴上展示了与士人文化的一种亲缘。坚持着启蒙主张和社会批判立场的知识分子，他们的孤独感和边缘感的出现，更多是因为他们与当下的现实生活和文化语境产生了一种深刻的裂隙，表现在渴望入世而又无力介入现实的内心搏斗上，表现在他们的理想追求与主流文化取向之间难以弥合的价值差异上。因此，整个20世纪前

---

① 陶东风：《社会转型与当代知识分子》，上海三联书店1999年版。

期，乃至整个 20 世纪，中国知识分子就在理想与现实的矛盾冲突中，在精英意识与被社会拒绝接纳的困境中，在拥有启蒙话语和面对现实时常发作的失语症的尴尬状态中，进行着艰难而漫长的精神探索。表现在文学领域，塑造的最为丰满的知识分子形象就是那些立于社会边缘，时时对自我的社会角色进行反思的人物。这类形象多与作者自身经历血脉相连，主人公的心灵历程往往成为作者的一份精神自白。也就是说，这些知识分子形象及其创造者共同撰写了一部中国现代知识分子苦闷与觉醒、悲愤与欢欣、失落与新生的鲜活的心灵史。

从《女难》到《风尘》，陈汝惠勾勒了一条知识分子由苦闷到觉醒，最终飞蛾扑火般投入到社会斗争和民族救亡中的精神轨迹。他笔下的知识分子，往往把个人解放与阶级解放、民族解放有机地结合起来，在追求真理、融入劳苦大众的思想自新与道德救赎中，表现出由个人主义向集体主义、社会主义思想的皈依。当然，这种思想皈依，是以他们特有的情感方式和生活方式的剥离为代价的。对知识分子而言，这是一种精神的炼狱：一方面，是真诚地走入大众、融入群体，怀着炽热的情怀和信念积极献身革命；另一方面，是必须放弃自身经由高级文化养就的诸如纤敏的情感态度、浪漫的行为方式、优雅的言谈举止、讲究的饮食起居……一类的东西。① 换句话说就是，在此过程中，知识分子追寻着自我价值与民众反抗意志的群体精神合流。他们开始认识到，自我固有的多疑、敏感、纤细的情感方式与险恶的战争环境的不协调。于是，认同民众，摆脱自身的知行矛盾成为知识分子精神探索的新方向。陈汝惠的创作表明，那些曾经追求灵肉一致的情感生活，不容于社会而游移于边缘的叛逆者，终于摆脱了个人情感的束缚和心灵的动荡，转向对"革命"这一最具时代特征的精神语汇的理性认同和现实追随。作家及其笔下意蕴明显的形象，以强烈的历史使命意识，表现了对居于社会中心的政治斗争和民族救亡语境的追从，同时也表现了持有浓厚的入世精神的知识分子旁观者身份的改变与渴望成为主流角色的诉求。

---

① 陈继会：《理性与重建》，河南人民出版社 1991 年版。

第二编　陈汝惠文学创作研究

　　俄罗斯的思想家别尔嘉耶夫说过：19世纪俄罗斯的知识分子之所以令人尊敬，不是因为他们有着令人喜悦的过剩的才华，而是因为他们"无原则地爱着他们的祖国和人民"，愿意为之去下地狱。这是多么伟大的情愫——无条件和无原则的爱。俄国的民粹主义思想和东正教牺牲精神的教养使他们具备这样了不起的禀赋，而20世纪中国的知识分子，虽然在总体上没有达到这样的高度，但他们也通过自己的努力，包括他们不同形式的代价和牺牲（有些甚至可以称得上是基督式的牺牲），部分地实践了为改良社会、人生和争取民族独立、解放去奋斗的理想意志。至此，中国现代文学中的知识分子形象及其创造者的精神探索从早期的多向分流到归于一统，完成了由疏离社会到与社会构建起新型的默契关系的角色转换。

　　知识分子形象作为作家的自我塑造和精神反思，能够折射出这一群体在特定的文学语境和话语系统中的现实遭遇。从陈汝惠小说的知识分子形象中可以洞悉：对世事持有浓厚忧患意识的知识分子从未因为几经迫至边缘而冷却内心的人间情怀。所以，在时代潮流已经迥异的今天，知识分子仍然应该承担起重建人文精神和价值理性的重任。

（作者为武汉大学文学院博士生）

论陈汝惠小说中的知识分子形象

高博涵

20世纪40年代的上海文学,历经了"孤岛"时期、沦陷时期、解放战争时期,可谓风云变幻。"上海毕竟长期是人才荟萃之地,成为孤岛之后尚能以其深厚的潜力和特异的形态,作为抗战以后中国文学重要的一翼,显示出富有神韵的光彩,并在艺术探索上做出了值得重视的贡献。"[1] 陈汝惠便是20世纪40年代上海的作家之一。沈寂在《陈汝惠文集》序言中曾评价说:"他从'孤岛'时期起就开始写作,在沦陷时期默默耕耘,直到抗战胜利,连续发表和出版在沦陷区无法发表的以描写中国爱国男女青年在抗战时期的苦难经历和英勇奋斗的小说。"综观陈汝惠20世纪40年代的小说,塑造最多的人物是上海青年知识分子。他们生长于上海20世纪40年代动荡的环境中,经历着彷徨又不断地成长。通过他们,陈汝惠深入表现了那一代知识分子的精神历程,将他们塑造得生动丰满。

一

陈汝惠笔下的知识分子,在战火纷飞的20世纪40年代,怀抱着一颗赤诚的爱国之心在认真严肃地生活,但面对变幻莫测的时代风云、艰难的时局及复杂的个人境遇,他们又难免情感彷徨,迷失方向。"国破家亡的悲剧,使得一部分人生活得更严肃,真理的追求,使一部分人工作得更紧

---

[1] 杨义:《中国现代小说史》(第三卷),人民文学出版社1991年版,第389页。

第二编　陈汝惠文学创作研究

张,可是也有更多的人,由于现实的逃避,或者享乐的习性,变得消沉了,悲观了,堕落了。"(《〈长短集〉后记》)

"彷徨"是陈汝惠笔下知识分子最初的经历与特点,作者不加粉饰地刻画了他们的彷徨历程,清晰地呈现他们痛苦的人生抉择,从而真实、全面地表现了那一时代知识分子的内心世界。

浪漫的爱情纠葛常常是让知识分子止步不前的原因之一。"自从上海人看完'赛球'似的眼看国军退走以后,便渐渐忘记了一次空前紧张的局面,和这生死存亡的斗争的持续。""人们这样的软弱就给环境诱惑,压迫,叹息着,彷徨着,渐渐地沉沦下去。"(《女难》)《女难》中的林田是一名普通中学教员,在抗战风起云涌的20世纪40年代,他没有参加任何抗日活动,留在上海,深陷于沦落与麻木的生活环境,过着近乎苟活的日子。这常常让他感到苦恼,觉得生活无意义,他只能偶尔自恋,夸耀着自己的俊俏,还喜欢超越现实地总结着人生的意义。旧日的女友薇早已远赴重庆加入抗战一线,成为战场上一名医护工作人员,这与深陷于上海的林田形成了鲜明的对比。每当读到薇从前线发来的信件,林田总是愧感交加,觉得自己应该像薇一样离开"孤岛",奔赴前线。但是,偏偏又在这一时刻,他遭遇了一场不合时宜的浪漫恋情,这使得他在私情与爱国之间左右彷徨。面对学生乃平的爱情,他明知将是一场灾难,却把持不住自己,但他内心的爱国责任感又让他常常为个人私情而羞愧,迟迟不肯允诺婚约。左右为难的局面使他几乎一事无成。林田可以说是20世纪40年代上海彷徨无措的知识分子的代表,他们既拥有爱国意识,又身陷自我小世界难以自拔,他们有思想,却又陷入形而上的意义纠缠中,与现实社会脱节。

作者并没有仅仅表现林田的彷徨,也写出了他的觉醒,在经过一段时间的情感较量之后,林田最终放弃了浪漫爱情,投身抗战一线。他以前就曾意识到:"没有财富或者能挑起热情,没有面包就不能维持热情了。因为饥饿的呻吟要替代甜言蜜语,枵腹的人,也无暇去拟就滔滔不绝的山誓海盟。"现在他终于将这种思想付诸实践,小说结尾时,林田已带着些微惆怅与希望诀别了恋人,投身于抗战。通过林田这样的知识分子的刻画,

作者真实地描绘了知识分子逐渐走向觉醒的心路历程。

在知识分子身上,抽象的"义"与具体现实的冲突也常常羁绊着他们的前行,造成其彷徨。他们珍视个体的存在价值和生命,但这种珍视生命的价值观在面对战场的血肉拼杀时,却又常常成为妨碍其勇气的障碍。《死的胜利》中的佐治是一名身怀爱国情感应征入伍的知识分子,他接受了空军训练,并在战场上击落了敌人的飞机。这本应是佐治的光荣,但他感到的不仅仅是胜利的喜悦,还包括一种惆怅:"我击落了一架敌机,这是新纪录的开始。上级的嘉奖是什么呢?同志的批评是什么呢?——岂不是有一个人荣耀了,因为另外一个人为他死了。"佐治信仰基督,在他眼中,即便是敌人也是有血有肉的人,他虽然杀死了敌人,却因"人"的死亡而感到惆怅。这种思想与战时环境显然格格不入,因为它会挫伤战士杀敌的勇气。《三人行》中的扶风是一个立志要为祖国的振兴贡献力量的知识分子,但对到底选择什么样的方式去贡献,他却难以决断,他也觉得投身战场是对抗战的一种最直接的贡献,但内心的博爱意识又使他对这种投身迟疑不决,正如他所说"也许我不欢喜杀人""我有一点基督教的信仰"。这种"不欢喜杀人"的思想来自于个人的涵养和基督教意识。但"不欢喜杀人"的主张自然会衍化为"不欢喜杀敌人",这必将造成知识分子面对敌人时的彷徨。

不过,陈汝惠笔下的知识分子并没有停在内心的彷徨中,在不断的血与火的实践中,他们逐渐从彷徨走出。面对扶风的疑惑,乃偲回答道:"如果你杀的不是'人'呢。""如果你杀的,正是预备杀你的或者杀我的人呢,如果因了你的不杀人,而有更多的人将被杀呢?"而佐治在一番思想的辩证中最终得出了结论:"我们去杀人是要叫此后没有人再会被杀;是要叫人类永远依着圣律而生活着,是要叫爱永远在人类的命运里光耀着。"他们终于认识到:踏入战场杀敌,是为了挽救更多的生命。佐治最终英勇杀敌、壮烈牺牲,而扶风也在小说的末尾循着乃偲的足迹踏向了真正的战场。

"在幸福中的人们往往不会自知,因为他们忘记了希望,忘记了年青,而且'有太多的幻想,太多的回忆,太多的虚无的叹息'。他们只焦急水

第二编 陈汝惠文学创作研究

箱里没有了'淡水',没有发现自己正在'淡水'中行进。'淡水'是要发现的,甚至创造的。"(《淡水》)陈汝惠笔下的爱国知识分子就是这样一群经历痛苦的抉择后,逐渐懂得寻找淡水、创造淡水的人物形象。他们在抗战的道路上经历了一定的彷徨,最终还是克服了"小我"的局促,克服了自身的思想缺陷,一点点汇入抗战的大洪流中,为祖国作出了贡献。

二

"彷徨"虽是陈汝惠笔下知识分子的一大特点,却绝非他们永久的生存状态,他们最终都走出了彷徨,以各种方式积极投身于抗战的热潮,在实践中逐步由"手无缚鸡之力"的文人成长为有勇有谋的实干家与抗日勇士。"成长"也就成为陈汝惠笔下知识分子告别彷徨后必然的经历。

在陈汝惠的小说中,许多知识分子不乏这种成长的经历,在这方面,《风尘》中的周天池最具代表性。周天池本是一个爱国的中学教师,经朋友引荐加入了在上海从事的抗日活动的三民主义青年团,主要任务是编发油印刊物、宣传抗日救国思想。最初参加抗日活动时,周天池只是一个毫无经验的知识分子,面对组织交给的任务,他颇不自信,当他以伪装的身份住进了地下组织为他租用的住所,第一次于深夜秘密油印刊物的时候,他分明感到了自己的笨拙,"缺乏油印经验的他,在布置印刷场面时,不免有一点慌乱,装置蜡纸时更感到了左右总不称手的麻烦,他讥笑自己往往在处理事务上显出了笨拙。"在工作完毕疲惫地入睡后,他忘记关掉秘密工作时使用的绿光灯,致使茶房早上进来时察觉到了环境的异样。当他的身份偶有暴露不得不转移他处的时候,又在惊慌中忘记带走重要的名册,致使他终日惴惴唯恐真实身份被揭穿进而波及他人。

但是,随着实践经验增加,周天池的地下斗争经验也在一点点地积累起来。他逐渐学会了以商贩的身份做掩护去从事地下工作。他以惟妙惟肖的动作和语言,扮作地道的市侩商人,蒙过了广东茶房。他与众多地下工作者一起伪装亲友的聚会,在一片麻将声中商讨着斗争策略,并渐渐学会冷静应敌,甚至写下遗嘱,必要时甘愿献出自己的生命。为了保存地下力量，周天池后来随其他地下工作者暂避内地。一次，他偶然听到了金主任对自己战斗经历的描述，这让他感到震撼："在那样的空气里，似乎全身是重量，已使他站不起来了。"后来，在一次躲避敌人搜索的过程中，他也不自觉地把从金主任那里获得的经验用来应对自己的处境。事后，他扪心自问："当年伍子胥过韶关，也不过如此吧……"这种比附，表明他内心对自我价值实现的自豪。虽然与金主任有勇有谋的战斗经历对比起来，周天池的行为仍带有知识分子面对困境的某种被动性，但这些经历已足够显示出抗战中知识分子自身斗争能力的提高。当周天池再次回到上海，面对敌人的搜捕而显得勇敢无畏时，当他大胆地前往监狱探望被捕的抗日战友时，当他在胜利的前夕写下神圣的《告上海市民书》时，我们确从陈汝惠的笔下看到了一位不畏艰险、逐渐成长并成熟起来的抗日知识分子形象。作者真实而具体地描绘了知识分子的逐渐成长，描绘着他们的悲喜，心理和变化，正如作者所言："也许，《风尘》的主角，是一个自卑情结的人，喜欢一点英雄主义的尝试，但是在时代的风暴中，谁都是一粒飞沙（飞沙也有他自己的重量，也有他加强破坏协助建设的力量，当他们开始懂得团结的时候）。"（《〈风尘〉后记》）

在陈汝惠塑造的其他知识分子身上，也可以看到知识分子的这种成长历程。《三人行》中的扶风奔赴西南战场，亲自加入抗战的斗争，并拿到了航空学校的录取通知书，成为了抗日战场的后备力量。《共死生之》中的蔚英，一个曾经眷恋着小世界情感的知识青年，因了时代的召唤，最终成为了"一个疲乏的，因跋涉长路而不胜辛劳的青年"，这青年"提了一个小包和网着草绳脱了锁的一只手提箱，满身尘埃脸色黝黑地到了桃源"。他逐渐由一个青涩的大学毕业青年成长为抗日战士，并最终为祖国贡献出了自己宝贵的生命。这些知识分子形象都刻画得真实而丰满，作者既看到了他们的不足，也看到了他们的成长，更在他们身上看到了未来的希望。

三

　　小说《三人行》中的空军战士克文曾经说过:"像我们这等人,是应当舍弃我们的自由意志和幸福,我们所能做到的唯一的事是照顾别人的幸福,而且竭力使别人幸福。"克文的话代表了那一代舍身奉献的知识分子的心声。他们牺牲了自我的幸福,舍弃个人的小利,离开故土加入抗战,甚至在必要时牺牲自己的生命。因此,"牺牲"也成为这些投身抗战的知识分子的最后归宿,陈汝惠饱蘸情感,满怀敬意和深情,刻画了知识分子的献身精神,表现他们从平凡向崇高的人生升华过程。

　　在陈汝惠笔下,知识分子的牺牲精神体现在他们多方面的取舍上。《女难》中的林田虽然留恋着学生乃平给予的爱情,但为了身赴内地,参加抗战,他最终忍痛放弃了这种儿女私情,乃平虽然觉得不舍,却也深明大义,在送别林田的时刻,她激动地说:"你要快乐,勇敢一点,世界在召唤你!"《共死生之》中的蔚英与小薇可以说是两小无猜,彼此之间的感情炽热而纯真,无奈战火燃烧到了故乡的门口,面对战后凄凉的景象,"对于他,似乎是一种讽刺,严酷的现实,很自然地冲淡了两月来滋长在他心头的儿女之情。他也不得不想到:'国之未建何以为家'的教训"。蔚英虽渴望着与小薇的爱情,但国家的召唤却使他不得不奔赴前线,为祖国尽自己微薄的力量。《海上升明月》中,"我"陪着女友梅来一座小城市看海,无意中发现了一个又疯又盲的女人,这个女人苦苦期待着她的恋人回来,直至哭瞎了眼睛哭疯了心智。而她的恋人,一个叫做王春松的男人,却为了出海抗敌一直没有回来,此刻的他也许还在抗敌的海船之上,也许早已葬身大海,神圣的使命使他一去永无回头。《风尘》中的周天池为了积极执行组织分配给的地下抗日任务,不得不寒来暑往,居无定所。小说中甚至缺少周天池婚恋、家庭生活的描述,因为他根本也无暇顾及妻子与新生的婴儿,时代的浪潮推动着他,使他不得不割舍生活中本应拥有的欢乐与轻松。《小雨》中玉华的丈夫唯君投身到抗日的一线,因了丈夫的离去,玉华必须默默地担负一切的家庭负担,当自己的爱儿身患重病即将离世时，她也要一个人承担起照料儿子的重任，其经历让人读之心酸。知识分子为了保卫"大家"而不得不做出牺牲，放弃自己的"小家"。

舍弃原有的事业而投身抗战，也是陈汝惠笔下知识分子牺牲精神的表现之一。《女难》中的林田、《风尘》中的周天池都曾是中学教员，他们本该以传承文化，培养人才为天职，但战争的烽火，让这些身单力薄的文人不得不放下手中的书本与纸笔，投身抗战，"战斗"未必是他们最擅长的工作，但他们宁可为救亡而舍弃自己钟爱的事业。《三人行》中，扶风原本打算去往边疆开垦沃土，但战火纷飞的现实使他"不得不怀疑像他这样年轻力壮受过军事训练的青年，只有屯垦或者干些政治工作的生活，是否今日之下最理想的，即使他不承认染上了什么'虚无主义'，对于眼看人家慷慨从军的自己，也不免嘲弄起来了。"当他的朋友乃偲奔赴前线之后，扶风终于对自己的人生作出了决断，只身前往西南，在硝烟与炮火中实现着自我的价值，他深切地感慨："没有国家，知识何用？没有国家，职业何存？……一寸河山一寸血，十万青年十万军……"

为抗战而奉献自己的生命更是那一代知识分子牺牲精神的表现，陈汝惠以浓重的笔墨表现了他们舍生取义的勇气。《死的胜利》中的佐治、《三人行》中的乃偲、《共死生之》中的蔚英都光荣地牺牲在抗日战场上。在牺牲前，他们无不用着最后的豪言壮语表达人生价值实现的欣慰，佐治最后一次战斗前写信向芙之呼唤："但愿我们每一滴血汗，能和全世界争取自由的同志底血汗相凝聚，为正义和平而奔放。"乃偲则在弥留之际向扶风表达了自己的宽慰："我能够在最后的一刹那……愉快地……平安地签署我……生命的契约。"蔚英在生命尽头向爱人小薇表白："我们，在两次——不平凡的——战乱中，——演完了一出——自相识到——永别的——悲喜剧。"小薇"找来了一面最美丽鲜明的旗帜，把蔚英轻轻地覆盖了"。

这些知识分子不仅在战场上表现了为民族解放献身的勇气，在战场之外，当他们面对生死考验时，也常常迸发出英雄主义的牺牲精神。《沉船》中，天池追随心爱的女子梅共往边疆参与建设，但一天深夜，日本军舰撞沉了他们搭乘的邮船。在千钧一发之际，天池舍命救出晕倒在船舱中的

第二编　陈汝惠文学创作研究

梅,并把唯一生还的希望留给了她,自己最终葬身大海。虽然天池并没有死于战场,但通过这感人结局,依然展现了知识分子内心的闪光,可以设想,假使天池继续活着,在需要献身的时刻,他也会为国家贡献自己的生命。

陈汝惠曾说:"每次从腐烂的生活中醒过来想起自己的懦弱与动摇。似乎踩躏了朋友的热望,心中难言的悲痛,也压得更紧了。"(《战士遗书》)他的小说中所呈现的知识分子,正是在现实的激励之下,经过这样的反思,从"懦弱与动摇"中逐渐成长起来的人物,他们从最初的彷徨无定,到告别动摇,投身抗敌事业,并在实践中逐步成熟。

陈汝惠的小说既不全是英雄主义的正面讴歌,也不同于张爱玲等作家的个人化视角。他的小说既有一定的宏观爱国情感书写又有一定的个体境遇挖掘,不仅真实地反映出了上海爱国知识分子思想、行动的发展,也为20世纪40年代的上海文学增添了更为丰富、真实的书写角度。

(作者为天津师范大学文学院教师)

陈汝惠小说创作的文化影响

唐琰 刘洋

《"失踪"六十年的作家》[①]，有记者以这样的标题撰文介绍陈汝惠。的确，在很长的时间里，他只是一个在高校里默默耕耘的教授，毫不为外人所知。直到最近几年，经过后人和当年文友的共同努力，陈汝惠的一系列作品被重新发现，文集得以问世，他才终于从尘封的历史中走出来，作为一位抗战时期活跃于上海文坛的爱国作家赢得了应有的尊敬与关注。

陈汝惠的作品以小说和杂文为主，其中小说多写青年男女纯洁的爱情、苦难的经历和投身抗战、英勇奋斗的事迹，不仅风格细腻，而且富含哲理。除此之外，它们还有一个不容忽视的特点，即浓厚的基督教色彩。本文拟从这个角度入手，一方面展示基督教文化在陈汝惠小说中的反映；另一方面，结合宗教与文学的关系以及陈汝惠自身的经历，探讨其小说创作所透视出的上海从"孤岛"到沦陷时期那些既不甘心作俯首帖耳的顺民，又困于时局阴霾的知识青年特殊的人生体验。

一

陈汝惠创作的小说数量有限，不过单就上海社会科学院出版社 2005 年出版的《陈汝惠文集》里收录的十多篇长短不等的作品来看，无论是小说人物的经历、作品主题，还是语体、情境，大多与基督教文化有所联系。

[①] 龚晓莺：《"失踪"六十年的作家》，《厦门晚报》2008 年 10 月 24 日。

第二编　陈汝惠文学创作研究

首先，陈汝惠的小说主人公几乎都有着深厚的基督教文化背景。《女难》中的青年教师林田从一开始站在局外者角度，"冷眼"审视基督教信仰到被教会的各类仪式及传道所吸引，再到热衷于与牧师辩论并写起基督教义的论文，直至最后甘心接受洗礼成为基督徒，这一心路历程构成了小说的一条重要线索。《淡水》实际上就是《女难》的姊妹篇，主人公虽然换了个名字尤明，但也"从思想上极大的转变中，他决定接受了浸礼"。《死的胜利》里，空军飞行员佐治是个虔诚的基督徒，身为许身于国的军人，他多次对战友们用基督教义来阐释战争的意义。《风尘》中的周天池虽是个坚定的地下工作者，内心深处也认同基督教的信仰。他告诉并肩作战的同伴："我右边口袋里藏着烟斗，左边口袋里藏着小《圣经》，如果我不能借着烟斗改变面部的轮廓而逃避敌人的眼睛的话，这一本小《圣经》一定可以做我狱中唯一的安慰者。"

其次，陈汝惠的小说创作总是呈现出一定的宗教意识。比如《沉船》就书写了来源于《圣经》的"沉沦与拯救"母题——主人公天池执著地爱上了梅，尽管梅为追随立志开发边疆的未婚夫克文乘船远行，天池仍无法舍弃他深爱的人，也登上了同一艘邮轮。船在航行中与日本军舰相撞，天池奋力救出被锁在舱里的梅，在最后的吻别和祷告中，将她送上只剩一个空位的救生艇，自己却与船一起没入波浪里。天池对梅的爱并不符合基督教的道德准则，他的内心也一直处在挣扎和矛盾中，然而一场突如其来的灾难结束了一切，爱得到升华，他也在生死抉择面前完成了自我救赎。《捕珠手》讲述了一个发生在异域的故事——阿拉伯人吕底亚痛恨自己只能为白人商人捕珠的命运，希望儿子米太能有一种新的人生，但年轻的米太并不理解父亲，执意选择了捕珠手的职业。不久吕底亚因雇主所逼，冒险入海，不幸被鲨鱼咬伤，死在游回的途中。许多年过去了，尽管米太已体味到父亲当年的心情，却仍不得不为雇主卖命，最后也被鲨鱼残害而死。在这篇小说里，陈汝惠并没有采取一般作家写作同类题材时常有的悲愤激烈的笔调，而是以淡定的笔迹将悲剧娓娓道来，不经意间流露出了悲天悯人的宗教情怀。

再次，因为主人公与基督信仰的接近以及作品主题对宗教或多或少的涉及，陈汝惠的小说不可避免地大量出现与忏悔、祷告、天堂、福音等有关的篇幅。例如《死的胜利》中，飞行员佐治与朋友辩论时有大段基督教义的宣讲，而在小说的结尾，佐治不幸殉国，他在临终之时还发出断续的最后的祷语："主啊！感谢你使我在苦痛中完成了使命，因为这世间一切的罪与罚，都是为你的公义和真理做了见证……"

同时，作者还善于将基督教语汇融入对日常生活的描写中。《小雨》中的玉华还不是一个基督徒，然而面临苦难，她对超自然的上帝充满敬畏之情，祈求"神助"的意念也随之而生："主啊！请把应得到罪与罚，由我一个人担当了，让无辜的小雨脱离苦难吧。有一天，我诚然也愿意奉献他为国家为人类去牺牲，只是孩儿尚未成年。主呀，我何惜开放的花朵，成熟的果实为人采摘，但惋惜一切遭受践踏的幼小的嫩芽。慈悲的神，请放过小雨，让他的母亲来担当一切罪与罚……"小说接着写道"基督耶稣以仁慈忧伤的眼，只是默默地看着她"，生动地将宗教、生活感悟和现实体验紧密地联结在一起。

而在代表作《女难》中，作者更是非常频繁地插入了《圣经》的原文和赞美诗，特别是第八节整节都在细致地描写一个基督教堂的仪式，其间直接录入了多处福音书的语录和赞美诗的内容——"牧师捧了《圣经》，跟在穿白衣的一长列的唱诗班的后面走，庄严柔和的音乐，使他们的行列神化了。他上了讲台，又领导一次祷告，就指挥会众合唱赞美诗第四十二首：

> 可叹我主圣体血流，
> 为我受死哀痛。
> 情愿舍命赎我怨尤，
> 我乃卑无用。
> 真神爱子受人鞭打，
> 身悬在十字架。
> 太阳暗避如不忍观，
> 地震如同惊怕。
> ……

"讲经之后,就是奉献,最后又是祷告和合唱赞美诗。——第一百二十首:

> 前在埃及为罪奴仆,
> 备尝罪中苦味。
> 铁炉火热重轭难当,魔力殊可畏。
> 时常叹息欲脱不能,黑暗权势蒙蔽。
> 可怜从未曾知荣美福地。
> 今我居巍巍高山,在光天化日之下,
> 我饮于滚滚活泉,此泉长流不息……"

大段的记叙与引录虽显繁琐,但对于"第一次唱这首诗""不大懂得基督教仪式"的主人公林田而言,正是感动于这种宗教场景的完整、庄重,信徒的全情投入以及对救世主"爱"的颂扬,他"以往的悲痛,现在的忧虑、苦闷"都"融化了""似乎因了有所寄托而轻松快慰了"。从此以后他的心扉向上帝开放,再经过理性的积淀与升华,最终成为了基督徒。

二

从近代以来,伴随着一系列不平等条约的签订,中国国门洞开,西方传教士在各地大肆活动,基督教会在中国的发展进入"黄金时代",这为基督教的思想和文化在中国的迅速传播创造了条件。到了五四时期,新文学的倡导者们对中国的传统文化一概予以批判和否定,猛烈地从西方纳入各类思想和文化资源,作为西方文明源头之一的基督教自然而然就被知识精英们积极接受。当时的一大批作家,像周作人、冰心、许地山、郁达夫、林语堂等,从精神追求到审美追求上都受到基督教文化很大的影响。而基督教文化对文学的这种渗透最终也形成了一种文学传统,贯穿着整个20世纪中国文学。

陈汝惠出生于1917年,自1931年尚在中学就读时即开始在《小学生》(半月刊)上发表诗歌、小故事等。1940年,他的首部中篇小说《女难》连载于《小说月报》第40~42期。1948年,他唯一的一部长篇小说

《风尘》发表于《茶话》月刊第2~27期。可以说，陈汝惠的小说创作道路始终沐浴着新文学的春风，而现代文学作家对于基督教精神的吸收与化用也必然对他产生示范效应。例如，陈汝惠十分推崇曹禺，曾撰写文艺评论《雷雨之外》，而曹禺正是一位深受基督教文化影响的作家，他的《雷雨》"序幕"和"尾声"就紧紧围绕着"命运"的"残忍"和"冷酷"主题，营造了种种基督教情境；《日出》的开篇也连续引用了七段《圣经》中的文字以强化剧中的社会批判主题。此外，陈汝惠生长在号称"东方巴黎"的上海，从小接受的是新式教育，这使得他头脑中没有传统守旧观念的牵绊，却倾向于汲取西方人文精神养料。事实上，《陈汝惠文集》的编者陈梦熊在书的跋中曾提及陈汝惠一度是个基督教徒；由陈汝惠夫人李荷珍女士编撰的《陈汝惠年谱简编》也写明他在1946年创办了以宗教色彩为掩护的进步杂志《启示》。这些信息都进一步显示，尽管作为一位有着强烈国家民族情感的知识分子，陈汝惠一直都有清晰的职业定位和政治取向，但他的人生中也的确存在着接受基督教影响的事实。于是我们看到，在《女难》《淡水》这两部带有一点自传性质的小说里，男主人公虽然家境贫寒，但凭借自身努力完成了学业并从事文教工作，而他们在探索人生的道路上都曾经对基督教产生兴趣乃至接受其为自己的信仰，并且受洗时间都是1939年11月11日。

值得注意的是，陈汝惠接近和了解基督教文化，最内在、最直接的动因还是身处抗战时期上海的人生困惑，这从他的影子——小说主人公们的生活经历和心理世界足以感受得到。例如，在淞沪抗战后，中国军队从上海撤退，只有租界因日本尚与英美保持邦交，中国正与英美同盟而成为了一个没有公开后援，又尚未沦入敌手的小区域。《女难》中有一段话，就形象地描写了其作为沦陷区包围下的"孤岛"的气氛："战后的上海，畸形地繁荣了，在举国烽火之中，有这样一个安乐的'孤岛'，有一天将成为历史上的奇谈。自从上海人看完'赛球'似的眼看国军退走以后，便渐渐忘记了一次空前紧张的局面，和这生死存亡的斗争的持续……然而呼号争斗都过去了，火药味血腥气也消散了，人们这样的软弱就给环境诱惑着，压迫着，叹息着，彷徨着，渐渐沉沦下去。"置身于这样的环境，中

第二编 陈汝惠文学创作研究

学教师林田的痛苦可想而知,尽管他也摩拳擦掌,跃跃欲试地要奔向内地,却由于自身的软弱以及受到难以抵挡的浪漫爱情的纠缠不能达成所愿。小说里,林田是在爱恋对象女学生乃平的引导下逐渐接触基督教信仰的。由于从小接受现代教育,林田有着深厚的西方哲学功底和敏捷的思辨能力,因此一开始对于基督教和教会活动,抱着冷静审视甚至怀疑的态度,然而"赞美的歌声,传道者的大声疾呼,已经在他的灵魂深处撒下了种子"。他原先焦灼苦闷的情感得到极大的宣泄,心灵也得以暂时的慰藉,从而日渐培养宗教情感,最终接受洗礼成为虔诚的基督徒。林田的入教无疑还与为情所困的因素不无关系,但是从"引起动机"到"决定目的"是完全不同的,毕竟心向内地,有负正义的感召而深感内疚和无奈是促成他选择宗教的根本原因。《淡水》这篇作品比《女难》更含蓄,却又点明主人公是《女难》的作者,似乎就是陈汝惠自己。这不是对读者故弄玄虚,而是作者借着怀有救国大志又刚经历了一次爱情失败的"尤明",除了在与挚友偲之的书信往来中不时进行复杂而深刻的思想交流外,还因宗教的力量得以坚定地剖析自己的灵魂,倾诉身为"孤岛"知识青年何去何从的迷惘。又如,1941年12月7日,太平洋战争爆发后,日军攻占租界,上海全部沦陷。"孤岛"不复存在,社会上的不良情绪也加剧蔓延,就像《风尘》里写到的:"敌人占领的事实,像一个太大的波浪,一下子便淹没了上海……脆弱的人心,经过4年腐蚀之后,现在,更容易地瘫痪了……大多数人渐渐地'无所谓'起来,渐渐地转移了他们的脚跟。"尽管中学教师周天池显然不同于那些"非常现实""仅仅有一点死鱼一般的悲哀"的顺民,而是满怀赤诚的爱国热情,参加抗日组织,开展地下活动,但局势的不明朗,日军侵占后戒严、防空等恐怖景象,时刻面临着生命危险……无不尖锐地折磨着他,连新婚期间的早餐也失去其温馨的诱人感。正是在这种处境中,原本就是一位基督徒的天池,宗教上的信念"更为坚强了",他开始以"过度的热忱作颇长的祈祷",并且把"今日艰难的使命"视为"上帝所赋予的",借此"找求依靠,找求力量,找求智慧"。

当然,我们并不能说陈汝惠就真实、完整地经历了他在小说中所描述的人生过程,不过可以肯定的是,他在现实中至少有着与"林田""尤明"

"周天池"们类似的心路轨迹。生活在抗日背景下的"沉闷"的上海，个人的悲欢离合加上国家的多灾多难，成为陈汝惠生命中不能承受之重。他一度只能向宗教寻求心灵的静谧，用信仰支持重塑自我，而宗教文化在他作品里的反映，正是这种精神历程的具体呈现。

三

有学者在论及基督教与中国现代文学的关系时曾经指出："虽然有不少现代作家注意到了基督教文化对中国人精神生活的冲击性影响，但他们中的许多人对这种崭新的异质性的外来思想资源的利用，却基本停留在外部的层面上……作家们的这种'无意'绝不是一种刻意的漠视而是一种真正的无意识：基督教那种独特的价值立场与思想情感基本上没有进入作家的视野"。[①] 然而对于陈汝惠来说，从"孤岛"到沦陷时期的人生经历使他切实体会到了基督信仰某种独特的感人力量，因此他在创作中能够从人文角度来考察神对于人生的意义，并试图将这种对基督精神的人文审视转化为艺术创造的有机组成部分。

基督教文化认为，"原罪"与生俱来，是全人类共同的罪性，人类只有不断进行忏悔，才能走向回归上帝之路，最终获得救赎。陈汝惠在小说中，就不但着力表现忏悔与赎罪，而且正如一直关注政治问题的著名天主教神学家 J. B. 默茨所指出的那样"基督教所希望的救赎不仅是关涉个人灵魂的救赎，也关涉整个社会形态的救赎。耶稣宣布了他的救赎就是同他那个时代的公共权利发生了道德的冲突。在实现救赎的启示的使命中，基督教的宗教公开负有批判社会和解放人类的政治责任"[②]，将忏悔意识由个人单纯宗教意念上的忏悔，扩展为具有某种社会意念上的反省。例如，他在《女难》里写道，由于未能奔赴内地、投身于抗日的洪流之中，林田有着强烈的罪恶感，虽然他"时时以热血之篇，泼辣讽刺的笔调，向'孤

---

① 陈奇佳：《遇到异乡的神祇——论基督教与中国现代文学》，《江苏社会科学》2007 年第 3 期。
② 转引自张旭：《十字架下的忏悔》，《当代文化与教育研究》2006 年第 4 期。

岛'人士挑拨了爱人爱国的心与力",但他始终感觉"这是片面的逃避,这是不足赎罪的,更不必说自慰了",于是"两年来的日记上,充满了上海荒淫昏迷的缕述,和自我攻讦,他写下了对于自己的无情的拷问,不惜痛悔哀号"。然而默然自惭终未能缓解林田内心的痛苦,他还是走向了教堂,一方面在低头祷告中深信自己的"一切罪行将有了寄托和安慰";另一方面,在所有的基督教教义中,"最倾心于耶稣牺牲的训诫:'凡有人要跟从我。必须舍己,背起他的十字架来跟从我。'"事实上通过对基督以自我牺牲来救赎世人的拯救精神的推崇,表达了要以十字架上的受刑来赎回自己及他人罪过的决心。林田后来终于跳出了爱情旋涡,摆脱掉心灵动荡,继续坚守自己的岗位,小说的结尾写道:"黑暗的天幕降落下来,时间永远走着静悄悄的长路。但在世界的另一面,林田知道:黎明正展露了最初的一线曙光。"正寓示着他已在精神上重获新生。

　　除了强调基督教信仰给予人的慰藉以及对人的拯救作用外,陈汝惠的小说同时也折射出基督教思想对自我人生与生命价值的启示。《女难》中,从与乃平交谈时的大发议论:"许多人活着就是这么一回事,在愚昧的云雾中走来走去,践踏着周围的人的情感,浪费他的时间好像将活一百万年。终日碌碌的心为形役。我们从'生'、'爱'到'死',从早到晚,无时不刻不在外界习俗和内心忧虑的洪流中打转。啊,只是一片小小的绿叶,一瞬间便沉没了,永远不见了。"到对着好友红荷坦诚地说:"你看我会有什么结局?我完全笨得像条牛。但是我信赖上帝的安排,一切旨意在他都是真的,善的,美的。人的眼睛还不能看到明天。"再到发自内心的告白:"我在要求上帝的祝福,但是上帝一手交给我们恩典,一手交给我们责任",林田在与上帝日益亲近的过程中,逐渐确立了自己的人格追求。那就是,人始终是渺小的,人的能力也的确有大小之别,但只要有着耶稣那样的济世抱负与爱意,他的人生就是有价值的。后来的《淡水》进一步表述在任何地方都能实现伟大的理想:"在幸福中的人们往往不会自知,因为他们忘记了希望,忘记了年青,而且'有太多的幻想,太多的回忆,太多的虚无的叹息'。他们只焦急水箱里没有了'淡水',没有发现自己正在'淡水'中行进。淡水是要发现的,甚至制造的",这应该不仅仅是主

人公尤明对自我的一种期望,而是陈汝惠对所有世人的一种期望。

宗教,对于陈汝惠最强烈的影响还是他对"爱"的理解。在基督教文化里,上帝的本性是爱,并且这种爱不是狭隘的爱和相对的爱,而是普世的爱、超越的爱和博爱,带有牺牲和宽容的性质。《沉船》中,尽管深知梅所爱的不是自己,但面临灾难,天池仍毫不犹豫地舍身相救,并在最后一刻将生的希望让给梅。这里,世俗的情爱已经升华成了宗教维度下的真爱,给人以心灵的震撼和精神的启迪。《死的胜利》是陈汝惠根据朋友们从内地传来的中国空军抗日英雄事迹构思,并于1941年"中国空军节"写成的一篇小说。它的开篇引语就是:"我们因此看见上帝的爱,因为他为我们而牺牲生命,我们也应该为后人而牺牲自己的生命。"而主人公空军飞行员同时也是基督徒的佐治的人生正映照了这句话——他在祖国的蓝天上,与侵略者展开浴血奋战,最终以生命为代价夺取了正义的胜利。另外,佐治在与战友们的交谈中曾涉及如何处理基督博爱精神和用暴力与敌人抗争的关系问题。他认为,尽管基督徒是可以为仇敌怜悯的,但爱和怜悯并非是无条件的宽容。"战争本身就属于上帝的计划,世界上有多少成就就要以多少苦难为代价,这又是自然的法则,战争就是一种代价,一种法则。"事实上,这也是陈汝惠历经思考后对于基督教义的发挥与感悟。因为宽容,他能够正视苦难和噩运,又因为博爱,他在惨痛时代中重拾了信心,意识到自己再也不能在《淡水》中安生,也不愿成为《女难》里彷徨的男主人公,他要冲破"孤岛"沉闷的气氛,他要向读者呐喊,吹响抗战的号角。可以说,《死的胜利》不仅是"孤岛"时期少有的正面描写抗日战争的文学作品,还意味着陈汝惠创作生涯的重要转折。此后,在《三人行》中,他借着"乃偲"所转述的话语:"我们去杀人是要叫此后没有人再会被杀……是要叫爱永远在人类的命运里光耀着。"完全将《女难》中纠缠的"小爱"变成了伟大的人类之爱。

显然,宗教之于陈汝惠,是他思考人生,追求生命意义,挣脱苦闷压抑环境时所获得的一种启示;是他在黑暗中企盼光明,在深渊里冀求希望时,发现"爱"的真理。一旦宗教意识能够为他荡涤心灵、重塑自我提供助力时,他的文学创作,实际上就成为他宗教情感的一种延伸。

第二编　陈汝惠文学创作研究

结　语

　　从宗教角度入手，本文对陈汝惠的小说进行了分析。应当承认的是，由于相关背景资料的缺乏以及作家创作生涯的过早中断，尤其是我们才疏学浅的因素，这种阐释难免有失偏颇。但是我们始终相信："认识是小说最大的道德"（米兰·昆德拉语）。既然从"孤岛"到沦陷时期，陈汝惠在困境中完成了他的内在精神追求和终极价值观上的选择，并以一种可贵的真诚将其展示出来，那么提示作家在作品中每一种情感的细枝末节就该成为评论者应有的道德。

（作者为厦门大学中文系教师）

陈汝惠小说的文化蕴涵

朱郁文

陈汝惠，20世纪40年代的一个作家，其作品包括小说、杂文、随笔等，多发表在当时的《小说月报》《春秋》《茶话》《启示》《正言报》《译报·大家谈》等报刊上。对于绝大多数从事现代文学学习和研究的人来说，他还是一个陌生的名字。我也是不久前通过《陈汝惠文集》和《陈汝惠》两本书以及网上的一些介绍才对陈汝惠先生有了初步的了解。在我看来，这原因在于陈汝惠先生首先是一个教育家、社会活动家，其次才是一个作家，但这并不意味着他的文学作品没有多大价值。细读之，我们不难发现他的作品在揭露和记录历史真相、刻绘现代知识分子生活和心理状态、表达知识分子的爱国热诚和奉献精神等方面有着不容忽视的意义。可以说陈汝惠先生的文字不仅具有文学价值，还具有史料价值。

小说在陈先生的创作中占了大部分，其创作情况、思想内容和文史价值已经有学者撰文进行了分析和评论，在这里就不再赘述。而我在通读这些小说时，发现里面屡次出现与基督教有关的信息。大致数来，在《女难》《淡水》《死的胜利》《小雨》《捕珠手》《沉船》《三人行》《共死生之》《风尘》九篇小说中，单"上帝"（包括"主""基督耶稣"和"耶和华"）一词就出现不下50次，其他的如"圣经""祷告""布道""赞美诗""十字架""信仰"等字眼也多次出现，这足以说明作者在小说创作过程中，在很大程度上受到基督教思想的影响。陈梦熊先生在《陈汝惠文集》的跋中提到过这个问题，并讲到陈汝惠小说涉及基督教的原因：一是与作者青年时期接受的教育和环境有关；二是作者曾是基督徒；三是利用宗教唤起

第二编 陈汝惠文学创作研究

民众抗日的决心和激励自我。即使没有陈梦熊先生的叙述，我也深信陈汝惠先生即便不是个基督教徒，也深受基督教或者《圣经》的深刻影响。我之所以这样肯定，理由有三：第一，在当时的中国，尤其是有西方人生活的地方，基督教思想流传甚广，中国现代知识分子接受其影响当在情理之中；第二，1946年陈汝惠先生担任带有基督教色彩的刊物《启示》的主编，以此为掩护从事地下活动，如果不具备基督教相关知识，是很难进行的；第三，陈先生的小说多具有自传体性质，各篇小说的主人公往往是同一个人或是相通的，有的连名字都一样，并且在《女难》《淡水》《风尘》中，也有主人公就是作者本人的暗示。

基督教精神包涵很多内容，而爱与牺牲无疑是其中最重要最典型的构成部分，在陈汝惠的小说中体现的也最为明显。下面我们就来看看是如何体现的。

最早发表的《女难》是中篇小说，讲述的是中学教师林田与几位女性的情感纠葛和在危局中的艰难选择，表达了主人公在男女之情面前的复杂心态，以及身处"孤岛"中的感时忧国情怀。文中身为林田的学生并爱恋着林田的乃平问起他是否是基督徒，林田回答："也做过几次礼拜，可是耶稣不收我这个门徒。"接着作者这样描述主人公与基督教的关系：

> "谈到宗教，他像在人前一样地对神骄傲着，他欢喜基督教义，然而认为这是抽象的哲理，十六年的学校教育，也不曾给他一点宗教的宣传，自然要这样的人去敬拜上帝是困难的。"

这段话是作者最早在文中谈起基督教，也点明在开始主人公虽然喜欢基督教义，但并不是一个基督徒，也不崇拜上帝，只是把基督教义当做抽象的哲理。

小说第三部分结尾时，主人公在爱情的甜蜜与痛苦中，在个人与民族，爱情与爱国的关系中不知何去何从，难下决心。"痛苦，希望，爱，牺牲，这就是他必须忍耐的一切"。这是第一次提到"爱"与"牺牲"，主人公已经明确认识到，在微妙的情感纠缠和复杂的局势面前，不仅要承受

"爱与希望",更要承受"痛苦与牺牲"。第五部分林田和乃平有这样的对话:林说"即使人的生命也是自然赋予的,只有她才是伟大而不可思议的艺术家,一切都属于她",乃平胆怯地插嘴说"属于上帝",林点点头。这里已经表明主人公林田已经相信是上帝创造了一切,并把上帝等同于自然的造化。第六部分,当乃平问林田:"你不会恨我吧?这个麻烦的女孩子。"他说:"永远不。我有爱人的义务,没有恨人的权利。"这句回答契合了基督教的爱之内涵,基督教之爱主张博爱、大爱、无条件的爱,无论对方是什么人;同时不要去恨任何人。主人公还想:"如果风雨是牺牲,那么虹就是他的代价。"主人公相信承担风雨就是承担耶稣所谓的牺牲,而对牺牲的承担必将换来美好世界(虹)的产生。

第八部分开头,主人公回忆大学毕业时,看到一位女同学在纪念册上抄了一节圣经,他还觉得这些教义可怕,还表现出了轻佻之意。那位同学说他:"你什么都好,就是不信耶稣不好。"他却反驳说:"我什么都不好,就是不信耶稣好。"这说明他以前尽管接触了基督教,但是是不笃信的,甚至还揶揄上帝。后来,他渐渐对赞美诗和《圣经》有了兴趣,在与乃平恋爱之后,更对《圣经》有了敬意,手头还放着《圣经》。他"从反省里看到了人类的罪恶的本性",从基督教义中找到了灵魂的共鸣与寄托。我想这是他从不信上帝到敬拜上帝的关键所在,这也说明人的生活和情感经历对一个人的信仰起着决定性的作用。此刻,看着《圣经》中关于"爱"的教义,他会心地微笑,他相信"上帝就是爱,凡有爱心的都由他而来""他以往的悲痛,现在的忧虑、苦闷,都在赞美诗声中融化了"。在上帝指示的爱里,他觉得自己承受的痛苦与牺牲是应该的、值得的。此时的主人公虽还不是基督徒,但已经把基督教最重要的教义"爱与牺牲"吸纳进了自己的心灵,以此为寄托来迎接眼前的生活。第十三部分,林田对乃平说:"只有相互的爱,毫无保留而死方休的爱,才能产生人类最大的幸福。"这是主人公对基督教大爱精神的又一次确信。

正如十四部分开头所言,此时的林田"思想上、态度上、兴趣上,甚至研究上,一个很大的转变开始了"。这种转变不仅是说主人公在思想上开始信仰基督教,在行为上也开始以基督教为准绳。文中提到,在所有教义中，主人公最倾心的是关于牺牲的训诫："凡有人要跟从我，必须舍己，背起他的十字架来跟从我。"他相信："如果耶稣不牺牲生命，流出他的宝血，福音也将一无成就的。"此时的林田已经"有勇气摆脱女人和音乐的外铄的兴趣"，他深信："这世界和其上的情欲都要过去，惟有遵行上帝意旨的永远常存。"这为主人公最后摆脱男女情感的纠葛和羁绊埋下了伏笔。在欧战和平纪念日这一天，主人公受了浸礼，至此，他成为正式的基督徒。小说最终的结局是林田离开了爱他的人和他所爱的人，为了一个大爱，他选择牺牲小爱，牺牲恋爱和家庭，迎向上帝赋予的使命。

《死的胜利》是一个短篇，小说的题记即表明了它的主题是——爱与牺牲：

"我们因此看见上帝的爱，因为他为我们而牺牲生命，我们也应该为后人而牺牲自己的生命。"

小说记述了作为飞行员的凌云、高平、佐治等一批热血青年与日寇在空中英勇战斗的事迹。佐治是一个基督徒，遵行着无条件的爱与怜悯，但是遭到凌云和高平的反驳，他们认为对仇敌给予爱和怜悯是要受到批评的。佐治说："爱，怜悯，并非无条件的宽容，社会问题的解决，也决非惟战争是赖。"听凌云提到爱与牺牲的关系，他又说："不是为了牺牲才爱，乃是为了爱才牺牲。"这句话也点明了基督教义中爱与牺牲是一体的，正是爱一切世人，基督耶稣才甘愿牺牲一切，而无条件的牺牲又证明爱的崇高本质。尽管佐治不赞成用战争解决问题，但他相信战争也是上帝的计划，他说："我们去杀人是要叫此后没有人再会被杀；是要叫人类永远依着圣律而生活着，是要叫爱永远在人类的命运里光耀着。"这里的爱是一种辩证的爱，是佐治对上帝之爱的灵活运用。早给女友芙之的信中，佐治这样说：

"这世界永不能用刀枪来救，但须用爱并且须用爱来统治。不过那路程是艰难的，那代价是'羔羊的血'。

"但愿我们背起自己的十字架来接受苦难,担当悲痛,以牺牲换取成功。因为'痛苦有其使命,能成全幸福'。主的杖和竿,将领我们到可安歇的水边,苏醒我们的灵魂,虽然行过死亡的幽谷也不怕遭害。"

佐治不可避免地要"杀敌",不可避免地要承担悲痛和牺牲,但他相信这是完成使命必须付出的代价,是实现"爱的统治"必须付出的"羔羊的血"。最终他在与敌机战斗中牺牲,临死前他发出祷语:"主啊!感谢你使我在苦痛中完成了使命,因为这世间一切的罪与罚,都是为你的公义和真理作了见证……"

在另一短篇小说《沉船》中,虽然作者不再用大段大段哲理性的议论来阐释爱与牺牲之真谛,但用男主人公的实际行动做了佐证。一艘客轮被日本军舰撞沉,一对男女好友不幸落入海中,男方舍弃自己的生命把对方救上救生艇,牺牲自我,去成全她和内地的情人相聚。这一幕很容易让人想起电影《泰坦尼克号》中的情景。小说和电影一样,都是男主人公用牺牲给爱做了最好的注脚。

《三人行》是一篇近四万字的中篇,讲述三个爱国青年克文、乃偲、扶风为抗战救国而放弃"小我"的感人事迹。飞行员克文在一次空战中壮烈牺牲,他的行为激励着乃偲和扶风,使他们战胜懦弱、放弃一己私爱,后来乃偲作为护士在抢救伤员时被炸死,临终前不忘鼓励恋人扶风投身抗战、报效祖国。小说的爱与牺牲主题表现得十分充分,他们爱祖国爱人类爱和平,并甘愿为这爱牺牲自己的爱情、家庭,甚至生命,读来催人泪下。

《风尘》可以说是作者的代表作,它是一部自传体的长篇小说。根据当时的历史情况以及与陈汝惠有过接触和交往的沈寂、陈梦熊、钱今昔等老先生的回忆和叙述,可以判定《风尘》虽为小说,却有着很强的纪实性。小说的主人公周天池其实就是作者的化身,其他人物也多有原型。如果对那段历史不太熟悉,那么通过阅读这部小说,你可以了解"历史另一面的真实"(应锦襄语)。

第二编 陈汝惠文学创作研究

　　小说描写了 20 世纪 40 年代"孤岛"时期的上海，部分爱国学生和职业青年，在"三青团"地下组织的领导下，与日伪、反动势力展开英勇顽强斗争的故事。在主人公周天池身上，不仅体现着中国知识分子强烈的爱国精神和历史使命感，基督教的博爱和牺牲精神体现得也格外明显。主人公对自己的定位是："相信自己是个左倾分子，一个左倾的基督徒。"他既相信自己为国为人类所做的一切，又相信一切都是上帝的安排。然而，他又怕自己和同胞所做的会违背基督教精神，因为里面包含着仇恨和杀戮。所以，主人公伤感地说："我工作的时候，怕有不少事违背了上帝的意旨，如果今后的一切就是他的惩罚，我也愿意接受……"这也就意味着他甘愿为自己所做的一切承当牺牲和惩罚，因为"一切罪与罚，都不过是神的见证而已"。

　　爱使周天池有勇气有胆识做出决断，付出行动，而牺牲使他不畏承担国破家亡之痛、亲人爱侣分离之苦、学习工作之累以及自身生命面临的危险和精神上的孤独、灵魂上的煎熬。这爱是如此博大如此崇高如此无私，以至主人公感到："爱，祖国的爱，人类的爱，真理的爱，以及一切小小儿女的爱，我想：都比人死的恐惧更强韧吧。"当然这爱还应包括对仇敌的爱，正如《三人行》中扶风所言："要大义爱仇敌，即使你在杀死他们时你也得尊重他们的。"毫无疑问，死的恐惧足以强过一切。但是，当爱超越国界，超越儿女私情，超越友与仇，超越生死，爱就强韧过死亡，强韧过一切。

　　主人公不仅自己奉行博爱之信念，并试图以基督精神去感化别人。他在给日本宫本队长的信中这样写道：

　　"余乃一基督徒，凡真诚之基督徒，无不爱真理，爱其国家与民族，惟其能爱真理爱国家与民族，始能推爱人类建设世界而归荣耀于主。故基督徒决无世仇，永无宿怨，处于任何逆境下，可以为真理奋斗，处于任何矛盾中，可以向仇敌输诚。苟人人以基督之心为心，则天下一家福音立至。余作此书之动机在斯，假设在斯。故不敢希望阁下幡然悔悟，接受吾意，但愿笔下一字一句，亦不致为人所曲解，余愿足矣。"

在基督教义中，与爱伴生伴随的乃是牺牲。在基督徒眼里，牺牲与爱一样是一种高尚的美德。主人公的一段话可以帮我们认识到牺牲在他们心目中的位置：

"苏格拉底告诉他的门徒说：'你应该知道自己。'孔子说：'你应该约束自己。'基督耶稣说：'你应该牺牲自己。'惟有耶稣的格言，真正说明了人类至高至善的美德。现在，我们在敌人的刺刀下争取自由保卫真理，我们必须去学习懂得牺牲两字的最确切的意义，如何避免不必有的牺牲而不畏避不得不有的牺牲……"

主人公对基督教爱与牺牲精神的信仰如此虔诚如此坚强，他"简直觉得今日艰难的使命，正是上帝所赋予的"。所以他无所畏惧地迎接降临到自己头上的一切。他相信："我是上帝所喜悦的，上帝要借着我作见证。即使将来也有被捕的一天，也有像其他的同志一样去忍受肉体的苦刑，但是岂知上帝的安排，无不尽善尽美吗？"在基督徒的心中，上帝要他们付出的牺牲，他们就应该无条件地接受和服从，而他们所有的牺牲最终的目的只有一个，那就是让爱洒满人家，让人类世界变得"尽善尽美"——用文中的话说就是"政治的民主，思想的自由，经济的平等，以及人类永久的和平"；他们也相信这样的结果终将会来到。所幸的是，《风尘》中的主人公虽然牺牲了很多东西，但最终坚持了下来，迎来了抗战的胜利。

不管人类是否真能实现"尽善尽美"的美丽图景，但基督徒们的信条和理想以及他们的行为都是值得敬仰的。陈汝惠小说中的主人公们在"爱与牺牲"的信念中，无怨无悔地给予爱，承受牺牲，他们的行为也无疑使事态朝着更好的方向发展。也许他们的最终目的没有达到，但他们付出了所能付出的一切，同时也为后人留下了最珍贵的精神财富。

前面已说过，上述小说中的主人公们大多数是作者的化身，他们的生活与思想经历也有着作者的痕迹，作者陈汝惠先生也曾是一个基督徒。如

第二编　陈汝惠文学创作研究

此看来，说这些主人公身上所具备的基督教思想——尤其是爱与牺牲精神，也是作者身上所具备的并不为过。我们在这里讨论陈汝惠先生小说中的基督教思想也进一步证实了：陈先生作为教育家、爱国知识分子，为国家为民族为人类所付出的爱与牺牲，对于我们这些后辈来说，记住这样的人，既是对历史负责，也是对我们自己负责。

（作者为厦门大学中文系博士生）

论《风尘》中的主人公周天池

廖丽华

战争摧毁一切也催生一切。古希腊哲学家赫拉克利特就曾说："战争是万物之父，也是万物之主，它使一些人成为神，使一些人成为人，使一些人成为奴隶，使一些人成为自由人。"在炮火与屠戮下，在诱惑与献身之间，在保全与毁灭的两难间，在放弃与承受的抉择之间……人性在战争中总能得到淋漓尽致地展现。没有什么比人在生与死的战争中要经历和承受的更多了。因此，在战争中，面对生与死，人性也会表现出其复杂的一面。而当这个人身处中国，是一个知识分子，同时还是一个基督徒时，情况似乎又要更复杂。

当受到基督教影响的中国知识分子遭遇救亡图存，反抗日本帝国主义压迫的时代洪流时，是坚守、抗拒还是主动融入？是坚持基督教的信仰，对仇敌怜悯、宽容还是做一个社会的斗士，为民族的独立解放而战？是固守小资产阶级的小布尔乔亚的闲戏，还是摆脱"女难"，走向内地，深入前线？这在一般民众看来，也许答案是不得而知的，是根本谈不上选择的选择，但对于中国式的基督徒知识分子来说，都是可能遇到和面临的问题。

一

爱国主义作家陈汝惠先生在其自传性小说《风尘》中，就塑造了这样一个复杂的人物形象——周天池，一个被卷入时代风潮的知识分子，同时

第二编　陈汝惠文学创作研究

又是一个基督教信徒。

小说《风尘》真实地纪写了20世纪三四十年代上海沦陷前后一群爱国青年在"孤岛"上海与敌伪斗争的抗日爱国活动。主人公周天池是一名中学教师。上海沦陷后，他被童年好友、"三青团"成员陶然纳入组织，从此开始地下抗日活动，负责编印抗日刊物。交通管制、灯火管制，日军对上海的管制越来越严酷，上海处于一片黑暗之中。敬生被捕，还有一大批同志也被害了。不久，周天池的秘密寓所也被敌伪特工盯上。为了逃避敌人的追捕，他与另外两名同志偷渡到自由区张渚——重庆势力向沦陷区伸展的最前哨。但张渚的灯红酒绿，送往迎来的应酬风气盛行，丝毫没有抗日的气息。"前进中的据点，太没有留恋了。"为此，周天池又离开了这"黄金世界"，回到上海。他不顾妻子和家人的反对，以更大的热情继续在沦陷区的上海组织抗日活动。很快，张渚也沦陷了。大批从张渚撤退的人物，又渐渐集中到了上海，准备"卷土重来"，展开新一轮的抗敌活动。敌人也变本加厉，又有大批同志蒙难，天池也被列入日本宪兵队的黑名单。但敌伪已穷途末路，其丧钟已经敲响。斯大林格勒之战，德军惨败，美国在东西两个战场的不可抵挡之势，都预示着光明即将到来。其间，天池接受上级的任派，担任第二分团主任。为了迎接胜利的到来，他领导分团的各分队充分做好接收上海的准备，并亲自拟稿，发出《告上海人民书》，号召上海人民协助政府进行战后恢复建设。

茅盾曾感慨：抗战期间，小说着重于一个个壮烈场面与英雄故事的描述，"注重了写'事'而不注重写'人'"。而作家陈汝惠独具一格，他运用细腻的心理活动描写，表现知识青年在战争中的苦闷、彷徨和挣扎，描摹了一个多面而真实的周天池。

（1）时代冲击下的爱国主义者

时代风云变幻，个人生活在这样的时代中，特别是有爱国思想的知识分子，总是不可避免地要在这时代中"弄潮"一把。他们不甘于满腹经纶却在书房空守寂寞，他们要在时代中竞走。

尽管周天池是在陶然的近乎无可商量的语气中被征用的，可以说是一种被动的卷入。但是，战争激活了他爱国主义的内质。一旦参与进来，他就掌握主动权。他是生活的不安分者,不甘于平庸和苟安的生活。他一参加到抗战活动中,就以十足的热情奉献着自己。从在秘密寓所刊印组织内部资料到被敌人追捕,再到逃到自由区张渚,最后到领导抗青团第二分团的活动,周天池都以积极的态度应对着一切。虽然也有迟疑和抱怨的时候,但迟疑是出于对自己的不自信,抱怨是对组里的同志工作的不满,而并非对抗战的迟疑和不满。

在时代的冲击下,目睹了战争中日军对中国民众的残酷统治,也亲历了敌伪势力的"追剿",周天池和他周围的青年秘密地进行着一系列的抗战活动:编印抗敌刊物、组织青年集会,安排抗战胜利后的城市接收工作。但他所做的并非为了成为一名拿破仑式的政治家,"放弃一切来为政治而努力",也并非追求功名利禄,"挑选一个比较值得称颂的'职业'",而是尽一个中国人的义务而已。他说:"你可以不做政治家,却不能不是一个中国的国民。"因此,他们"只在爱护祖国追求真理的热情中,结合了起来作正义的奋斗。他们的身份是属于祖国的。"

因此,小说的主人公周天池是一个彻彻底底的爱国主义者。

(2) 自卑情结下的个人主义者

在民族面临外族侵略的背景下,"描写爱国知识分子的苦难历程,挖掘爱国知识分子身上所蕴藏着的精神力量,成为众多作家的共同旨趣。"①但作家陈汝惠没有局限于此。他展现的是一个更为复杂也更具人性的周天池。

陈汝惠在《风尘》后记中谈道:"也许,《风尘》的主角,是一个自卑情结的人,喜欢一点英雄主义的尝试……"自卑属于心理学术语。弗洛伊德心理学认为,一个具有自卑情结的人,往往是一个具有强烈表现欲望的人。他们总是希望及时地得到他人的肯定和赞赏,消除其焦虑症状,以激发其自我肯定的信心。

从小受尽苦难的周天池过早的与快乐失缘。10 岁就"一边追想往景

---

① 苏光文主编:《1937~1945 年中国文学爱国主义母题研究》,重庆出版社 2001 年版,第 32 页。

第二编　陈汝惠文学创作研究

一边捧了自己的作文,为他母亲诵读'忆先父'而相对饮泪。"他是中学教员,本可以在家——人情的暖室——享受归宿的安宁与平静,但他渴望刺激,不愿苟安于生活。抗战的爆发,上海的沦陷,为周天池提供了摆脱这种平庸生活的外在条件,虽然这条件未免过于残酷。因此,当陶然邀请他加入三青团时,天池语调迟缓但却异常坚定地说:"我不能不答应,因为我没有理由可以拒绝。"当然,对于抗日,作为一个中国国民是无法拒绝的。但对周天池来说,参加革命的最初目的,是"至少我可以向远在重庆的薇提供一个更有力的证明……这以后,我留在上海,将不是没有意义的事了"。证明什么?无非是要证明自己并非无能,而这自我的求证,也是出于他对自己的不自信。很多时候,他坚强的人生哲学其实是一种悲观的哲学:"人不要为明天而骄傲,因为今天要发生何事,还不能知道。""走也不容易,我想听天由命。"当知道自己已经被敌伪特工跟踪的时候,他想到的是:应该有一张遗嘱,一张最后的最清楚的告白。过早的遗嘱,其实就是一种过早的告白,或许这可以说是战争时代朝不保夕的最好确证,但却也是周天池自卑的最好确证。他需要人们了解他,理解他的所有所作所为。对于自己的行为,他不是那么的自信,所以他怕误会,他需要告白。当妻子芙真质问他这样的想尽量表现自己是由于自尊还是自卑时,周天池迟疑了。迟疑过后又是大段的释词,解释,除了解释还是解释,他需要理解。到底,他还是承认了这种心理是一种自卑情结在作祟。但他只是一句话带过,更多地还是他的表白,对革命,对人生的尽人事而待天命的表白。以致芙真一针见血的质问在他眼里只是也只能是一个忧戚的小妇人,而这个小妇人应该永远地沉默下去。伴随自卑情结而来的是周天池强烈的表现欲望。他希望伴韩小姐到"76号"去探望被捕的敬生,是因为他想显示自己深入虎穴的勇气,说到底就是一种自我欣赏。从张渚回来后不久,听王太太说组织将有新的任命,准备让他继任宣传部长。虽然正式的任命还没有下来,但这足以让周天池兴奋不已。他开始独自盘算工作计划,并迫不及待地发信给主任陈述宣传工作应在上海展开的理由,并隐秘地要求指示经费的预算和工作重点,一个关于宣传运动的详细计划书也很快就拟好了,即"转变上海耳目"的新计划,然而石沉大海。人事上又有了新的决定。周天池空虚不已。终于，由于李奋程同志要到重庆受训，组织决定让他担任"大学部"，即第二分团主任的工作。这一次，周天池才感觉真正掌握了"钥匙"，而不只是有名无实的"代管家务"了。敌伪势力加强控制，诸氏家族几近破亡，而对周天池来说，由他主持分团的改组后，"似乎得到了从未有过的如此之多的活动上的自由"。他准确分析战局，决定大干一番：敌人怎样有计划有秩序地占领了租界，到时候我们也要照样的去控制全上海。因此，他改编各区队，组织广播队、传达队、通译队、宣传队、突击队、慰劳队、救护队……而他现在的工作地点，就将是上海的总指挥部。至此，他的个人英雄主义行为达到最高峰。"那一天，我坐镇在那里，只需通100次电话，就可以控制大上海了，'运筹帷幄，决胜千里'书生用兵，历史上无不成为美谈。周天池为自己的安排激动和满足。"这里似乎还不仅仅是个人英雄主义行为了，某种程度上隐藏着对权力的欲望。热烈的欲望逐渐在冒险中升腾，他再次决定深入虎穴——探监。他欣赏着自己的大胆行为，而这种自夸胆识，事实上却是那万事要强人一分的自卑。

(3) 基督徒式的无政府主义者

周天池被时代的风暴卷入战争，在"孤岛"组织着一系列的抗敌活动，尽一个国民的职责。他是一个爱国主义者，而由于他个人的性格原因，又使他成为一个有着强烈表现欲的个人英雄主义者。同样，基于他个人的基督教信仰以及知识分子身份，又使他成为一个具有无政府主义思想的自由主义者。

作家陈汝惠就是一个基督徒。他的小说中总是充满了基督式的哲理性的对话，如处女作《女难》中，作者就曾引用《马太福音》中的话："若有人要跟从我，就当舍己，背起他的十字架来跟从我。因为凡要救自己生命的，必丧掉生命。""耶稣的生活不是胜利，而是屈辱，不是成功，而是失败，不是欢乐，而是苦难。"至于战争的残酷与基督教义宣扬的宽容之间的矛盾，作家在小说《死的胜利》中是这样解决的："我们去杀人是要叫此后没有人再会被杀，是要叫人类永远依着圣律而生活着，是要叫爱永远在人类的命运里光耀着。"在《风尘》中，周天池也是一个基督徒。在

遇到挫折时，他祷告、祈求，希望得到耶稣的庇护。他从耶稣，从《圣经》，从上帝那儿寻找力量和勇气。他把相信耶稣、依靠耶稣看成是一种信誓和荣耀。他还具有忏悔、牺牲、救赎与复仇的基督教精神的内核。他告诫青年："现在，我们在敌人的刺刀下争取自由，保卫真理，我们必须去学习懂得牺牲两字的最确切的意义，如何避免不必有的牺牲而不畏惧不得不有的牺牲。"他还信奉人道主义，希望以宫本队长为代表的日军给予蒙难的同志一点优待，"勿予虐待，勿施酷刑"，望其坚守"己所不欲，勿施于人"的格言。他希望通过自己在沦陷区的抵抗活动，甚至牺牲自己来拯救大众，为世界的和平做出努力，本无可非议。但是，这种基督式的人道主义在日军的肆虐的铁蹄和炮火下多少显得有些可笑，有一种一厢情愿的意味，更显出周天池可笑的"书生气"。

周天池不仅是一个基督信徒，还是一个三民主义的信徒，而且是一个真正的三民主义者。三民主义的终极是世界大同，是政治的自由、思想的自由、经济的平等，以及人类永久的和平。因此，一个三民主义者是没有理由去排斥自由主义的，也并不需要仇视其他党派。由于所有的政治主义最终都必须落实到民生问题上，因此他们之间也是可通融的。在周天池的灵魂深处，蕴藏了更多的自由主义的爱好。事实上，他和许多青年同志"都是无党无派的。只在爱护祖国追求真理的热情中，结合了起来作正义的奋斗。他们的身份是属于祖国的，他们的工作是为了人类的……"虽然在接收上海宣读的《告上海人民书》中他们以蒋介石的国民政府自居，但在革命的过程中，他们并不排斥共产党红军。在他们看来，国民解放战争取得胜利之前，没有必要坚持一党的见解，他甚至认为自己是个左倾分子，一个左倾的基督徒。

对于政治，也许是靠得太近的原因，也就看得深刻，周天池有着自己的洞见。他认为，"所谓政治，不外权利"，而"任何制度，只代表了一个躯壳"，世界上的事情，尤其政治，"愈是深入愈是简单，好和坏，是和非，都不过表面文章，本质上实在没有什么差异"。至于国家，在"不久的将来，'国家'这一个惹动刀兵的名词，将与'部落'同样地被进步的人类社会所遗弃"，而"国家的组织，不过是一种工具，一种谋取社会全体福利的工具,而尊重人性,充分发展每个人的人格,乃是认识了什么才是社会真正的基体",所以,无论在战争年代还是和平时期,我们所寻求的不是别的,而是生命。

从以上的这些言论,我们不难看到周天池的人道主义思想和无政府主义思想倾向。

二

简言之,周天池是时代冲击下的爱国主义者,是一个社会活动家,积极组织沦陷区的抗日活动;他是一个具有自卑情结的个人英雄主义者,具有强烈的表现欲望;同时还是一个基督徒式的无政府主义者,希望建立一个大同世界。周天池的这一系列身份,其内部包含着多重矛盾和冲突。首先是个人英雄主义与无政府主义之间的矛盾。周天池的个人英雄主义行为中伴随着强烈的表现欲望,发展到后来,已经是隐藏着某种对权力的欲望了:拥有并运用权力,操控政权,"控制大上海""运筹帷幄,决胜千里",千古留名。而无政府主义者注重人的全面自由的发展,倡导无政权,无国家概念,当然也就不存在对权力的掌控。其次是爱国主义者身份与无政府主义思想之间的冲突,知识分子由于其理性与敏感的特质,在自我信仰和国家政权之间总是有出入的。无政府主义/自由主义最大的特质是世界大同,没有国的概念和界限,其关注点在人,注重人性,尊重人格。在他们看来,战争中的相互屠戮,只不过是一种狭隘的民族主义的表现。世界大同,不应只局限在本民族、本国家。在小说中,周天池一方面以党国身份自居,另一方面又是个无党无派的自由主义者。

这两种冲突的背后,事实上隐含着作家陈汝惠作为中国基督徒知识分子在战争中身份认同的焦虑。

知识分子既敏感又理性。他们与一般社会民众相比,由于其受教育程度相对较高,知识结构复杂,文化底蕴较深厚的缘故,对社会和人生的较关注,且思考得也较深入,思想与意识形态也因此呈现出丰富性和复杂性。"强烈的社会参与意识和理性思索精神使他们始终关注着战争并投入

第二编　陈汝惠文学创作研究

到战争中去。但是，知识分子固有的因袭重负，又使他们在走向自由解放的救赎中，不能不多出那么一份犹豫和困惑。"① 这犹豫和困惑就是源于对自身身份认同的困惑。一方面，在中国，文人知识分子历来就有着积极入世的传统，匡时救国，教化民众，启迪众智……他们都有着强烈的社会责任感和历史使命感，也希望得到他人的认可和承认，以期获得社会身份认同感。特别在抗日战争的历史背景中，本民族遭遇亡国灭种的危机。作为一个中国国民，他们希望参与抗战，为民族、为人类的解放做出自己的贡献。另一方面，作为一个知识分子，他们又有着自己的坚守和自我信仰，总是希望"固守有关人类苦难和迫害的真理标准"②，强烈的自我身份认同感使他们不能像其他人那样纯粹地投入抗战。大学者陈寅恪就曾这样表示：国可亡，而史不可亡。很多时候他们的自我认同感强于社会使命感，这也是为什么文人知识分子的"书生气"总是成为被指摘的对象。

更为复杂的是，作者又是一个信奉基督教的人道主义者。在小说《三人行》中，作者这样告诫道："认清真正的仇敌是谁，那决不是日本平民，也许他们只是无力反抗军阀的可怜的小物件而已，当他们愿意放下武器时，你得优待他们，安慰他们。在他们心中，父母妻子岂有不盼望他们平安归去的？无论抱什么主张干什么工作的人，在人类本性上，或者在至情流露的一刹那，总有一点或几点相通的……"近代以来，由于西方基督教传入中国，他们创办基督教学堂，宣传教义。因此，五四以来的许多知识分子都曾在这种学堂接受过教育，也饱受基督教义的影响。受难、牺牲、救赎、忏悔、复仇是基督教义的精髓。他们"深情地注目于耶稣人格的完美，热切地呼唤基督和基督教精神"③；鲁迅就有着"寄意寒星荃不察，我以我血荐轩辕"的基督受难意识和"横眉冷对千夫指，俯首甘为孺子牛"的牺牲意识；冰心则追求"超人"式的悲悯神性之爱；巴金则在"寒夜"里嘤嘤忏悔；曹禺在"原野"上疯狂复仇……可见，作家的这一特殊

---

①②　[美]萨义德著，单德兴译，《知识分子论》，生活·读书·新知三联书店 2000 年版，第 4 页。

③　马佳：《十字架下的徘徊——基督宗教文化和中国现代文学》，学林出版社 1995 年版，第 243 页。

陈汝惠研究

身份必然又加重了作者的焦虑。受五四时期基督传统的影响，作为作家的陈汝惠是坚持自己基督徒式的人道主义精神还是仇视仇敌，以致消灭仇敌？对他来说，实在是个两难的抉择。

  这些身份的冲突使得小说主人公，事实上就是作者自己，左冲右突、左右矛盾，也痛苦不已。陈汝惠立足于自己，真实地塑造了周天池这一人物形象，也真实地再现了当时情状下青年知识分子的矛盾和痛苦，暗含了知识分子在战争中身份认同的普遍性焦虑。

（作者为厦门大学中文系硕士生）

水底鱼龙欲奋扬

——陈汝惠小说创作的异彩

苏永延

在中国现代文学史上,新文学作家灿若群星,他们以各自的光芒辉映着这一片饱经苦难的大地。不少作家同时还是学者,他们在学术研究的辉煌贡献,甚至掩盖了他们曾作为作家的身份。陈汝惠教授即是如此。陈汝惠于"孤岛"时期崭露头角,颇享文名。他本在上海高校任教,解放初转到厦门大学执教,并从事高等教育研究,但因受频繁政治运动的冲击而淡出文学界,留下令人嘘唏不已的遗憾。然而,历史是公正的,陈汝惠的文学创作成就日渐受到人们的重视,"上海四十年代文学作品系列"收录了他的作品,上海社会科学文献出版社还出版了《陈汝惠文集》,全面展示了他的创作成就。2008年10月25日,厦门大学举办了"陈汝惠教授创作及学术研究研讨会",数十名来自全国各地的专家学者与会,中新社、《炎黄纵横》等多家媒体做了详尽的报道,充分评价了陈汝惠在文学创作及高等教育研究领域所作出的贡献。

陈汝惠的创作活动主要集中于上海"孤岛"时期至解放前夕,即20世纪40年代的上海,创作成就主要是小说、散文,其中以小说创作最为突出。无论是他孤岛时期还是延至抗战胜利后才发表的作品,其主旨均以展示"孤岛"人民生活为主。时至今日,令人感动的是其中所流露的爱国激情,犹如地下奔突的岩浆喷薄而出。作品烙着孤岛与沦陷区人民的血泪印记,是日寇铁蹄高压统治下人民生活的缩影。这类作品在中国文学史上虽已出现过,然而它仍有自己的特色、自己的贡献,是值得我们充分肯定并深入研究的。

　　陈汝惠的小说展示了日寇铁蹄下中国人民的苦难生活。"八一三"抗战爆发仅一个月，到上海租界避难的人竟达300万之巨，造成了租界的畸形繁荣。在上海，一方炮声震天，一方却笙歌达旦，租界成为富人的天堂和穷人的地狱，这就是"孤岛"社会的畸形图景。陈汝惠的《小雨》通过一个懂事、可爱的小生命的消失，描绘了孤岛时期普通百姓的苦难际遇。小说的感人之处在于这位年仅10岁的孩子，在病危之际，想拥有的一样礼物竟是一面国旗！小雨的愿望，传达出无数沦陷区人民蕴藏于心中的强烈呼声。上海沦陷后，形势日紧，陈汝惠遂以外国故事来传达沦陷区人民的心声。《捕珠手》写阿拉伯人米太及其父亲吕底亚为了生活，冒险潜到鲨鱼出没的地方采珠；《斗牛士》写贫困的西班牙青年雷马特迫于生计，当起了斗牛士。这两则披着异域风情外衣的小说，折射出来的是沦陷区人民生活困苦的影子。日寇用残酷的手段箝制着沦陷区人民，疯狂地吮吸着人民的膏血。他们用粮食配给、火光管制、保甲制度等手段，硬是把上海变成一个人间地狱。吉姆老爷、鲨鱼等就是恶势力的象征。苦难的阴影就像无尽的黑暗，普通百姓在这漫漫长夜里翘首企盼，不知何时是一个尽头。

　　铁蹄下的爱情也是陈汝惠小说展现的重要方面。陈汝惠的此类作品在浪漫的情调中，抹上了一层悲戚的阴影，充满着伤感与痛苦。《共死生之》通过蔚英与小薇的在"一·二八"与"八一三"这段期间的恋情为线索，反映了战乱之中普通百姓颠沛流离的苦难生活，他们的爱情之花被战火无情地摧毁吞噬了。《沉船》写一艘邮轮在台湾海峡受到日本军舰袭击后下沉，天池救出受伤的女友梅，自己却消失在黑黝黝的狂涛之中，小说通过这伟大的牺牲的爱情来控诉战争，控诉制造灾难的日本侵略者。

　　《女难》以中学教师林田与女学生文乃平之间的爱恋为线索展开描写，在半年多的时间里，他们之间的恋爱关系犹如时局一般急剧变动，最后不了了之。林田对待这种师生恋的感情是极为复杂的，他对乃平的爱是犹豫的、有所保留的；聪明好学、大胆单纯的乃平，在不断增加的社会苦难、生灵涂炭的残酷现实面前清醒了，她终于决绝地主动中止了这段感情。作家在这粉红色的梦中巧妙地添加了苦难的铁青色，把不食人间烟火的爱情

拉回到苍生大地，与一般的言情小说大不相同。

描绘日寇铁蹄下的英勇抗争，是陈汝惠小说创作又一重要方面。在"孤岛"及沦陷区，山河破碎飘零，百姓流离，民生凋敝，陈汝惠的这些正面反映中国人民英勇抗日的作品，犹如石缝中顽强伸展的小草，更是铁闸下永不弯曲的脊梁，催人奋进。《死的胜利》写飞行员在一次空战中负伤壮烈牺牲的故事。《三人行》以三个爱国青年扶风、乃偲及克文三人的爱国行动，反映了当时大批爱国青年义无反顾地投身抗战，报效祖国。

《风尘》是对坚持抗战的青年组织在上海孤岛及沦陷时期所进行斗争的艺术再现，为那一段恐怖年代里的民族英雄树起了一道丰碑。《风尘》以周天池的活动为线索，串起了上海进步青年组织自1941年至1945年日本投降这段时间鲜为人知的地下活动。周天池的地下活动，是一段令人惊心动魄的历史，更是一座无数爱国青年用鲜血铸造起来的丰碑，弥足珍贵。当历史的风尘散尽，这些为祖国而奋斗牺牲的爱国青年的地下活动也如云烟一般消散的时候，我们还是应该对他们的奉献与牺牲致以崇高的敬意。在现当代文学史上，涌现出不少反映地下党活动的作品，如轰动一时的《红岩》《青春之歌》《野火春风斗古城》《小城春秋》等作品，塑造了一大批共产党地下斗争英雄群像，并为广大群众耳熟能详。然而为民族解放而斗争的还有其他组织成员，他们虽隶属于不同组织，但临危不惧、英勇不屈、忠贞爱国的品格却是一致的，理应得到客观的肯定。从这一点来看，陈汝惠的《风尘》在文学史上将占据着十分独特的位置。

陈汝惠的小说创作坚持用严格的现实主义创作方法，真实具体地描写了20世纪40年代上海青年精神面貌的方方面面，他们虽然有过迷惘痛苦，但那种伟大的爱国主义精神依然支持着他们不断奋进。作者所写大都为身边的人和事，甚至在不同的小说里，如偲之、天池、芙之、小薇、芙真等人物名字，都没有改换，这是十分有意思的现象。也许这是作家有意为之，作家可能有一个宏大的野心，那就是模仿巴尔扎克的"人间喜剧"的写法，来写一部上海青年的"人间喜剧"。由于沦陷区的艰苦生活和尖锐复杂的斗争环境，作家尚来不及进行详细构思，只是以零星的篇章见诸报端。假以时日，他可能会这样做——可惜历史已经无从假设了！

陈汝惠研究

陈汝惠的创作特色十分鲜明，其细腻真切的描写、深邃的哲理性已成为其作品的标志。如《女难》，对处于初恋中乃平以及在彷徨中的林田的恋爱心理描写可谓细致入微，准确到位，常常会有令人耳目一新的意象。如"晴热的天气渐渐逼紧来，空气更为干燥，狗和水银柱都伸长了舌头"。狗、水银柱这两个毫不相关的意象居然不可思议地结合在一起，实在令人叹绝。哲理性的议论，已是小说的有机组成部分。小说中常常有许多关于基督教义及哲理性的议论，这是深受西方小说创作影响的。总体看来，哲理性语言在某种程度上可以深化作品意境与层次，要用得好是需要一定技巧的。《海上生明月》所描写的带着忧郁情调的滨海小城，小城居民单调、寂寞地生活着，其保守、沉滞的社会场景，很容易令人想起师陀的《果园城》。哲理性议论，既是作者思想深刻程度的标志，也是写作技巧的试金石。

对真理的追求、对正义的呼唤和对祖国的挚爱，是陈汝惠从事抗战文学创作的强大动力。从本质上来说，他是一位坚持真理、正义的爱国主义战士。陈汝惠在散文《艺术与社会进步》中认为，"生长在这个时代的知识分子，别为了自己的知识，而忘记了正义"，即为掷地有声的创作宣言。在现实生活他也是如此。抗战胜利后，陈汝惠在《正言报》上发表《特工退出学校》一文，旗帜鲜明地反对国民党右派的专制黑暗统治，这触怒了反动当局，甚至还遭到通缉追捕。

明朝李东阳曾盛赞南宋忠良"奔走耻随燕道路，死生惟着宋冠裳。天南星斗空沦落，水底鱼龙欲奋扬"。陈汝惠的这种崇高的追求真理、正义的爱国主义精神，正如他评诗人华铃是"吹起号筒做我们前进的歌手"一样，他自己的创作就是20世纪40年代反抗侵略、反抗专制统治的勇敢的号声。老作家钱今昔高度评价陈汝惠的文学"技巧纯熟"，能促使人"思考人生的哲理，热爱真理和正义。"陈汝惠的小说创作价值，正逐渐凸显，它告诉我们，对一位正直的、追求光明与真理的作家，应该怎样去理解与把握，这是令人深思的。我们对陈汝惠创作的研究，也正是要弘扬他崇高的民族气节、伟大的爱国主义传统，更好地铸造新时代的民族精神。

(作者为厦门大学中文系讲师)

"孤岛"知识分子的爱情和国家责任

——论陈汝惠的战时小说

方维保

"孤岛"时期的上海,大量爱国文艺人士云集,抗战文艺创作活跃。抗日救亡的国家主流意识已经建立,但这些作家艺术家在战前形成的两个阵营依然若隐若现。在左翼艺术家抗战呼号之外,与当时的国民党政府关系密切的主张文艺抗战建国的"抗建艺术家"阵营也迅速建立起来。抗建艺术家在国民党政府的支持下,在上海创办杂志,从事抗日的地下文化活动,从而形成了"抗建文学"。陈汝惠就是抗建文学阵营中的一员,而且是中坚。他的作品包括《女难》《风尘》等,多散见于孤岛时期沪上《小说月报》《茶话》《春秋》《万象》等杂志中。作为一个积极抗战的爱国知识分子,陈汝惠的创作以孤岛上海为背景,展现了战时知识分子的爱情生活,表达了中国知识分子在国家沦亡中的民族责任。

一、"孤岛"知识分子的爱情

爱情是文学的永恒题材。不管处于什么时代,作家书写爱情的冲动永远不会疲惫。尽管在孤岛上海,爱情题材其实是陈汝惠小说的最为重要的部分。

陈汝惠的爱情小说是唯美的。中篇小说《女难》(作于1940年)是这种唯美爱情小说的代表。小说以清新的带有自叙性的语言叙述了教师林田与女学生乃平之间由热恋到分手的故事。小说所叙述的爱情极为纯美,充

满了少男少女的浪漫情调,有着"一个热情的少女的追求,一个自己手中雕琢的象牙像的迷恋"。小说在结构上虽然是个情节淡化的抒情体式,但其中学医的女朋友薇的存在,以及红荷的不时介入,使小说变成了一个关系复杂的三(四)角恋爱。显然,小说的情节设计有着"五四"的恋爱小说的纯情,也多少有着海派小说的性感和冲动,但总体是纯净的。从这部小说可以看到,虽然这时已经是20世纪30年代末期,但陈汝惠爱情小说与胡也频的《光明在前》《到莫斯科去》的氛围和清纯的语言非常的相似,第一人称的叙事,青春的苦闷,而又全知全能的叙事视角,心理描写的细腻,都显示它仍沾染着五四的遗风,清纯的爱情与诗意的书写透露出的是青春的气息和浪漫的追求。

这部小说有着显著的男性知识分子的视角和立场。这篇小说之所以取名为"女难",所表达的就是作为知识分子"我"对于性感的、青春的、纯洁的女孩子嫁与了他人的失落与不满。当然,失落和不满在表面上被归咎于女主人公乃平的蜕变,她由一个纯洁的女孩子在现实的诱惑下变得庸俗了,甚至不惜把自己命名为"世界的茶花女"。而小说中主人公对于基督教的皈依性思考,似乎与爱情相关,但主要的还是与他知识分子的生活情调有关。在那个时代的上海,时髦的男女爱情往往伴随着教堂神圣的钟声。

尽管这部小说的主体是恋爱,但它毕竟发生在"孤岛"上海。战争的讯息以及作者的情致还是通过"我"与恋人薇的通信和爱恋以及对于上海市面惨象的描述透露了出来。正是通过"我"与薇的通信,透露了战争的环境和对于民族解放的坚持。小说对于爱情的书写非常的绮丽唯美,以致关于战争和孤岛的表达非常的微弱。与海派的迷惘和肉感不同,陈汝惠的爱情小说,虽然写于战争环境,也大多具有战争背景,但看上去还是比较纯粹的爱情小说。

但民族战争的血与火显然无法回避,尤其是对于有着强烈的民族情感的作家更是会将自己的文字与民族苦难同呼吸共命运,就是书写浪漫的爱情也会自觉地将苦难和责任融入其中。与写作时间较早的《女难》的浪漫爱情不同,小说《三人行》所展现的是血与火的战争中的爱情。小说在广阔的层面上展现了抗战时期青年的思想和对人生价值的探索，他们用满腔热血谱写一曲悲壮的战火之歌。主人公乃偲、克文是一对恋人，在"八一三"抗日英雄抛头颅洒鲜血壮烈殉国的感召下，参加了队伍，克文在一次空战中阵亡，乃偲强忍悲痛继承遗志参加了大后方的战地服务，不久，与热血青年扶风相识，但心中总忘怀不了克文。在一次空袭时，她在弹雨中抢救伤员，不幸负伤，倒在血泊中，即送医院救治。临终，得知扶风已被录取航校而由衷高兴，最后含笑死去。在小说中，个体的至死不渝的爱情，紧紧连接着对于国家的忠诚和民族危难中义无反顾的献身精神。个体的爱情因为与国家命运相连接，从而变得更加的神圣和璀璨。小说虽然有着恋爱的一条线索，但主体上已然是抗战小说了。

在陈汝惠的爱情小说中，战争对于小说情节和艺术氛围的影响是随着作家对于外在环境的感受而逐步增强着的。

二、"孤岛"知识分子的民族责任

对民族责任的承担是中国知识分子的传统，尤其是在国家危难之时，这种民族责任感更是得到了空前的彰显。陈汝惠的小说虽然有一部分是爱情小说，有着抗战罗曼司的情调，但总体上他的孤岛书写重在表现知识分子对抗战洪流投入，展现战时人民所遭受的深重苦难。

陈汝惠的小说首先展现了孤岛时期日寇侵略下人民的悲惨的生命状态。短篇小说《共死生之》展现了"一·二八"之后繁华的东方巴黎——上海地狱般的惨状："空虚倾圮的断墙残垣，和惨惨地还立在荒凉的马路两旁的烧焦了的枯木。熏黑而破碎的窗子，像是孤独的房屋张大了等待哺饲的饥渴的口腔。"作家通过对于上海街景惨状的描绘，沉痛地控诉了日寇的侵略行径给中国人民带来了深重的灾难，有力地揭示了侵略战争的罪行和对人类文明的戕害。

而短篇小说《小雨》则显然已经将笔触延伸，作家在一个更广阔的背景下来展示民族的战时遭际。小说写"重庆大轰炸"后，玉华携子逃亡到上海，不幸途中丈夫被日伪特务机构76号的特务抓走，玉华为救夫和儿

子小雨的病含辛茹苦，最终未能摆脱家破人亡的厄运。小说中母亲玉华一家曲折的经历，展现了抗战的险恶态势。小说中病儿小雨的病重和死亡，母亲玉华的极端痛苦，所凸显的不仅仅是母子间的情深；更主要地，小说通过玉华一家的苦难遭遇，揭示了民族和人民的深重苦难。在陈汝惠直接书写抗战的作品中，死亡和受难是其基本主题。作家对民族苦难感同身受般的叙述，在今天看来仍然怵目惊心，仍然让今天的人义愤填膺。作家以小说的形式，用纪实的笔法为中国民族的苦难经历作了历史的记录。

陈汝惠的小说以现实题材为主，表现抗战时期的民族压迫也主要为现实话语形式，但也有一些作品采用象征的形式来表现民族的苦难。《捕珠手》是一篇童话或民间故事。作品中的儿子米太和父亲吕底亚都是勇敢的阿拉伯捕珠手，但是他们走后都为大海所吞没。作品显然谴责了白人老爷的冷血，体现了阶级的压迫，尤其是种族压迫。在同是被压迫民族这一共同点上，作品借用阿拉伯民族受压迫的故事表现了中国民族的现实处境。结合作品的发表的孤岛背景，这一显然是中国民族别样形式的抗议和呼号。小说《熊》则是一篇寓言体的象征小说。作品展现了熊被铁笼关押丧失自由，被侮辱和遭损害的心理和现实。作者运用象征的手法，表现了中华民族的深重苦难。

在陈汝惠抗战作品中，更多地歌颂了中国知识分子勇敢的抗战精神。与《女难》只有战时背景不同，陈汝惠的战时创作主要是抗争之作。

陈汝惠的小说书写了民族的苦难，但并没有陷入悲情，而是在苦难的悲惨中民族的奋起和不屈抗战的精神意志。"痛苦有其使命"，这是小说《小雨》中母亲玉华在儿子小雨死去后所领悟的"神示"，也是作家对于家国苦难意义的理解。小说《小雨》大量地书写了受难，书写了母子生死离别的痛苦，歌颂母亲的伟大的爱子之情，但正如"题记"所言，作品突出了"女子本弱，为母则强"的坚强的抗战题旨。另一篇写于1944年的小说《共死生之》写1932年"一·二八"淞沪抗战中的逃难，逃难中的一对情侣薇和蔚英双双参军，毅然投入了铁血的抗战洪流中。最后，主人公蔚英献出了年轻的生命。小说《三人行》中主人公乃偲、克文、扶风表现了中国青年知识分子前仆后继至死不屈的抗战精神。小说将爱情放在战争的背景下来表现,不仅让柔美的爱情濡染了战争的刚强色彩,更重要的是通过女主人公乃偲的爱情追求将个人的爱情上升为民族抗战的共同意志。

抗战小说中最具有代表性的是长篇小说《风尘》。小说写的是国民党三青团在上海的抗日地下工作。教员周天池在沦陷区参加地下斗争,秘密油印宣传抗日的刊物,他决心用笔尖挑开"民族革命的火烬",并且要"为理想而殉身""为抗战胜利和世界和平祝福"。"实际上颂扬的是上海有志青年对祖国、对民族的忠诚与贡献"①。这是一篇纪实之作,主人公周天池实与作者的人生经历非常的相似,在某种程度上可以看作是作者的化身。小说主人公在复杂的环境中,为了宣传抗战,鞠躬尽瘁。小说语言朴实,生活化的叙述,展现的是敌后地下抗战的险恶。写于1941年中国空军节的《死的胜利》(《小说月报》1941年第14期),描写了一个中国飞行员,一个信仰基督教的飞行员,为了爱而牺牲,为了公义和真理而牺牲的场面和牺牲时的心理状态。小说的心理描写非常细致,富有哲理性。陈汝惠通过这些人物的塑造,歌颂了那些为民族的自由独立作出自己的贡献,哪怕是牺牲生命也在所不惜的英雄主义精神。

与这种直接的抗战书写不同,短篇小说《熊》从熊的角度,表达对自由的渴望,以及为争取自由不惜牺牲生命的精神。这部小说在表层语意上是一篇动物小说,但它的语境意义很显然指向民族抗战。其中熊在铁笼中遭受侮辱虐待的场面写得非常的真切,结合抗战的时代背景,熊的经历恰恰是中华民族深重苦难的隐喻;熊的追求不仅是中华民族追求自由的精神,也是作家强劲的求自由的精神的体现。在战时的沦陷区,小说的暗示性昭然若揭。

三、基督之爱、情人之爱和民族之爱

现代时期,有诸多作家的创作涉及宗教,尤其是基督教想象。无论是许地山还是苏雪林,其宗教书写都给其创作带来独特的风采。现代文学研

---

① 陈梦熊:《陈汝惠与"抗建文学"》,《太原日报》2004年12月1日。

究中，对于作家的宗教色彩的考察，也相当的充分。但是，对于孤岛时期的作家陈汝惠文学创作中的基督教书写却极少注意。

陈汝惠的小说也经常涉及宗教心理，涉及基督教教堂、赞美诗和祈祷等宗教场面。在《女难》和《死的胜利》等小说中充满着关于基督教的场景和有关宗教与人生、爱情，与战争、杀戮之间的辩论。在《小雨》等小说中也经常穿插着主人公对于"神示"领悟的情节。作家经常将"爱"放在基督、情人和民族之间考量，从而使之形成辩证和沟通的关系。

小说《女难》所考量的是情人之爱与基督之爱的关系。在小说中，信仰基督教的教师林田运用基督教哲学来思考他与爱人乃平之间的关系，思考个体的爱与上海人民苦难之间的关系，体味爱情波折和国家蒙难的苦，和自己由能够生成悲悯和宽宥他人而带来的乐。在苦乐之辨中，享受了感动。小说在某种程度上表现了新文化知识分子对于宗教与科学的思考，以及对于宗教信仰的人生意义上的皈依。教师林田与女学生乃平的爱情的离散被放在了宗教的思索中，林田最后对于无情离去落入凡俗婚姻的乃平的宽恕和怜悯显然是建立在基督的大爱之上的。

小说《死的胜利》所写的也是一个信仰基督教的飞行员及其牺牲。如同《女难》一样，这部小说也充满了关于人类之爱的思辨。假如说《女难》中基督之爱使得主人公林田脱离世俗之外，获得了超越眼光和心情的话；而这部小说中的飞行员佐治则是为了爱而坚定了自己牺牲的意志。飞行员佐治在体悟上帝之爱中，了解了上帝之爱的"为他"性，以及牺牲的价值所在："我们因此看见上帝的爱，因为他我们牺牲生命；我们也应该为后人而牺牲自己的生命"。

基督教信仰使得陈汝惠的小说无论是书写苦难还是叙述战争都充满着宗教的悲悯。中国民族的苦难被主人公视作人类的受难之，在生命的维度上，痛惜生命的流失和现实的祸患；就是对于民族的敌人，日本侵略者，他也站在生命的角度给予其悲悯之情。但是，陈汝惠在小说《死的胜利》中，在爱之外又同时引入了"客观真理"的概念。在主人公佐治的理解中，敌人是"主观的"，因为侵略源于他们的虚荣和贪欲。为消灭贪欲，拯救后人，是大爱，是"荣耀上帝的工作"："我们去杀人是要此后没有人

再会被杀;是要教人类永远依着圣律而生活着,是要教爱永远在人类的生活中光耀着。"从维护上帝之爱,惩治贪欲的层面论证了抗战与上帝之爱的一致性,突出了抗日的神圣以及爱国者的使命和责任。

陈汝惠对于基督教的态度,虽然在少数作品中表现得相当浓厚,但是正如有的学者所看到的,"中国现代作家在感知宗教文化的过程中","对于宗教本体论、对人类世界的起源、对神灵的本质以及对宗教经典和习俗等方面的问题,兴趣有限,投入很少,而普遍注重于用生命去体悟和探寻宗教文化于现实人生和现实社会的实际意义"。①陈汝惠尽管在有的作品中有着大段的关于基督教义的辩论,但总体上他所注重的仍然是其对于现实人生和现实社会的"实用"意义。

迷恋于基督之爱、情人之爱和民族之爱等诸多范畴关系的辨析,陈汝惠的小说有的时候正如其小说《淡水》中的主人公所说的,很像"一个变相的'哲学讲座'"。

四、结语

陈汝惠及其"抗建文学",因为与国民党的特殊关系,后来在文学史的叙述中很少提及。政治的原因遮蔽了它的存在。从历史的角度来看,陈汝惠的"孤岛"创作不但是整个抗战文学的一部分,而且有着自己独特的贡献。陈汝惠的"孤岛"创作,是抗战文学的一部分。他的创作充满着中国知识分子在战时对于国家受难经历的观察,充满着民族的义愤,并真实地记录了战时抗日志士不屈的斗争生活。其对于民族抗战的书写,与巴金、老舍、苏雪林等的创作共同汇合成为民族抗战的"大合唱"。

但陈汝惠的创作又有着其独特性。它与同时孤岛时期的阿英等人的创作不同,更是与后来走红上海的张爱玲等人的创作大相径庭。陈汝惠的小说,承续了五四新文学的浪漫精神和对于现实的关注精神;他的对于爱情的浪漫追求以及对民族责任的承担,以及明朗的叙述风格,与张爱玲的灰

---

① 刘勇:《现代文学演讲录》,广西师范大学出版社 2009 年版,第 85 页。

色的生命感受形成了鲜明的对照。同时，他的叙述中有民族的愤恨，却没有阶级的斗争，也使得他与同在沦陷区的左翼作家，如夏衍等显示出区别。而且其创作多为现实题材，对于现实的自始至终的关注和书写，也与当时流行的借古喻今的历史想象有所不同。而且他的带有基督教色彩的小说，与上海作家的世俗性享乐性书写，更是一种对照性文本。

作为"抗建文学"的代表作家，民族主义才是陈汝惠表现的核心。对于抗建文学，尽管其存在国民党政治的背景，存在着与左翼作家之间的矛盾，但是其民族抗战的激情及其彰显的民族价值和审美价值仍然是不应该被否定的。

（作者为安徽师范大学文学院教授）

生动的人物　优美的语言

——试论陈汝惠小说的艺术特色

涂莹莹

20世纪40年代是20世纪中最具战斗力、最丰富多彩的文学年代之一，产生了许多蜚声文坛的作家。陈汝惠就是这其中的一位爱国主义作家。

曾亲身参加过抗敌工作的陈汝惠先生，从"孤岛"时期起就开始写作，在沦陷时期默默耕耘，直到抗战胜利，写出了许多脍炙人口的作品。这些作品概括了上海从"孤岛"到沦陷的历史，在抗战文学史上有重要的地位和特定时期内的真实的史料价值。

陈汝惠先生的小说作品，主要可分为三类。一是描写中国爱国男女青年在抗战时期的苦难经历和英勇奋斗的，如中篇小说《女难》（1941年）、《共死生之》（1944年）、《三人行》（1944年）等，其中又以《女难》为突出代表；二是真实地记录抗战时期上海知识青年满怀赤诚的爱国热情和对侵略者及汉奸的强烈仇恨，参加抗日组织，展开对敌人白刃相见和冒险的地下活动，有的被捕牺牲，有的上战场战斗，以青春和生命换取抗战的胜利，《风尘》就是这类作品的优秀代表；第三类的作品比较特殊，是由于"孤岛"沦陷，上海文坛环境恶劣，文化人受到日伪势力的压力，只能采用借古讽今或隐晦的手法，抒泄对敌人的仇恨，表达深厚的爱国热情，其中的代表作为《捕珠手》《斗牛士》（1942年）。

一、栩栩如生的人物塑造

陈汝惠先生的三类小说作品，都有着最明显的艺术特点，就是在人物的塑造方面，主人公都刻画得有血有肉，各具特色。林田的矜持与果断（《女难》）、周天池的从容与稳重（《风尘》）、米太的善良与勇敢（《捕珠手》）、雷马特的"英雄情结"（《斗牛士》），都给读者留下了深刻的印象。

（一）林田——摆脱个人失恋的抗日青年

《女难》是使陈汝惠先生在"孤岛"文坛中崭露头角的中篇小说。有意思的是陈先生还给它加了个副标题——"多余的喜剧"。这"女难"难道真的是一出"多余的喜剧"？读者阅读完全篇，自然就可见分晓。

《女难》讲的是一个简单的爱情故事，中学教师林田与女学生乃平从相识、相知、相恋，到最后分手。一个颇有抱负而又颇为矜持的中学教师林田，在漂亮、聪明、可爱的女学生乃平的追求下，虽十分谨慎，却最终无法守住防线，成了她的感情俘虏，并为她信教受礼。就在他憧憬未来的幸福生活时，戏剧化的一幕却出现了：年轻的乃平见林田迟迟没有果断地表白，心里开始怀疑林田对自己的爱是否真心，最后由于自己的不坚定和父母的反对而离开了林田。林田受到了严重的打击，但在失落之余，他也只能怪自己的不坚定，不能给对方以安全感。经过一段时间的检讨和反省，林田深刻地体会到乃平分手前对他说的那句"你要快乐，勇敢一点，世界在召唤你"的深刻内涵：人生还有一种更大的使命等着他去完成：抗战救国！最后，他终于走出了失恋的阴影，为实现另一远大理想而奋斗。

也许作者是以略带调侃的口气说这场有始无终的恋爱是"喜剧"且是"多余"的吧。但在我看来，恰是这"多余的喜剧"才更加凸显了男主人公林田的魅力。在林田身上，我们看到的是一个热血青年在忧国忧民的"大爱"之外，仍有人类最原始的"小爱"。虽然他们的爱情故事也略显得简单、平淡了些。整个过程就是在一大串细节中缓缓流淌着，如一脉涓涓细流般绵长而平静。但是谁能说这就不是爱情了呢？什么是爱情？难道真的要天天把爱挂在嘴边，时时刻刻卿卿我我吗？不是的，真正的爱是不需

要太多的语言和亲昵的表演的。恰如乃平的追求,并无太多过激的言语和行动,只是一包太妃糖、一只茶杯、一个眼神而已。但这些,就已经足够让林田心领神会,魂不守舍了。它们如一粒粒小石子投入了林田的心湖,湖面上开始漾起了一圈圈浅浅的同心圆。他的心开始动摇了,矛盾了,此时他那矜持性格表现得特别明显:他一方面犹豫地拒绝着:上课的时候,故意对坐在第一排向他微笑的乃平视而不见;放学一起走回家时又会想着"我们不应该走同一条路,但是居然在同一条路上走起来了";另一方面又暧昧地期待着:希望每天放学能和她一起走,因为他觉得"乃平天真坦白的谈话使他感到了一点人间的温暖",并期待乃平向自己表白,让自己早点明白"她要什么"。在这样的心理状态下,特定的相遇地点也就成了林田内心世界的真实写照:那安静的种植着法国梧桐的街道,是他平静的心路历程;那风斜雨骤的教堂门口就是那心涛起伏的风尖浪口。但就是在这些日常甚至平庸的琐碎事件中,林田却经历着他的警惕、拒绝、犹豫、挣扎乃至依恋缠绵的情感史。若小说最后是"有情人终成眷属",那绝大多数人都会认为林田的付出是值得的,哪一场真正的爱情不是经过"千锤百炼"而"玉汝于成"的呢?但不幸的是,曾经爱得似火的乃平如今却冷得像冰,残忍地抽开她的手,转过她的身,留给林田的是一个冷酷而坚定的背影!这是乃平吗?林田呆了,傻了……但是一个残酷的现实他却不得不去面对:他,失恋了。看到这,有的读者可能会为之惋惜;但有的读者也许会哑然失笑,笑这个矜持自负的青年自食其果;但我对林田却多了一层敬意。

林田没有像过去和现在的一些无志青年一般,把爱情当做人生的全部,没了爱情仿佛没了生命一般,整日以泪洗面,自甘消沉与堕落。在这场情感与责任的交战中,林田除了真诚地向上帝祈祷外,他还时时以哲学来检讨自己。责任、奉献、情感、理性,乃至唯物、唯心,在每个情感矛盾中进行着激烈的辩难。最后,林田明白了:"在世界的另一面,黎明正展露了最初的一线曙光。"

正是这"多余的喜剧",使林田跳出了爱情的旋涡,摆脱了脆弱的心灵动荡,提升了人生的境界。试问:这样的"喜剧"会"多余"吗?没有

了它，林田的人生会有缺憾的。

（二）周天池——忧国忧民的抗日地下工作者

作品《风尘》中的主人公周天池，是一个单纯的为抗日而献身的青年。他受过传统的儒家思想教育，确立了修身齐家的人生态度，有国家兴亡匹夫有责的理念。他还是个虔诚的基督徒，相信博爱和奉献，也有对民主自由政治的朦胧向往。就这样，当他接到一个抗日组织的召唤时，就坚定地投入抗日洪流。在艰苦的抗日斗争中，在复杂的社会环境里，他很明确地意识到，一方面是为民族解放而战斗的崇高的事业，一方面是为个人利益尔虞我诈的丑陋：肥头大耳、穷奢极欲的巨贾，大腹便便、满身镀金的买办，藏在黑马褂里冷酷而阴险的豪绅和地主，党同伐异、制造摩擦的政客，掩耳盗铃、监守自盗的官僚，贩卖战争、扩张私人武力的军阀，残害善良、仇视进步的特工魔头，还有那昏迷在袁世凯梦境中的贪婪而愚蠢的独裁者——这许多黑影结成一条丑恶的黑线。这一条黑线上有一面旗，这一面旗上清清楚楚地写着："封建专制的旧中国"。这个抗日中的青年，为自己的民族责任感艰辛地工作着。他相信和他在一起工作的那些青年，"他们灵魂深处却蕴藏着更多的自由主义的爱好，他们目前的要求，诚然是抗日的胜利，永久的要求，将是政治的民主，思想的自由，经济的平等，以及人类永久的和平"。周天池还希望，这个民族革命结束时，也就有了民主自由的远景。小说虽然写到抗日胜利后的狂欢，写到了工作中的悲伤欢乐，但是总的基调是悲凉的，远景是学生们更艰难的斗争。

陈汝惠先生在《〈风尘〉后记》里，是这样自我评价《风尘》的："《风尘》是一篇15万字的中篇小说（严格来说，它只是一篇记事）……记述1939年冬到1945年8月上海光复期间的青年团的活动。'地下工作'四个字，被贱价贩卖以后，已经不再值钱了，这样的题材，容易被人认为八股，然而在实际参加斗争的流汗流血流泪的人看来，总是一生极可宝贵的纪念。"这样的经历的确值得用一生的时间去回味去珍藏，但是陈先生啊，您错了！我们怎会认为"这样的题材"是"八股"呢？您知道吗？当我在读《风尘》的时候，我仿佛也跟着您到了那样一个民族存亡的危急时代，也体会得到那个充满了危机的艰险环境，甚至像您一样觉得肩上有一种报

国赴难的使命感以及紧绷在弦上的紧张心情。《风尘》哪里是"八股"啊，它是记录了历史另一面的真实！

（三）捕珠手和斗牛士——异国背景的中国隐喻

《捕珠手》写的是阿拉伯人米太的父亲以捕珠为生，后因雇主所逼，冒险入海，最后被鲨鱼伤害而死；米太长大后，孤苦伶仃，也为了生活所迫，不得不为雇主卖命，最后也被鲨鱼残害而死的故事。《斗牛士》写西班牙斗牛士雷马特，为了求生和谋取家庭幸福，尽管他有无比的力量和高超的斗牛技术，最后还是丧命于疯狂凶猛的蛮牛牛角下。在这两篇异国背景的小说里，作者将鲨鱼、雇主、凶牛、赌主比喻为日伪势力，将捕珠手和斗牛士比喻为沦陷区的中国同胞，被剥夺和残杀。读者完全能在动人的情节和人物的悲惨命运中体会到，蕴藏在作者内心的仇恨和救国激情。小说对主人公米太和雷马特的塑造是成功的。他们的生动形象，可以唤起读者的想象与激情。

二、情感动人的语言艺术

陈汝惠先生的小说，非常突出的特色是在语言艺术上。在语言的运用上，作家以积极的探索，为我们留下了宝贵的艺术经验。

（一）文笔优美，富有哲理

"文笔优美，富有哲理"是沈寂先生在《陈汝惠文集·序》中对于陈汝惠先生小说的概括，我们用来作为陈汝惠先生小说的语言特点。它集中体现在第一类小说作品。

《女难》中用来说明爱情观的句子，对现代青年仍十分受用，如作品中的："如果恋爱只是一种虚荣的满足，即时的游戏，或者自私的征服，骄傲的比赛；那么，剩余的果子里是什么呢？人们似乎都学着愚笨的孔雀，褊狭地妒忌一切华贵的游客，自卑地急急展开扇羽，在'唰唰'的振动中不惜耗费体力满足自己，以夸耀弥补了下意识的虚弱。""爱是不能买，也不能卖，爱的价值只是爱。""没有财富或者能挑起爱情，没有面包就不能维持热情了。因为饥饿的呻吟要代替甜言蜜语，枵腹的人，也无暇去拟就滔滔不绝的山誓海盟。"都极富哲思。

（二）饱含情感，真切动人

饱含情感，真切动人的语言特点，突出地体现于第二类作品。

《风尘》中对上海沦陷后的生活环境的描写，十分生动。读者完全可以在阅读中体会得到，那惊恐不安的、令人窒息般的生活：无时无刻都可能出现的街区"封锁"；防空管制时笼罩着全市的巨大黑暗；边境封锁线上所遭受的人格污辱；感情上空那阴魂不散的皮靴声……这一切都尖锐地折磨着那些怀着丧国辱邦之愤恨与伤痛的人，这些刻骨铭心的伤痛，怎能不震颤读者的心？

周天池的那封所谓"遗嘱"，写得真实感人。先让我们看看他在"遗嘱"里都写了些什么吧："今天的可悲的遭遇，我不敢说为国捐躯，我只承认是自己理想的身殉，所以今日的牺牲，虽然未必乐愿，但是也并非不能接受。所有纪念我的人，没有能比设法安慰我母亲的事更足以安慰我了。请偷偷地变卖我的衣物，作为母亲的零用，但是家里已没有第二人可以比我更使母亲快乐了。……到今天为止，我还以为母亲比国家更好，不过，事已至此，也不用悔恨，只请相信一切都是上帝的安排。但愿你们能渐渐地遗忘了我，这于我无损，于你们有益。我在永别之前的最后一分钟，一定可以保持安定，并为我家祝福，为抗战胜利世界和平祝福！"甚至陈先生自己也十分明白，"即便他的死能使全世界得救，母亲也不会表示心愿的。所以要找一个理由去解释他的死可以不必让母亲悲痛乃是不可能的。"周天池为了祖国，却宁愿让母亲肝肠寸断，这是多么的感动人！中国正是因为有了千千万万像周天池这样的人，才有了今天这样的成就啊！这样的描写，多么真实，多么感人！

（三）描绘形象，状物逼真

比喻形象，状物逼真的语言特点，是第三类作品中的突出特色。

《捕珠手》中的"颗颗明珠，滴滴血泪"，极为生动形象地表达了捕珠手的悲惨生活。文中把月亮比作"坟地里的精灵向上升腾"和"清凉，惨白恍如死了的阳光的幽灵"的描写，更是把吕底亚对儿子米太即将成为捕珠手的无奈与担忧，复杂的心情刻画得一览无余。《斗牛士》中关于斗牛

第二编 陈汝惠文学创作研究

的描写犹为成功,读者仿佛坐在斗牛场上,观摹着一头公牛从斗前的威猛到斗时的疯狂,再到斗后的疲惫的全过程。斗前:"发怒的公牛,顽强地低着头从黑暗的栅栏里奔出来,横冲直撞地找寻可以挑衅的对手。它似乎集中了所有的怨气蛮力在一对尖锐的弯曲向前一似戈矛的头角上。"——这是一头傲慢的、自信的整装待发的斗牛。斗时的公牛却是另一副模样了:"……展开红巾抖动一下,那牛好比受了魔力的吸引,泼开四蹄像机车头那么凶猛有力的冲了过来。……那牛冲到人的身边,没撞着红巾,失了目标,四脚收不住,在沙地上跌跌撞撞滑了过去有2丈多远。庞大的躯体,并不灵活却十分固执地转了过来,喘着气狠狠地瞪着雷马特。……牛把头低得更下,血红的大眼里凶光外泄,它本能地向前移动一下,觑准了目标猛然进攻,灰沙在人和牛的四周飞了起来,像撒下的烟雾。……牛鼻子开始滴着汗水,深褐光泽的皮毛上,也蒙了灰尘,四蹄不安地交换着……"——这是一只疯狂的、野蛮的、苟延残喘的斗牛。斗后的公牛与斗前相比更是天差地别了:"现在牛的头更沉重而低下了,快像猎犬一般要亲着大地了。但是红巾或隐或现的招展,人影或东或西的跳跃,使这倔强的怪物,不得不在灰尘滚滚中徒劳奔驰。终于牛疲惫不堪了,喘气更急,吐着白沫,腿力的软弱,使它奔跑时更像一个醉汉。……就这一刹那,疯狂昏迷的公牛,在极大的痛苦中满足了自己,当利剑刺进它的脑壳时,真以为撞到了对手。"——这是一只疲软的、坚强的、无力回天的斗牛。这样的公牛,这样的描写,读者的印象能不深刻吗?

"历史是客观而必然的,它怎样记载着他们的过去,也将怎样公正地评价他们的未来。"《风尘》里的这句话,也能恰当概括陈汝惠先生的一生。陈先生虽然已经逝世多年,但作为一个作家,他留下的精美作品恰如撒向人间的朵朵鲜花,在中国灿烂的文学园地中,依然开放。而先生那颗炽热的爱国之心,则指引着后代青年,不断向前、向前!

(作者为集美大学文学院 2007 级本科生)

论陈汝惠先生文学评论的艺术

姚 楠

陈汝惠先生的文学活动，主要在 20 世纪 40 年代的上海，即从上海"孤岛"时期到中华人民共和国诞生前夕。其文学成就主要在小说和杂文方面。他的杂文以犀利的锋芒，刺破了社会的黑暗，显示出对真理的追求与青春的生机；他的小说则有更大的影响与成绩。

作为一个热爱祖国、热爱自由、追求光明的文化工作者，他的文学评论，也是那个时代的产物与个人生命的投入。虽然作品数量不是很多，却至今仍然有着可以借鉴的宝贵经验，值得认真的总结。

一、陈汝惠先生的文学艺术观

陈汝惠先生的文学评论，具有总体的艺术观念，主要表现为以下几个方面。

（一）艺术应当追求真理，有益于人生

"只有向真理低头的人，才不为恶势力屈服"，是陈汝惠在谈论自己的文艺观点，对于"歌德崇敬的文艺批评家"莱辛的论述时候说的话。这是写在《初次见面》中，作为《断章取义集》的"代序"——首篇文章，显然是为作家所看重的。这其实也是陈汝惠思想文化艺术的核心观点。

对于真理的追求，是陈汝惠反复宣示的文化观点，也是他生命的实践。在他评论诗人华铃的时候，提到"我相信一个民族的先知或者预言家，他必然也是一个伟大的诗人"，就是以"以色列民族的先知""宣扬真

理"为前提的（《诗人华铃》）。在他的文章中，"真理的追求"（《〈长短集〉后记》），是经常出现的语汇，是"刺破腐朽而黑暗的社会"（《诗人华铃》）的战斗精神。

陈汝惠还强调："站在文化前哨的艺术，更应该是为了大众的，也是为着真理的。"（《艺术与社会进步》）

（二）艺术的生命在于挑战与创新

挑战与创新，是陈汝惠艺术观的另一个核心点。在评论诗人华铃的创作特点时，指出他"勇于挑战"，是"勇于挑战的人""将永远吹起号筒做我们前进的歌手"。所谓挑战，就是创新，以"满腔的热情"、新颖的"枪法"（创新形式），创造出新美的文学作品。

（三）艺术的特质是情感与效果

在评论诗人华铃的时候，陈汝惠指出"作者满腔的热情，往往不是流出来的，而是迸出来的"（《诗人华铃》），特别强调作家在作品中的情感。

而另外一方面，陈汝惠非常重视文艺的社会效果，充分发挥文艺的积极功能。"艺术，作为一个巨大的教育力量，不仅仅是真实形象的描写，生活的反映或劳动的产物，而且应该去促成社会的进步和满足大众的要求，使人们得到启示，得到激发，得到智慧和勇气，使人们懂得投身于现实战斗的意义和技术。"（《艺术与社会进步》）

陈汝惠还提到"血泪文章自有动天地泣鬼神的魔力"（《诗人华铃》）。同样是强调艺术的社会效果。

这表明，在陈汝惠的艺术观念中，情感与效果是统一在一起的。艺术要以情动人，发挥巨大的社会作用。

二、陈汝惠先生对艺术的理解方式

陈汝惠对艺术的理解，特别重视艺术特有的方式与特征。

（一）心灵的同情

陈汝惠在谈到艺术的功效，以戏剧为例，认为它"最直接最深刻地影响于观众的心灵""舞台的表演，往往激起了戏院里观众的真实诚恳底同

情心"。(《雷雨之外》)

(二)体裁的特长

在评论《雷雨》时,陈汝惠特别重视作品的戏剧特点。在影响观众,并且直接与观众交流方面,戏剧"在一切艺术之中是最占优势的"。(《雷雨之外》)

在评论诗人华铃的时候,则突出诗歌所具有的情感与情调。指出"作者满腔的热情"。(《诗人华铃》)

在评论小说的时候,注重小说与故事的区别,并且把一般的叙事文,与作为艺术的叙事文的"小说"区别开来。(《小说漫谈》)

(三)艺术的复杂

在论及艺术的复杂时,陈汝惠提到,"戏剧——是文学底最困难的形式",作为综合的艺术作品,"一个完全的剧本必须获得语言、动作、美术或音乐的成功为保证","戏剧创作的条件是复杂的"。(《雷雨之外》)

艺术的复杂,不仅在于艺术形式本身的复杂性,而且在于艺术评价的复杂性。评论诗人华铃的时候,他既让我们看到了年轻诗人的成就,作为时代歌手的昂扬姿态,也告诉了我们年轻诗人与有大成就诗人的距离。他既是"一个成功的骑士",又有其"还没有达到了不得的成就"。(《诗人华铃》)

三、陈汝惠先生评论艺术的特点

陈汝惠先生的文学评论,具有鲜明、突出的艺术的特点。是社会的批评,也是艺术的批评。

(一)肯定创新

在评论诗人华铃的时候,陈汝惠将诗人华铃的创作特点,归纳、总结为三个方面:第一是"勇于挑战",第二是"枪法"新颖,第三是现代文明的赞颂者。他的勇于挑战,"枪法"新颖,就是创新,以"满腔的热情"的创新形式,创造出新美的文学作品,让诗歌发挥"动天地泣鬼神的魔力"。

在评论的实践中,陈汝惠也不是都用评论文章的一般写法——立论＋论述＋结论,而是不断变换,突出新意和创造。例如,在《〈视察专员〉观剧记》中,他就采用了多种叙述手法。开篇,恰如散文。"三分春色二分愁,更一分风雨。就在这一个风风雨雨的下午,我约了莓同去观剧。"有抒情,有叙事。接着,是我(榆)和她(莓)观剧前对戏剧作品的了解和谈论,还有对于《说明书》的介绍,是议论和说明。然后,是对演出过程和各幕内容的形象描写和概括介绍,有叙事描写,有论说提要。最后,是两个人在回去路上的对话。就其评论戏剧的内容,说主体部分是对话体,也能说得过去。然而,其中又穿插了多种的叙述手法。让读者感到变化丰富,生动新鲜。有观众在剧场的印象、实感,又有散场之后的评论。由于还是两个人的评论,观点有分有合,易于挑战读者的神经,不容易疲倦。特别有趣的是,在回去的路上,"我"的鼻子还被滴上了房上流下来的冷雨水,由此,话题转到批评编导,给他们"鼻子上点冷水"。在说到对导演的艺术处理不满同时,"我"还不小心踏入路上的一洼水潭,更添了几分如恶作剧一般的好玩。

(二)重视艺术

在评论诗人华铃的时候,陈汝惠非常看重《我只要》这首诗的"排列技巧"。又称其"枪法新颖,自成解数"。

在评论画家刃锋的木刻叙事画集时,陈汝惠称其"无论在形式上与内容上,都获得了意义"。

在评论《雷雨》演出的时候,陈汝惠很强调"舞台的表演""戏剧的形式"。

在《小说漫谈》中评论小说的时候,注重小说的艺术形式,把小说在艺术上的特征,概括了"四个条件":斗争(冲突)的场面;纠葛的兴味线(人物之间有趣的冲突);未知点(伏笔和悬念);戏剧顶点(情节的高潮)。

重视艺术及其形式,至少包含两层意义:重视文学评论对象的艺术特点和评论文学作品的艺术特征。

文学评论要重视艺术及其形式,似乎是一个常识,但并不是每个批评家都能够在自己的批评实践中都予以落实的。正是在这个意义上，我们应该特别汲取这种宝贵的批评实践经验。

（三）尊重读者

尊重读者和尊重艺术规律，是又一个方面的特点。

在评论戏剧时，为了帮助读者了解剧情和评论家的观点，陈汝惠在剧评中，对各幕的内容做了概括介绍。（《〈视察专员〉观剧记》）在评论诗歌时，为了帮助读者了解诗人的作品，他在评论中，适当对诗歌作品予以引用。（《诗人华铃》）这些，都是尊重读者的具体表现。尊重读者，就是要相信读者，尊重读者的阅读，让读者在方便的情况下了解相关的内容（包括对作品内容的介绍），而不是批评家单纯的自说自话，让读者如坠入云里雾里。

（四）把握分寸

在文学评论中，陈汝惠既把握评论对象的特殊方面，又注意评价结论的分寸。

把握对象的特殊，就是在评论时注意不同艺术的不同特点。在评论诗人华铃时，注重诗歌的抒情性（《诗人华铃》）。在评论《雷雨》时，特别重视作品的戏剧特点。在评论戏剧《视察专员》时，重视观众的心理感受和观赏的剧场现实感。（《〈视察专员〉观剧记》）这些，都是一个优秀批评家应该具有的素质。

四、陈汝惠先生文学评论艺术的启示

（一）尊重多种文学批评方式

陈汝惠自觉地把文学批评作为社会批评武器，重视文学艺术的社会功能。同时，他又注意在批评的时候，运用艺术分析，把握文学的艺术特征与作品的具体特点。并且把二者结合起来。

在文学评论中，社会批评与艺术批评都是必要的。在实践中，批评家也常常有所偏重。只要是遵循艺术规律，合乎社会和创作的实际，有所发现，有所创造，都应当得到肯定。陈汝惠文学评论的艺术经验，则启示我

们：努力尊重多种文学批评方式，并且在可能的条件下，根据实际情况予以积极的实践，是有益于文学批评的丰富与发展的。它们应当各显神通，共同为文学的发展做出贡献。

（二）尊重真理与良知

陈汝惠的文学评论，自觉地服从于真理与良知。对于所赞颂的作家，积极地评价其成功的方面。同时，也不失分寸，如前面所言他对于《诗人华铃》的评论。而在《〈视察专员〉观剧记》中，他就采用了多种角度，有商议，有否定。遵从于对真理的认识与对良知的守护。

在文学批评中，肯定作品成绩的批评与否定作品缺陷的批评，都是有价值的。我们读者所希望的，不论是肯定批评还是否定批评，都要实事求是，力求公正，结论得当。

（三）尊重作家与尊重读者

陈汝惠的文学评论，是尊重作家与尊重读者的统一。尊重作家，是尊重作家的创造精神与辛勤劳动。

他在批评实践中，尊重作家的创造精神与辛勤劳动。他对于作家给予自己所理解的实际评价，又能够尊重实际，尊重艺术的规律与真理，不给予拔高或贬抑。

尊重读者，既要在批评中发挥实事求是的精神，如实评价，又要在批评中，与读者平等交流，让读者感受批评家的真诚，具有阅读和理解的方便。

陈汝惠的文学评论，是社会的批评，文明的武器；是文化的批评，艺术的分析；是充满感情，有个性的批评；是尊重读者的批评，尊重艺术规律的评论。

陈汝惠的文学评论，有丰富的意义和厚重的内涵，是中国现代义学的文学、文化遗产，值得我们深入地研究和总结。本文作为初步的学习与肤浅的体会，会有许多不当之处。敬请各位专家、读者指正。

（作者为集美大学文学院教授）

抗日　爱国　心向共产党

——陈汝惠杂文浅谈

郭启宗

借参加"陈汝惠创作及学术研讨会"之机，我认真学习了《陈汝惠文集》和研讨会提供的各种材料，特别是其中的杂文，深受教育。

根据有关材料记述，陈汝惠创作的杂文数量较多，收入《断章取义集》就有60篇，后再版为《长短集》，又增加了一些篇章。可惜我们现在看到的只有收入文集的8篇。本文仅对8篇杂文的思想、艺术作一些粗浅的分析，并联系作者的经历和他所处的时代，给予应有的评价。

一

陈汝惠的8篇杂文，4篇写于"孤岛"时期的1938年和1941年，4篇写于抗战胜利后的解放战争初期。其主要内容简要概括之，有以下四个方面。

（一）热情赞颂抗日军民　讴歌抗日志士

《孤军血泪》一文，写1937年八一三事变，日军入侵上海，国民革命军八十八师五二四团顽强抵抗侵略者取得重大胜利，热情赞颂他们是"中华魂的表率，士气的顶点"。

《战士遗书》一文赞颂在一次对日战斗中把生命贡献给国家的朋友是"生活于情天血地中的新的夏伯阳"，号召"活着的人，向这位奉献自己于祖国的青年英雄致敬"。

（二）愤怒控诉日本侵略者　谴责"孤岛"时期的租界当局

《我们的旁贝——大夏校址的凭吊》一文，在凭吊被日军的战火毁灭的母校——大夏大学时，以神话中的魔鬼撒旦来比喻日本侵略者，愤怒地控诉他们"制造第四种火山来焚烧和平的世界"，指出"玩火者必将自食其果！"

《孤军血泪》一文写八一三事变中，国民革命军取得抵抗日军的胜利后，却受到租界当局以保卫之名，行羁留之实，把他们当俘虏般地软禁起来。作者对租界当局和看守国民革命军战士们的万国商团白俄团丁给予强烈谴责，指出他们是搞阴谋，是"食言者"。

（三）无情揭露特务的卑劣手段　呼吁赶走特工

《请勿掩耳盗铃》一文，列举国民党特务在上海、南京、昆明等地制造惨案，暗杀李公朴、闻一多等爱国人士的事件，猛烈抨击特务的卑劣手段，表示"为了保卫人权，我们要严重抗议"，并指斥国民党特务"是刽子手，是民主政治的障碍，他们以最残酷的手段，毁灭人性"。

《特工退出学校》一文，揭示抗战胜利以后，仍然没有和平，仍然是特工横行、"打风处处"的现实，明确提出："为了保障自由教育的独立发展，为了促进学生学习到真正的民主生活……武器应该退出学校，特工应该退出学校！"

（四）真情呼吁支持教育号召尊重学者

《不该有而不得不有的工作》一文，说明支持教育事业，为贫困学生筹措教育贷金的必要性，接着指出，大多数财富集中在少数人手中，而这少数人偏偏一毛不拔的现实。文章最后对这些为富不仁者和保护他们的当权者进行猛烈的抨击。

《在半身铜像胜过炮台》一文，对在闻一多先生被害以后，还有人捣毁报社、高喊"揍死记者"的事件，表示极大愤慨。强调"我们宝贵学者硕士……因为他们的思想，是一切建设中的建设，他们是社会的指标"，并引用拿破仑的话："科学是人类心灵的光荣，艺术却美化了世界。"为此，"在自由国度里，必须特予爱护所有的天才和闻名世界的学者。"《请勿掩耳盗铃》一文也指出："学者硕士，都是天下之父。"

二

为了充分表现上述抗日救亡、爱国爱校、反对法西斯等思想内容,并使之更好地发挥鼓舞人民的作用,陈汝惠的杂文运用各种艺术手法。主要有以下几种。

(一) 政论与形象的结合

杂文是艺术性的政论,和一般政论不同,便是要求具有形象性。陈汝惠的杂文有很强的政论性,虽然为了及时反映急遽变化的时代内容,大多为急就之作,为此少有全文构成的整体形象。但他的每一篇杂文,都尽可能用具体形象描绘情状,说明问题,使政论与形象完美地结合。如《孤军血泪》一文,写国民革命军英勇抵抗的高昂壮烈场面:"那一边,鲜艳夺目的国旗飘扬在高空,火油浇在仓库的墙壁上熊熊地燃着,枪声里夹着誓死报国的歌唱……"《我们的旁贝》写两位学子去凭吊他们被日寇烧毁的母校看到的情景:"浅黄的夕阳,衬出一副忧愁的面孔,她张大了黯淡的眼瞳,从每一个灰黑的窗洞里,正探望着来慰问她的小儿女。"这就把大夏大学完全拟人化、形象化了。

《请勿掩耳盗铃》一文,最后说特务分子干了杀害爱国人士的罪恶勾当以后,想掩耳盗铃,让人民不知道,是完全不可能的。但作者这样写道:"有人想掩耳盗铃的话,他能窃取的,至多是一只'木铃'。"意思是真正的铜铃还在响着,事实是掩盖不了的。《半身铜像胜过炮台》一文最后写道:"我们懂得半身铜像,较诸炮台更为永久。"它以具体形象表明作者倡导和平民主,反对军人政治,读者自然是心领神会的。

(二) 饱含激情

蕴涵作者的思想感情,是艺术作品的特点,感情和形象是紧密联系的。陈汝惠的杂文中处处饱含激情、充满深情。如《我们的旁贝》一文,写作者来凭吊母校,被界水阻隔,便"禁不住蓦然喊出:'母亲啊,你受到了遍体鳞伤的痛苦!'"写看到母校焦黑的颓垣,内心"酸辛的忆念,不是凄然,不是颓唐,是永远忘不了的刻上爱自由、爱祖国之心的愤恨"。

第二编 陈汝惠文学创作研究

以情动人,发人深思。

《战士遗书》一文,作者借牺牲的朋友来唤醒一些迷醉的青年,这样写道:"在炮火底下生长起来的他,真可以回过头来,向迷醉于上海繁华的青年们大声疾呼'炮响了,朋友!可惜你听不见'",实在有振聋发聩之功效。

（三）发自肺腑的自我鞭策

陈汝惠的杂文在描述客观事物时,多饱含激情,同时又多与发自肺腑的自我反省,自我激励,自我鞭策联系在一起,情真意切,另有一种感人的力量。如《孤军血泪》一文,在对租界当局提出愤怒抗议之后写道:"然而没有失去知觉的人们会深深地感到:'打在同志身上,痛在自己心里。'"

陈汝惠杂文的这一特点在《战士遗书》里表现最为突出,该文有一段写到朋友的牺牲引起自己的反思:"许多他带着浓烈友情的真切底忠告,使沉沦于上海的我愧恨无比……每次从腐烂生活中醒过来想起自己的懦弱与动摇,似乎蹂躏了朋友的热望,心中难言的悲痛,也压得更紧了。"对自己的要求之高之严格,实在到了苛刻的地步!在《初见世面》一文里,也有类似的表达,但显稍为乐观一些。该文写自己受抗日战士英雄事迹的感染时写道:"一年来,多少可敬的英雄底血肉牺牲,展开了神圣抗战的光明之途,在大时代的潮汐里,我追逐前进的波涛,解放了坚固幼弱的心灵。"作者在自我反省的同时,也有高亢的自我激励,如《我们的旁贝》一文最后写道:"我和云扬起手来,向着被害的母亲起誓:'我们要投入你的怀抱,重建旁贝古迹,有一天,当我们,带着胜利之花再来的时候。'"

（四）辛辣的讽刺

鲁迅的杂文笔法,陈汝惠是学有所得的,虽然少用反语,但对敌人,讽刺是尖锐的、辛辣的。如《孤军血泪》一文,写租界当局所谓"安定人心"实际是令人恐怖的高压政策,便以嘲讽的口吻写道:"本来,租界上只容许死一般的安静……什么旗杆之类,即使截去半段还不免'刺激强烈'。叫一叫是'嫌疑',跳一跳是'恐怖',如有大声咳嗽,当然'暴烈'

无疑了。"

在《不该有而不得不有的工作》一文中,对为富不仁的富人和当权者都给予辛辣的讽刺。对于一毛不拔的富翁,这样写道:"我们真不知道这一批人对于'人'的解析是什么?"言外之意是,这些人根本不是人!紧接着对当权者,这样写道:"如果像这样只知有自己不知有别人的独夫,正是今日之法律与军警们所要保护的对象,我们也将不知'公道'和'正义'的解释为何。"这里用"如果",其实是不言而喻的事实,当时的法律和军警保护的,正是这少数的为富不仁的富翁!这个政权,这个社会,当然是没有什么公道和正义可言的!

(五)善于旁征博引、广泛联系

陈汝惠的杂文还有一个和当时的青年知识分子较多接触各国的历史文化有关的特点:描述当时的事件与世界历史上的重要人物、重大事件联系起来。如把自己的母校大夏大学比喻为公元前6世纪雄伟壮丽的罗马古城,更好地表现作者对母校的热爱和对母校被毁的沉痛(《我们的旁贝》);如把自己在抗日战场上牺牲的朋友比喻为苏联国内战争时红军的著名指挥员、著名英雄夏伯阳,也增加了震撼读者的力量(《战士遗书》);如用法国19世纪对生命科学有巨大贡献的伟大化学家、生物学家巴士德比法国资产阶级政治家、军事家拿破仑得到更多的尊敬,来说明学者应该受到更多尊重的道理(《半身铜像胜过炮台》);如用法西斯主义党魁的墨索里尼这个恶棍最终被处决的可耻结局来说明特工绝没有好下场,更增强了威慑力量(《特工退出学校》)。

三

前面我们简要分析了陈汝惠杂文的思想内容和艺术特点,下面我们进一步联系作者所处的时代背景和他的经历,他的创作思想,对他的杂文做进一步评价。

1937年的七七事变,日本对我国发动大规模侵略战争。八一三事变后,国民党被迫抗战,全国进入抗日战争时期。1945年8月,抗战胜利,

第二编 陈汝惠文学创作研究

开始解放战争。这是大家所熟悉的,陈汝惠的文学活动正是在这样的大背景下进行的。

陈汝惠生活的上海市区,在抗战爆发后,由于历史上的不平等条约留下来的英法租界宣布中立,1937年11月以后成了"孤岛",也成了爱国进步人士汇聚的中心。抗日救亡运动在这里蓬勃展开。有一批青年作家,凭着他们的爱国热情,加入"孤岛"文学创作队伍,宣传抗日,揭露日本侵略者的罪行。1941年12月,太平洋战争爆发,上海沦陷,"孤岛"不复存在,他们仍然冒着危险,发表大量作品,继续揭露日伪和国民党特务的各种劣迹。这批青年作家中,陈汝惠是很活跃的一位。

陈汝惠8篇杂文的写作时间从1938年到1946年,他从21岁到29岁,是那个时代既怀着满腔热血,又极具文学才华的爱国青年。1938年,陈汝惠一边当着中学的语文教师,一边在大夏大学半工半读修习教育行政学课程,同时还有许多作品问世。杂文集《断章取义集》便出版于1938年10月。《初见世面》一文既是《断章取义集》首篇,又作为该集的代序,文中阐明作者在那个年代的心灵历程和创作动力都极富典型意义和很强的说服力。我们不妨稍加引述:"正是童年和青年的过渡时代里,7年不平凡的生活,使我看到河山的破碎,家乡的毁灭……侵略者的横暴,刺伤了孩子的心,这仇痕是这样的深红,而且不可磨灭……"——这便是陈汝惠心灵历程的真实写照。接下来,他旗帜鲜明地宣告自己的创作动力:"现在,先烈们的血迹在脚下闪烁,就更懂得自己应该做什么。透出一口气,勇敢地站出来,告诉大家我所知道的!"而且,在下定这样的决心之后,还进一步表示,今后将勇敢地面对一切,义无反顾:"如果这也冒犯虎威……只好打骂由人了。……既准备挨打受骂,倒省得作揖陪笑。"实在勇气可嘉。

一个21岁的青年,下定这样的决心,写出这样的文字来,确实可喜又可敬!而且,这样的文字,是发表在中共地下党在上海主办的刊物《译报》的副刊《爝火》上面的,有这样很好的起点,我们便不难理解作者此后的一系列作品和一系列的行动了:在抗战胜利之际,起草并组织印发《告上海市民书》;1946年创办《启示》杂志,1948年将《启示》杂志无

条件转让给中共地下组织编辑发行;在《正言报》发表大量反内战、反饥饿、反迫害的随笔、杂文;在发表《特工退出学校》以后,《正言报》受到当局的警告,作者被迫离开报社,改任江湾中学校长,并勇敢地聘请多位中共地下党员担任学校骨干。在编辑出版《长短集》时,还在《〈长短集〉后记》中,一方面坚持认为《译报》等进步刊物代表着真理,"始终为反帝反封建的理想守住抗日的阵营",一方面对国民党的黑暗统治进行猛烈的抨击:"抗战胜利了,但是,没有看到过和平与幸福。破碎的、霉烂的、涂满了紫黑血痕的'胜利之果'带给人民什么呢?……异族的铁蹄击退了,践踏过的土地,还遗留着封建专制的桎梏。"

这一切说明,在那特定的年代,陈汝惠的杂文,也正如鲁迅先生所说,像匕首,像投枪,指向日本侵略者,指向国民党军人政治,指向一切法西斯细菌,同时鼓舞人们的爱国热情,鼓舞人们起来抵御外族侵略者,争取民主、自由,捍卫自己正当的权利。

综观这一切,从8篇杂文作品表现出来的思想,联系作者所处的年代、他的思想历程,他的创作动力,他的实际行动,可以得出这样的结论:陈汝惠是坚决抗日的,是充满爱国热情的,他的内心深处,是信服共产党、倾向共产党、拥护共产党的!

(作者为厦门大学中文系教授)

第二编　陈汝惠文学创作研究

陈汝惠先生杂文艺术论

李映雪

陈汝惠先生的杂文,是在20世纪30～40年代被称为"孤岛"的上海,中国抗战时期具有十分特殊的社会环境下创作的。

在当时这种复杂的环境下,中国抗日力量始终顽强地开展多种多样形式的斗争,既有文的角逐,也有武的较量。而抗日爱国文化工作者在"孤岛"坚持斗争的主要手段,主要还是文化宣传,如办报纸,办学校,进行文艺创作和演出等。

陈汝惠先生的文学成就,主要在小说和杂文方面。杂文,是陈汝惠先生的斗争武器,具有这一特定时期真实的史料价值,还具有一定的文学价值。

这里主要阐述他杂文的艺术和成就。

汝惠先生的杂文创作,具有以下四个方面的特点。

一、学习鲁迅笔法

读汝惠先生的杂文,可以从中明显看到,一个重要特点是他学习了鲁迅先生的笔法,其杂文与鲁迅杂文有许多相似之处。

凭借着杂文这把锋利的匕首,陈汝惠的许多文章直指日伪和希特勒法西斯党徒,来讥讽时事,警惕世人。他的文笔饱含深情,爱憎分明,一针见血。像鲁迅一样,他将文字当匕首和投枪,其精神非常可贵。

汝惠先生杂文与鲁迅杂文的类似,可以从两方面来看。

首先,从杂文的内容上看。鲁迅杂文的内容主要是反映中国社会具有的相当的深度和广度，使人们可以清楚地看到中国近现代社会的历史面貌以及鲁迅的一生关注中国的国民性改造问题，如单从某一篇看，他的杂文所评述的多是具体、细小、平常之事，但汇在一起却是一个完整的社会形象，具有概括性和代表性。汝惠先生写于20世纪40年代的杂文，主要也是针砭时事，讽刺当局的伪善的嘴脸，呼唤人们的抗战意识，反映当时的社会历史面貌。汝惠先生撰写了大量呼唤民主和自由的文章。这些作品，既是他从事抗日活动和革命工作的真实记录，也成为后来人研究上海20世纪30～40年代文学创作和社会历史的重要史料。

其次，是从杂文艺术手法上看。鲁迅曾说，他杂文的特点是"论时事不留面子，砭锢弊常取类型"（《伪自由书·前记》）。既要爱憎分明，又要具有形象性和典型性。鲁迅的杂文，在论及时事表达思想的时候，经常借助于形象思维，捕捉着艺术形象，寻找着生动活泼的表达方式，追求情与理的结合逻辑思维的力量，具有"诗"的因素和思想力量的特征。例如：他在《灯下漫笔》中表达阶级对立的思想时，所用的语言便不是抽象而是形象的。他说："因此在我们目前，还可以亲见各式各样的筵宴，有烧烤，有翅席，有便饭，有西餐。但茅檐下也有淡饭，路旁也有残羹，野上也有饿殍；有吃烧烤身价不资的阔人，也有饿得垂死的每斤八文的孩子。"其语言是形象的，写实的，对比也异常鲜明强烈。这就将矛盾典型化，既以热烈的爱憎使读者惊醒，又为下文将所谓"中国的文明"比作"人肉的筵宴"，作了必要的铺垫。而汝惠先生的在杂文艺术上的成就虽说没有达到鲁迅的艺术高度，却也善用刻薄、辛辣的文字，形象地描写人物和时事，有时行文语言看似平淡，但却包含弦外之音，蕴涵着激烈的情感。如作品《儿女英雄》《如此壮举》和《孤军血泪》，都可以深刻的体会到作家内心的激动之情，同时又形象生动地写出了热血青年大无畏的精神，讴歌了中华儿女团结抗日的英雄壮举。

杂文艺术典型化的基本原则是突出人物事件特征的方法，从根本上讲，就是用最富有特点的生活真实把人物最富有特点的精神情态给形象地显现出来。鲁迅先生擅长于把不被人们看见或不被人们注意的东西放大出来，特点被显示了，便引起人们的注意甚至震惊，于是就有了艺术的力

量。汝惠先生虽不能像鲁迅先生那样鲜明,但能诚实地把这些不被人们注意的东西,或者是不敢言的东西确切真实地表现出来,而就是因为诚实即真实,所以有力,达到了同样震撼人心,警惕世人的效果。如《不该有而不得不有的工作》一文,以"教育贷金"这一日常生活事件,作者透过这一现象看其本质,揭示了贫富差距的可怕,以及对当局丑态的揭露和批判,即今日法律与军警所保护的对象竟是些只知有己而不知有人的独夫,是些一毛不拔的聚财者。作者深刻而又真切地反映了当实存在的社会污点,给敌人当头一棒。

二、参与现实斗争

当时的中国,正处于抗日战争时期,面对日本侵略者残酷的屠杀中国人民,作者以杂文的创作参与现实斗争,内容主要来源于现实即抗日,反迫害,争自由。

研究作家的创作杂文,要结合其整个时代背景,才能够更深刻、更全面地理解作家的作品。就在当时,"孤岛"杂文的发展经历了高潮—低潮—高潮三个阶段。汝惠先生的杂文创作与当时"孤岛"杂文发展的潮流,是相一致的。这是他参与现实斗争的记录,也是受到时代和社会的制约。

从1938年春到1939年夏,"孤岛"的杂文创作,旨在揭露侵略者及其走狗汉奸,而在1938年5月,由巴人主编的《每日译报》副刊《爝火》和《前哨》在"孤岛"崛起。此后,其他文学期刊和副刊,如雨后春笋,蓬然而起,这就形成了"孤岛"杂文运动的第一个高潮。在这一高潮期间,汝惠先生得到了《前哨》编者彼得、巴人等文友的帮助,刊印了《断章取义集》,发表了大量的杂文,宣传抗日。如《断章取义集》的代序《初次见面》。

受到当时政局的影响,从1939年5月到1941年3月,"孤岛"杂文陷入低潮,两大刊物《译报》《文汇报》停刊,由于《译报》和《文汇报》是共产党人抗日的宣传阵地,两大刊物的被迫停刊使得这段时期的杂文数量骤减。作为抗日地下工作者的汝惠先生，杂文创作也受到影响，只能更多转向小说的创作。杂文发表的很少，只有在《正言报》零散地发表了几篇文章。由此，更能深刻地理解作家创作的艰苦和意义。

三、重视构思艺术

从古至今，为诗为文，有抱负的作家都十分讲究章法结构，谋篇布局。杂文的构思的艺术特性，在于事以生情，物以明理。

汝惠先生的杂文结构安排巧妙，重视情感的表达，行文一般简短迅捷，却有力。

以《请勿掩耳盗铃》为例，其故事情节被淡化，文章简短，迅捷。主要以作者的思想情感为内置线索和基础，表达作者对当局特务分子迫害爱国人士的愤恨之情。

《初次见面》一文结构清晰，简短迅捷。首先介绍了"爝火"二字的含义，引出"断章取义"阐述其实质，其次从当前社会着手阐明自己写杂文的目的，是为了"透出一口气，勇敢的站起来，告诉大家我所知道的！"接着表明自己的立场，向真理低头而非怕冒犯虎威而作揖陪笑的人。该文简短，迅捷而又带有泼辣的特征，读完使读者深受感动。

四、语言色彩鲜明

汝惠先生的杂文在语言上，情感丰富、色彩鲜明，且有时夹杂着幽默，风趣含蓄，经常使用反语，使其语言艺术上，有突出的特色。

在《孤军血泪》中作家这样写道："本来，租界上只容许死一般的安静，狂一样的欢乐，什么旗杆之类，即使截去半段还不免'刺激强烈'。叫一叫是'嫌疑'，跳一跳是'恐怖'，如有大声咳嗽，当然是'暴烈'无遗了。"这段话的描述是十分精彩的，其中夹杂着幽默，且不失讥讽的意味，以及字里行间透出的强烈感情色彩都是令人印象深刻的。"在当局尽力'安定人心'时，这刺激正增强了群情的浮力"中的"安定人心"反语

的使用，都恰如其分地嘲讽了当局的伪善面目。

汝惠先生的杂文在艺术技巧上，不是雄辩的气势，也不是散文化的特色，而是表现出来一种立足于现实，从日常生活细节取材，以小见大，引人深省的方式。他的杂文感情色彩鲜明，多用反语，幽默风趣，以尖锐的笔法讥讽时事，具有浓厚的文学色彩。

杂文的战斗价值在于思想，杂文的欣赏价值在于艺术技巧，思想与艺术技巧的完美结合才会使杂文作品有永久的价值。汝惠先生的杂文作品，在当时的抗战宣传具有重要的贡献，在今天看来，既具有很高的史料价值，又具有文学借鉴的意义。

（作者为集美大学文学院 2007 级本科生）

陈汝惠先生从事抗日和革命活动及文学创作教学研究的初步考证

朱晓明

1917年1月17日，陈汝惠先生出生于上海市宝山区（原江苏省宝山县）罗店镇庙后街，是一位我们十分敬仰的爱国教育家、作家。20世纪30～40年代，陈汝惠先生在党的教育下，置个人安危于不顾，通过多种途径、形式，从事抗日和迎接新中国成立的革命活动，如保护中共地下党组织和地下党员，撰写大量反蒋文章和出版发行进步刊物，参与国民党当局的原上海市副市长吴绍澍起义等，为上海的解放、新中国的诞生，作出了自己的积极努力和贡献。

一、在党的教育下，置个人安危于不顾，通过多种途径、形式，从事抗日和迎接新中国诞生的革命活动

投身抗日活动。抗战初期，时年二十多岁的陈汝惠先生，怀着一腔爱国热情和对日寇的仇恨，于1941年在上海沦陷区加入地下三青团组织，从事地下爱国抗日活动。在组织屡遭敌伪破坏后，他冒着生命危险，仍在青年学生和知识分子中，积极发展地下抗日队伍。在遭受敌伪张榜通缉、严密搜捕、抄家的严峻形势下，仍坚持留在上海继续从事生死搏斗的抗日活动，并成为一支以大学生和职业青年为主体、活跃于全上海的地下抗日队伍领导人。

第二编 陈汝惠文学创作研究

陈汝惠先生还以笔代战，积极开展抗日宣传。先后在中共地下党主办的刊物《译报》上，发表了大量进步杂文，1938年出版了《断章取义集》，共产党员、建国后担任中国美术家协会第一至四届副主席的蔡若虹亲自为其设计封面（新流书店1938年10月初版，上海图书馆馆藏号253801）。该书收入的《儿女英雄》《如此壮举》《孤军血泪》等文章，揭露了"一·二八""八一三"两次淞沪抗战中日军的侵华罪证，讴歌了中华儿女团结抗日的英雄壮举。

"孤岛"沦陷后，上海文坛在沉重压力下，很多作者停止了写作，但陈汝惠先生还坚持创作抗日作品。1939～1943年，先后在《小说月报》等刊物上发表《女难》（《小说月报》1940年11月第2期至1941年1月第4期连载）、《死的胜利》（《小说月报》1941年11月第14期）、《小雨》（《小说月报》1942年5月第20期）、《捕珠手》（《小说月报》1942年10月第25期）等大量中短篇小说。出版了《三人行》小说集（金屋书店印行），由五个短篇小说组成，即《死的胜利》《小雨》《共死生之》《三人行》《沉船》。这些小说从不同侧面描写热血青年为国家民族的存亡，舍生取义，奋力抗战的故事，使读者在热血奔腾中，思考人生的哲理，热爱真理和正义。面对抗日胜利的历史时刻，陈汝惠先生向上海市民散发了数百万份由他亲自执笔起草的《告上海市民书》，号召上海市民沉着冷静，迎接一个新的历史时期的到来。

迎接上海解放。抗日战争胜利后，陈汝惠先生在中共上海地下党组织负责人吴克坚、汤德明及民主人士马叙伦先生（解放后出任第一任中央教育部部长）的领导下，开始从事反蒋、迎接上海解放和新中国诞生的革命活动。

面对国民党反动政府挑起内战和专制腐败，陈汝惠先生毅然拒绝国民党当局的高官厚禄利诱和各种威胁警告，在1947年反动党团合并前夕，公开登报声明脱离三青团，辞官任教，甘守清贫。1948年，在《茶话》月刊上发表长篇连载自传体小说《风尘》。在《风尘》后记中，陈汝惠先生严正地唾弃国民党政权，而且公开预言"这个政府，这个被人诅骂着代表少数家族豪门的特权的政府，在政治的基本斗争——人心之争取上，又失败了，其惨败如同惨胜"。这是一篇激昂慷慨的檄文，预告国民党政府必然崩溃。

1946~1949年，陈汝惠先生兼任上海《正言报》教育版编辑、主笔，在《小言》专栏发表大量反内战、反饥饿、反迫害的时事随笔、杂文。出版了《长短集》（1948年启示出版社编印出版，上海金屋书店印行，上海图书馆馆藏号056373）一书。书中记述了国民党当局迫害、扼杀民主人士和进步刊物的劣迹，也对四大家族的豪门丑态予以抨击。如《特工必须退出学校》《如果竟是事实》《奇迹》《普天同庆》等。陈汝惠先生被国民党当局定为"共党嫌疑"，受到国民党教育部和市政府的训斥，被迫离职。

1948年年底，陈汝惠先生将自己创办的、以宗教色彩作为掩护的进步杂志《启示》，无条件转让给中共地下党组织出版发行，并按照地下党组织的指示，继续承担该刊物的法人责任，一直到1949年被国民党政府查封。后又由于他参与和推动吴绍澍的起义活动，终于被当时的上海警察局长毛森列入下令秘密追杀的名单，使他不得不再次抛妻别子，在外过着颠沛流离的日子。但陈汝惠先生的这些正义行为，在社会上产生了重要影响，给敌人以沉重打击，成为一位名副其实的"无名英雄"。

2002年，陈汝惠先生抗战时期创作的《沉船》，被收入《上海40年文学作品系列》短篇小说文集之二《一吻》。2005年1月，上海社会科学院出版社编辑出版了《陈汝惠文集》，收入了陈汝惠先生20世纪30~40年代的代表作品。这些作品，既是陈汝惠先生从事抗日和革命活动的真实记录，同时也成为我们研究上海20世纪30~40年代文学创作和地下工作者抗日、迎接上海解放的重要史料。

二、创办江湾中学，出任首任校长，保护和支持中共地下党组织和地下党员，江湾中学成为地下党组织从事革命活动的重要阵地之一

江湾镇是上海市郊的一大名镇，当地老百姓有"金罗店，银南翔，铜江湾，铁大场"之说。复旦大学、同济大学等著名高校都在江湾地区办

学;中国第一条商业运行的铁路淞沪铁路穿越江湾镇。当地民众一直盼望有一所教育质量较高的新型中学。

1947年初,陈汝惠先生在当地有识之士的支持和资助下,创办了上海市立江湾中学,并出任首任校长,江湾中学成为当时上海17所公立中学之一。陈汝惠先生聘请了一批中共地下党员到校担任训导主任、教导主任和骨干教师,共同抵制国民党反动当局的政令,在校内推行进步措施,并资助一批师生投奔解放区,为迎接上海解放作出了积极努力。

1947年8月28日,陈汝惠先生正式就任江湾中学校长,9月29日正式开学。为在学校实践先进教育思想,办成新型中学实验基地,陈汝惠先生通过他的哥哥陈伯吹先生(著名儿童文学作家、教育家、出版家)的介绍,聘请了一批名人贤师、进步教师到校任教。如语文教师孔另境(作家、出版家,1925年加入中国共产党,40年代曾任光华剧专校长,新中国成立后任山东齐鲁大学教授)、英文教师李伯黍(心理学家,40年代任复旦大学助教,新中国成立后任上海师范大学教授),地理兼语文教师钱今昔(学者、作家,40年代任中国新闻专科学校教授,新中国成立后任华东师范大学教授),数学教师朱滋礼(数理学家),音乐教师苏民(作曲家,民歌专家,新中国成立后任北京人民艺术学院导演),美术教师汪刃锋(著名版画家、诗人、书画家,40年代任陶行知先生创办的重庆育才学校教授,新中国成立后任《北京文艺》编委、中国版画家协会副秘书长)。当时江湾中学地处上海市郊农村,建校历史很短,但所汇集的优秀师资,在当时上海市中心城区的中学也不多见。由于教师的素质和多方面的学养,对学生的教育和影响也是多方面的,特别是培养和造就了一大批新型的人才。如1949年的毕业生,揭开新中国女飞行员航空史第一页、七次受到毛主席接见的陈志英等。

与此同时,陈汝惠先生还陆续引进了一批进步教师和中共地下党员,来担任学校的教学工作。这些教师大部分也是由陈伯吹先生推荐来的,如丁惠兰(国立复旦大学毕业,曾任河南私立自忠中学国文教员,新中国成立后任江湾中学第三任校长、书记)等。江湾中学校内建立了中共地下党支部。1947年,上海地下党组织委派中共党员郁雪芳到学校读高一;

1949年初，又增派中共党员朱金兰到学校读高二，同时担任地下党江湾中学党支部书记，组织开展学生运动，迎接上海解放。在当时的教师中，还有中共党员赵庆辉、丰乃天（丰村，化名，真名韦村，1936年加入中国共产党，1938年赴延安，新中国成立后任《人民文化报》社长、上海市文联秘书长兼办公室主任）等，学生中还有中共党员包斯文（离休前任徐汇区卫生防疫站宣传科长、上海市健康教育工作先进个人）、候补党员冯志芬等。在上海将要解放的前夕，一所中学里集聚了这么多的中共地下党员教师和学生，在当时的上海是不多见的。作为校长的陈汝惠先生，在其中发挥了重要的作用。

另外，当时学校还有两个社团组织，即："集群社"（中共地下党组织领导的）、"文综学术研究会"（三青团领导的）。这两个社团组织同时公开活动，但大部分老师和学生参加中共地下党领导的"集群社"组织的活动，学扭秧歌、唱革命歌曲，如《兄妹开荒》、《山那边呀好地方》（即《解放区啊好地方》）等。由此可见，当时江湾中学民主与进步的空气，教书与育人的质量，在上海市的名牌中学里也是少有的。师生关系也很淳朴、真诚，大家相处十分和谐、友好。在陈汝惠先生的倡导下，学校还举办周会。周会由高中班级学生轮流主持，有主题，有节目表演，营造一种给学生创造力的锻炼。陈汝惠先生还叫学生书写了"友谊创造人生，教育完成解放""真理使你自由，团结就是力量"两条大标语，挂在舞台的两侧。1948年的校刊上还刊发了"学校可以变工场，不能成军营"的标语。

在迎接上海解放和新中国诞生的日子里，陈汝惠先生还面对面地与骄横凶恶的国民党反动军警抗争，拒绝他们占据校舍，甚至因此被短暂拘押。1948年9月29日，陈汝惠先生编辑出版了江湾中学周年校庆纪念专刊《第一年》，刊发了美术教师、著名版画家汪刃锋的连环木刻，还为汪刃锋先生的木刻《南中国的画像》作序。画中把蒋介石喻为骷髅头，后汪刃锋又被陈汝惠先生保护起来，藏在自己家里"养病"数月，避过"风头"后送往解放区。

20世纪末，上海江湾中学50周年校庆前夕，当时的校领导还特地辗转寻找陈汝惠先生，亲自去看望了他，对他建校的贡献给予充分肯定、高

第二编 陈汝惠文学创作研究

度评价。这无疑对风烛残年的陈汝惠先生是一个莫大的欣慰。

从已发现的档案、文献记载的史实表明,陈汝惠先生在迎接上海解放和新中国诞生的斗争中,作出了重要的贡献。江湾中学成为中共地下党组织和地下党员从事革命活动的重要阵地之一。

三、重视中小学基础教育教学与研究,著作了一批教育学专著和论述,对推动教育事业的发展起到了积极作用

陈汝惠先生1932年在江苏省立上海中学乡师班毕业后,即任小学教师,同时插班就读上海建国中学高等师范学校。1934~1939年,他任上海立德中学初中语文教师,并以家教、小教、中教等半工半读方式及超等奖学金,修完上海大夏大学(今华东师范大学前身)教育行政课程。1939年至1943年,续任上海立德中学、育才中学高中语文教师。1945年至1947年兼任上海大夏大学教育系讲师、副教授。1947年至1949年创办上海市立江湾中学并出任第一任校长。1950年由中央教育部第一任部长马叙伦推荐,随校长王亚南南下,任厦门大学副教授。

在小学、初中、高中、大学等各级教育与研究中,陈汝惠先生勤实践、勤思考、勤总结,先后出版了一批至今仍有重要参考价值的教育学专著、论述。目前,已初步查阅到的有:《父母与子女》(商务印书馆1947年11月出版发行,上海图书馆馆藏号395094;1971年台湾商务印书馆再版)、《中学国文教学的研究》(刊上海市立江湾中学一周年纪念册,1948年9月29日出版,上海图书馆馆藏号400896)、《文学十讲》(20世纪40年代,上海金屋书店出版发行)、《英儿之友等5种》(20世纪40年代,上海北新书局出版发行)、《日本研究等14种》(20世纪40年代,上海儿童书局出版发行)、《航空研究等12种》(20世纪40年代,上海儿童书局出版发行)。

新中国成立后,陈汝惠先生积几十年教学和研究的经验,创作了根据魏巍散文《谁是最可爱的人》改编的、供小学中年级学生阅读的一套连环

画《最可爱的人》等（商务印书馆1952年1月初版，上海图书馆馆藏号782.88/731373），著作了《怎样指导中学生课外阅读》（福建人民出版社1959年12月第一版，上海图书馆馆藏号524.78/7253），主持编写了新中国第一部《高等学校教育学讲义》（1956～1957年第一学期编印，国家图书馆收藏），主持编纂了《建国三十三年高等教育大事记》（1982年12月版，上海图书馆馆藏号G649.2/7235）。

在陈汝惠先生逝世10周年之时，厦门大学人文学院与厦门大学高等教育研究院联合举办"陈汝惠教授创作与学术研究研讨会"，对于我们深切缅怀陈汝惠先生，研究陈汝惠先生的文学创作和学术研究成果，都具有积极的现实意义，值得我们后人学习、总结和颂扬。

（作者为中共上海市宝山区委党史研究室副主任、上海市宝山区档案局副局长）

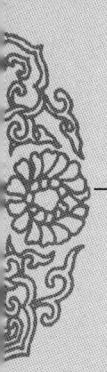

第三编
怀念与记忆

陈汝惠研究

这样的知识分子形象是厦大的骄傲[*]

朱崇实

尊敬的李荷珍女士、各位来宾、各位朋友、老师们、同学们：

大家上午好！

首先，请允许我代表厦门大学向"陈汝惠教授创作及学术研究研讨会"的顺利召开表示衷心的祝贺，向莅会的各位代表、各位嘉宾表示热烈的欢迎。

陈汝惠教授在我读书期间是厦大的一名教师，但因为他为人一贯低调，使得我在厦大学习的四年中都未能认识他。我与佐洱主任认识多年，但他始终没有提到过汝惠教授的一点一滴，后来一次偶然的机会听说了汝惠教授与佐洱先生的关系，对汝惠教授才有所了解，而比较深入的了解是最近几个月的事。在汝惠教授逝世10周年之际，厦大中文系和教育研究院、海外教育学院的教师向我提议：能否举行一个"陈汝惠教授创作及学术研究研讨会"？我说，这是很好的事情啊，既能缅怀一位令人尊敬的长辈，又能弘扬厦门大学的一种学术传统和人文精神。

最近，我认真阅读了若干缅怀汝惠教授的文章，拜读了佐洱先生惠赠的《陈汝惠文集》一书。透过这些文章和文集，一个中国知识分子的形象深深地印在了我的脑海中，这样的知识分子谦虚、礼让、宽厚、仁爱，他对学生像对自己的孩子一样疼爱有加关怀备至；对同事、对朋友肝胆相照赤诚一片；为人平和彬彬有礼但文字犀利、思想深刻。在上海"孤岛"时期，他以满腔的爱国热情、对敌人的无比仇恨，以笔代枪，创作了大量文

---

* 本文是2008年10月25日在厦门大学举办的"陈汝惠教授创作及学术研究研讨会"上的讲话。

第三编 怀念与记忆

学作品,这些作品像一把锋利的匕首刺向敌人。我感觉厦大有这样的知识分子形象,是厦门大学的骄傲。

举行此次研讨会,是为了更好地缅怀汝惠教授,研讨他在上海"孤岛"时期文学创作的意义以及他在我国高等教育研究领域所取得的学术成就,但更重要的是弘扬汝惠教授的精神、思想、情操和品德,使之得以延续传承,从而使厦门大学为国家和民族作出更大的贡献,实现把厦门大学建设成为一所世界知名高水平研究型大学的宏伟目标。

最后,预祝本次研讨会圆满成功!祝各位代表、各位嘉宾在厦期间愉快!

谢谢大家!

(作者为厦门大学校长)

陈汝惠老师的精神遗产胜谈

庄钟庆

陈汝惠先生是我们大学时代尊敬的老师之一，他既是教育家又是作家，他在这两个领域都作出了自己的贡献。虽然陈汝惠老师已逝世十周年，但他留给我们的精神遗产，值得继承与发扬。

陈老师同给我们讲授文学和语言专业课的老师不同，他是担任教育学课程的。这类课程在我们教学中占有一定的比例，因为培养大中学的教师，也是我们当年的培养目标之一。他的非同一般的教学工作给我们留下很深的印象，有着特别引人之处。

陈老师除担任我们教育学课程的老师外，还是我们教学实习课程的指导老师。前者着重讲授教育学原理的理论课，后者则运用前者的基本理论指导教学实习，两门课程相互配合，对于培养年青一代从事教学工作大有裨益。

在讲授教育学方面，陈汝惠老师是很有见地的。他认为，当时新中国刚刚建立，急需培养社会主义的各种人才，这类人才必须全面发展，以适应革命与建设的要求，因之他主张讲授教育学，必须以马克思列宁主义为指导，联系中国教育的实际，使之成为具有中国特点的教育学。当然，也要吸收包括苏联凯洛夫教育学在内的外国有价值的教育理论。他为此作了不少努力，撰写系列的研究论文。当年他在《厦门大学学报》等刊物上发表了《试论人底全面发展的统一性高度性和党性》《〈实践论〉与教育原则》《〈矛盾论〉与教育过程》等论文。后来他又主持并参加撰写我国第一部《高等学校教育学讲义》，在已写出十二章中，陈老师撰写其中第三、五、六、九、十、十一章。当时他的教育主张是，为了社会主义的需要，

第三编 怀念与记忆

必须培养人的全面发展,围绕着这个大方向、大目标,坚持理论联系实际的教育原则,贯彻辩证方法,培养学生独立发现问题、分析和解决问题的能力。

陈老师教授教育学课程时,不但重视教学内容,而且讲究教学方法,例如提倡启发式,反对注入式,注意逻辑联系,概念清楚,善于用实例论证问题,这样学生易于接受。我们从他的讲课中获得了教益,既懂得如何坚持以理论指导实际,又能在实际中不断地学会解决问题,以便逐步提高水平。他指导的教育实习课程,使我们课堂上学到的教育学理论能够得到充分运用,教学实践的效果很好。陈老师这种在教学上既重视理论又注意实践的做法,令人敬佩。

陈老师在文学教学方面,也跟他的教育学的教学一样,既重视理论的指导,也强调实际的锻炼,如他担任的写作实习课,便是如此。早在20世纪50年代,他就非常重视文论建设问题,曾发表过《〈红楼梦〉研究中的颓废主义应该批判》《在儿童文学领域实践革命现实主义与革命浪漫主义的相结合》等文。这些论文对于指导中文系学生在习作实践中提高文艺理论水平是很有帮助的。他也非常重视写作原理,善于广泛吸收各种写作理论的长处,并化为自己的主张。这对学生的写作有着直接的指导作用。

1961年6月,我从北方回到母校中文系写作教研室担任教学工作,陈老师也调到中文系,这样我们就同在一个教研室。写作课是实践性很强的课程,他仍然很重视理论教学,例如用科学文论指导学生,用写作理论来检验学生作文实践。听过他课的学生告诉我,陈老师不仅批改作文非常认真,而且主持的写作实习课也讲得很好,既有理论指导,又能解决实际问题,因而广受欢迎。

陈老师认为人才应该全面发展,以便更好地为社会主义服务,作为高校老师,他认为要以科学研究带动教学工作,应撰写、编纂有关教育论文或论著。如果担任理论课,要求理论联系实际,假使担任实践课,便加强理论指导,这样一来坚持理论与实践的统一,不断提高教学效率,推动教学工作。陈老师这种教学工作的特色,在当时的老师中并不多见,因而给人留下深刻的印象,他之所以在教学上引人注意,或许同他担任教育学课程有关吧！

陈老师认为年青一代的全面发展，必须树立社会主义思想，同时也要高扬爱国主义精神。他在《福建日报》上刊出《鲁迅——伟大的爱国者》以及在《文艺报》上发表了《鲁迅先生在厦大》等文，称赞鲁迅先生在文艺战线上高举爱国主义旗帜，这就给青年学生指点如何学习鲁迅的精神。

其实，陈老师在文艺创作上早就实践鲁迅先生倡导的文艺必须反映人民的爱国主义精神的方向，他于20世纪40年代在报刊发表的作品，主要是小说。前几年他的遗著《陈汝惠文集》出版，反映很好，这些作品表现了中国人民抗日的爱国主义精神，值得赞扬。

首先，反映上海人民抗击日本侵略者的斗争。这方面的内容茅盾的《第一阶段的故事》已有所反映，它展示"八一三"上海战争从爆发到上海陷落的历程，采用的是速写手法，给人留下很好的印象。陈老师的小说《小雨》等着重通过几个年轻人的变化，集中地反映上海的历史变化，有一定的艺术水平。

其次，描写国统区青年学生在沦陷的上海开展抗日活动。如《风尘》即是如此。这类题材，巴金的《火》也写过的，不过陈汝惠老师并没有宣传基督主义，而是强调与敌伪斗争到底。

再次，赞扬国民党爱国的官兵的抗日行为。如萧乾小说《刘粹刚之死》肯定空军少尉刘粹刚抗击日本的可贵行动，丘东平的小说《一个连长的遭遇》描写国民党连长参加抗日斗争的曲折历程，艾芜的短篇《秋收》赞扬国民党士兵带动群众参加生产劳动。陈老师的《死的胜利》也描写热血青年参加中国空军打击日寇的英勇行动，不过反映的内容较开阔，从家庭变化到祖国命运无不涉及，作品赞颂爱国官兵为了保卫祖国，不惜牺牲一切，包括自己的青春、家庭和爱情，等等。

此外，创作有着独特的艺术特色，即细致的心理描写与曲折的故事情节相结合，从中可以看出陈老师善于吸收外国小说的长处，也能撷取传统小说的优点，且力求两者的融合。

陈老师的创作反映上海人民抗日斗争的业绩，这是值得肯定的。可是我们同他相处时，他从未提及，有关上海抗日文学史书也未见涉及。这种

第三编 怀念与记忆

现象恐怕与当年学术界、文学界未能正确对待文学家与统一战线关系问题有关。鲁迅先生早就在《答徐懋庸关于抗日统一战线问题》中指出:"我以为文艺家在抗日问题上的联合是无条件的,只要他不是汉奸,愿意或赞成抗日,则不论叫哥哥妹妹,之乎者也,或鸳鸯蝴蝶都无妨。"这就清楚地说明文学家应在抗日的大方向下团结起来,凡是表现抗日斗争的作品,不管是哪一派作家,都应给予肯定,反之,把某些不同派别的作家反映抗日斗争作品排除在外,这是不对的。这种情况近几年来已有所改变,如上海学术界、文学界对陈老师为20世纪40年代上海抗日文学作出的贡献给予应有的评价,这是正确的,为我们认识陈老师文学创作的价值提供了参照。

陈老师在教育学方面,既著书立说,又知行统一,成绩显著,在文艺创作方面,他重视反映时代主流,表现人民的心声,对上海的抗日文学有一己的贡献,由此可见,陈老师对教育学、文学都作出成绩,是不可忽视的。

陈老师留给我们的精神遗产,那就是他认为年青一代要全面发展,必须树立社会主义思想,发扬爱国主义精神。陈老师这些珍贵的精神遗产,不仅留在他的论著及创作中,而且留在我们的心中,本来早就应该向人民展示,由于众所周知的原因,即"左"的干扰,迄今才得以拨乱反正,加以澄清辨明,虽然迟了些,但也说明他的精神遗产永放光芒!

(作者为厦门大学中文系教授)

悲怆十年祭

——纪念厦门大学教授陈汝惠

陈慧瑛

"日月忽其不淹兮,春与秋其代序。"恩师汝惠先生仙逝,转眼十度春秋。九月四日,是十周年祭。

10年来,在厦门大学的山崖水畔,在杭州的西子湖边,在京华的长街短巷,汝惠师清癯慈和而略带忧郁的面容,总会不期然地浮上心头。那一份长长久久挥之不去的思念,非纸墨可以形容,以至多少次握管哽咽,难以下笔。

1962年金秋,我考入厦门大学中文系,那一年,我虚龄16,是全系年龄最小、最不起眼的小不点。汝惠先生是我们写作课的授业师长,那一年,他45岁,清朗、斯文、彬彬有礼。记得第一次上写作课,汝惠师梳一丝不苟的三七分头,穿一件半新不旧的雪白短袖富春纺衬衫,走近讲坛时,将教案端端正正地放在桌子中间,温和地微微一笑,向大家点点头,操一口不徐不疾不轻不重的吴侬软语,亲切地开讲:"同学们!你们是解放以来全国高考录取率最低的一届,能考上大学特别是重点大学很不容易,你们是全国考生中的佼佼者。今后五年,我能和你们一起学习,这是我的幸运!"

听了如许激励人心又如许谦逊感人的师训,年少的我有一种流泪的冲动。因为,我深深知道,在讲究阶级斗争的时代,如果不是由于当年政策略有所松动,像我这样侨港台关系俱全、家庭社会关系复杂的学生,即使成绩再好,高等学府的大门也是难以问津的。

第三编 怀念与记忆

接着，汝惠师转身在黑板上写下："第一课：今年高考作文分析"。那一年正处国家三年困难时期，"调整、巩固、充实、提高"的国策，对当时事无巨细与阶级斗争挂钩的政治氛围有调节意味，于是高考作文命题也随之变化。

"解放以来，历届的作文题大抵是《我的母亲》《记一件有意义的事》《心中的话对党说》，等等，今年的作文题一是《雨后》、一是《说不怕鬼》。这两个题目一改以往套路，给学生充分想象的空间，尤其是《雨后》，文学性强，检验的是学生的文学积累，因此，本届高考，出现了不少佳作……"

几十年过去，汝惠师那渴盼改革洋溢喜悦的声音犹缭绕耳际，那一手灵动飘逸风骨峭拔的板书，也令人过目难忘。

我因个子小，坐在第一排。下课时，想不到汝惠师竟走到我面前："小同学，是陈慧瑛吧？"我愕然。他却指着手上的学生座位表一排四号，轻声说："你在这儿！对吧？我看过你的《雨后》，是本届作文的最高分，想不到这么小。上课时，你很认真记笔记，很好！天赋加勤奋学习，是一切事业成功的基础，写作也一样。"

听了汝惠师和蔼的话语，小小的我除了点头，一句话也说不出来。在我心中，因为感动，依然有流泪的冲动。汝惠师待人谦和温润令人如浴春阳的君子之风，也令我终身难忘！

1962～1966年四年间，我们每周两节或四节的作文课，都在汝惠师尽心尽职的授业中度过。汝惠师的教育方式是深入浅出，不仅讲授理论、概念、原则等基本知识，更重视发挥学生的个性特长，因材施教。不管你喜欢小说、散文还是诗歌、杂文，汝惠师一律给予鼓励、教导。他督促我们多多阅读中外名著。他说："他山之石，可以攻玉。"他要我们把前人和别人的文学成果，化作自己的营养。他鼓励学生经常习作。他说："作为中文系学生，写作是基本功，但高等学府只是给你学习的钥匙，作家是写出来的，不是教出来的。广阅读、多思索、勤练笔，熟自然生巧。"因此，班上学生的写作题材、体裁、笔法、语言各有千秋，决无千人一面、千篇一腔之弊。

汝惠师授业的认真执著，也令人感佩终生。每一堂课前，他总要写下

详详细细的教案；每一堂课上，他总是写上整整齐齐的板书；学生的每一篇作文，他都要密密麻麻地批改、一丝不苟地书写评语；优秀的范文，他总要在讲台上热情介绍、逐段点评；学生有疑难，上课时间有限，他便把学生请到家中，不厌其烦地释疑解惑。

四年间，我记不清给汝惠师提了多少难题添了多少麻烦，也记不清朝朝暮暮多少次到他家中求教；四年间，我的作文成绩篇篇满分，这成绩，是汝惠师用心血谆谆教诲凝结的果实！我后来的文学创作，汝惠师是启蒙的严师、恩师。毕业离校后，每当我翻开当年的作文本，看到那字里行间红笔的密密圈点，看到每篇长则一页短也数行、有点拨有纠正有批评也有激励的评语，回想恩师的敬业精神和人世沧桑，总难免潸然泪下！

转眼到了1966年，我上完大四正准备升入大五开始实习时，"文革"十年浩劫开始，厦大也难幸免。铺天盖地的大字报中，居然有"打倒反动三青团骨干、反动学术权威、牛鬼蛇神陈汝惠"的巨幅标语，名字上面还打着红色××，虽然我不了解汝惠师的历史，但在我的深心里，实在无法将忠于教职、敬业爱生的汝惠师与"反动"联系在一起。我暗暗为恩师揪心。不久，汝惠师被打入"牛棚"。除了挨批斗，他的任务就是种地、扫街、喂猪，每天两次，必须去食堂挑泔水然后绕过半个校园到猪圈。当时的我，因为是侨生，属社会关系复杂之流，列位在"黑九类"之后，自然也没有参加红卫兵的资格，见昔日高等学府，而今满目疮痍、斯文扫地，"鸠雀巢坛、凤凰委地"之叹，悲悲凉凉地充塞心田。一日黄昏，见汝惠师挑着一对泔水桶，低头含胸，摇摇晃晃步履艰难地横穿马路。我上前叫一声"陈老师"，他抬眼看了看我也没回应就走了。我尾随其后到了敬贤一楼拐弯处，一把按住扁担，不由分说："陈老师，我们一起抬吧！"汝惠师惊慌地直摆手："不行不行，你一帮忙，说不定也跟着上大字报！"

我说不怕，不就是一起劳动改造吗？于是，当时"逍遥"无派的我，每日与汝惠师相伴，一起抬猪食、扫地。过了不久，校园里的大字报栏上，果然出现了"资产阶级反动学术权威陈汝惠的孝子贤孙陈慧瑛……"之类的标语和文章。陈老师大概也看到了，第二天便不让我帮忙。我说：

第三编 怀念与记忆

"我在校的日子也不多了,您别拦我!"从汝惠师忧郁的双眸里,我读出了欣慰。那是一段彼此即使相聚也无言的岁月,但心中的温馨永难忘却!

当时,我的宿舍在丰庭二 308 室,汝惠师住在敬贤二 302 室,隔着 10 米左右的柏油路,两楼相向,两室相望。1968 年,在满城刀光剑影、凤凰树愁红惨绿的秋天,我们终于离开朝夕相处六度春秋的厦大校园各自浪迹天涯。告别母校前夕,我站在宿舍门前眺望恩师窗口,有一种依依惜别,有一种彻骨悲哀,有一种前程茫茫的辛酸,令我泪湿青衫!

从此我远离东海之滨栖身太行荒山,三千六百五十个晨昏,"十年生死两茫茫"。1978 年年底,历尽万苦千辛的我回到故园,在《厦门日报》《海燕》文艺副刊当编辑。他乡归来重返母校,我首先拜访的就是恩师郑朝宗先生和汝惠师。一晚,我来到敬贤二 302 室,举手敲门之际,竟有恍同隔世之感。汝惠师见到我,快乐如小孩,一把将我拉进屋里,握住我的手,说:"今夕复何夕,共此灯烛光?"

那一年,他六十花甲,当年光洁的两鬓,已染华霜!师母李荷珍老师为我端来热茶:"这些年,我们总在想念你……"

汝惠师急急返身回房,拿出一份材料,满面喜色地送到我手上:"改正了! 改正了!"

原来,"文革"中所谓"反动党团骨干"之说的真相是:抗战期间,汝惠师怀着满腔爱国热情和对日寇的刻骨仇恨,投身地下三青团抗日活动。抗战胜利后,出自对国民党挑起内战以及专制腐败的失望和愤懑,他登报公开声明脱离三青团,甘守清贫,潜身教职。在极左岁月,汝惠师背负沉重的历史包袱,受尽委屈压抑。几十年间,在数不清的"交代""批判"与"自我批判"中悒悒度日。直到"文革"结束后的 1978 年 10 月,一纸公文摘掉"内控"帽子,还汝惠师半世清白,数十载的冤案得以昭雪,漫长的凄风苦雨岁月才画上句号。我看着恩师那渴求理解却无怨无悔的慈容,泪珠,一颗颗滴落茶杯里。

此后多年,除我出差外,几乎每周,汝惠师都会从厦大乘坐公共汽车到中山公园,然后步行至深田路 46 号《厦门日报》社五楼《海燕》编辑部来看我。每一次,他总是坐在我办公桌旁边,静静地看我编稿、改稿。

我要给他端茶递水，陪他说话，他总是摆摆手："我只是看看你，不要影响工作！"

每一次离去，我都送他到中山公园南门上车，他总是依依挥手，很不舍的样子。有时，汝惠师也上我家来，每回，他总会给我带来一包奶粉、两包饼干等，说："报社工作辛苦，要做夜班，留着做点心吧！"那一份慈父情肠，至今温暖我心。

20世纪80年代，我几乎每星期都有一两篇文章发表在报刊上。汝惠师每次见到我，总会喜形于色地对我说，又看到你某篇散文某篇报告文学某篇诗歌了，然后拿出剪报说那一篇立意好那一句传神那一段蛇足那个词欠妥，一如当年为我们讲课授业一般。

我也曾请教汝惠师如何做好编辑工作，他神色庄重地教导我："什么工作都一样，认真就能出成果。做编辑除了学识渊博、文字功底深厚，能点铁成金之外，还要有情怀，有一种甘当人梯、乐于为人作嫁衣的奉献情怀！"

我想，这几句话，不也是汝惠师的自我写照吗？

汝惠师原来从事教育学工作，31岁就以商务印书馆出版的教育学专著《父母与子女》被上海大夏大学聘为副教授，此书1971年又被台湾商务印书馆重新出版。汝惠师到厦大担任直属教育学教研组主任十年后，又到中文系执教写作多年，拨乱反正之后，又被学校调回本行搞高等教育研究，担任厦门大学高等教育研究所副所长。他不仅写作、教学精湛，十来年间培养出一批活跃在中国东西南北中的作家、专家和学者；他朴素而先进的教育理念，也培育了许多有益于社会的优秀人才，我10年编辑生涯获得的市、省、国家级的种种表彰，我20年间出版的几百万字著作和赢得的许许多多荣誉、奖项，与如父恩师汝惠先生数十年的悉心教诲和殷殷期望分不开。1983年，当我把处女著散文集《无名的星》呈献给汝惠师时，时年66岁的师长双眼放光，手抚着封面，一再说："能够出书了，好！能够出书了，好！"欣慰之情，溢于言表。此刻，他才告诉我："年轻时，我也写过小说、散文、杂文，后来……"

"后来为什么不写了呢？"

第三编 怀念与记忆

他摇了摇头,什么也没说。我又说,能让我拜读吗?他还是摇了摇头,轻轻叹了口气,说:"昨日黄花了!"

我便噤声,不敢旧事重提。

当时我只知道,汝惠师的兄长陈伯吹先生是当代著名的儿童文学家;长子陈佐洱师兄是记者、作家,我拜读过他的《大竹岚狩猎笔记》。汝惠师写过教育方面的论著,但我始终不知道他还曾经从事文学创作,到了此刻,我才理解,汝惠师如此夙兴夜寐含辛茹苦地献身教职,一是他的善良天性和敬业精神使然,二是他在我和其他同学们的身上,也一直在编织着年轻时代的文学之梦。

20世纪80年代末,七十古稀的恩师与相濡以沫的师母相偕前往美国,在幼子、世界著名交响乐指挥家陈佐湟师弟家中小住一年,然后回到北京,住在时任国务院港澳办司长的长子佐洱师兄家中,直至1994年春,佐洱兄奉命赴香港履任中英谈判中方代表,才将父母送往杭州,定居于执教浙江大学的次子陈佐沂师兄家中。一次,我在佐洱兄家中见到汝惠师,久别重逢,喜悦自不在话下。汝惠师问我近况,我告知已由报社调往市人大担任侨台外事委员会主任,汝惠师听了,很高兴也很诚恳地说:"也好,学而优则仕,自古而然!现在国运昌盛,德才兼备的人,会有所作为的。只是文章要继续写,不要放下手中的笔!"

恩师的鼓励,对我当然是一种无形的鞭策!在此后从政的20年间,我一面兢兢业业为公众服务并取得一定业绩,一面朝朝暮暮利用点滴业余时光刻苦笔耕,先后担任市作家协会主席24年,被评为市、省优秀专家、享受国务院特殊津贴专家,等等。这一切,也多半拜汝惠师教诲之赐!

见恩师晚景安然,与师母白头相守,二师兄一师弟均国家栋梁,或身居要职或术业专精,名扬海内外,天护忠良,信其然也!我心欣然,非言语可表。只是与恩师一回相逢一回老,20世纪90年代中期,老人又痼疾缠身,每回握别,心中总是怅然嘘唏!

1998年9月4日,81岁的汝惠师在历尽人世酸甜苦辣风霜雨露之后,在盛享桃李芬芳儿孙绕膝不胜哀荣之中,恬然驾鹤归去。惊悉讣音,回首恩师数十载春秋慈父般的教泽与关爱,漫漫长夜,无声苦泪,湿透素枕。恩师西行头七,我登上厦大五老峰,鸿雁声里,北望西子湖畔玉皇山前恩师阴宅南山公墓,泣下数行,吟成绝句二首,遥奠恩师:

哭 师

(一)

江城一去花零落,迢递关河梦几多。
泪洒秋山师何在?三杯竹叶祭坟头!

(二)

于今云翳风驱尽,秋实春华耀眼新。
泉路冥冥师何在?一声呼唤一沾襟!

数年前,恩师曾来我梦中,告我身居杭州灵隐寺飞来峰,每日诵经回向众生及儿孙,并赠我明前茶一盒,音容笑貌,一如当年。从此,我每抵首都,必到师兄家中,瞻拜恩师遗像;每到杭州,必至灵隐,领略恩师仙风遗韵。恩师在我心中,虽逝犹生。

2005年1月,恩师遗著《陈汝惠文集》,由已荣任国务院港澳办常务副主任的佐洱兄和二弟佐沂等运筹出版。直至此时,我才见到恩师生前提及但从未谋面的小说、散文、杂文、文学评论等约45万字遗著。拜读全书,我第一次真正体味汝惠师丰富的灵魂和过人的才华,真正体味他的正直品格、爱国情操和热血肝胆!恩师流失的是青春年华,留下的是不朽篇章;张扬的是人间正义,遗憾的是半生蹉跎!可惜墨迹飘香斯人已去,谁来听我肺腑心声?"泪洒秋山师何在?"我唯有再次"一声呼唤一沾襟"了!然而,此书问世,于尘世亲人,是对逝者辉煌的祭奠;于万千桃李,是迟来的甘霖;于汝惠师在天之灵,是莫大的抚慰!念及此,我要举手加额,诚谢佐洱、佐沂、佐湟三师兄弟的孝心和相关玉成人士的盛举了!

欣闻厦门大学人文学院、高教研究院联办的"陈汝惠教授创作及学术研究研讨会",今年10月下旬在厦大召开,我为汝惠师的一世清名和平生硕果重见天光、再昭日月欢呼雀跃!庄严的上苍,我为您的公正和仁慈祝福!

第三编 怀念与记忆

汝惠恩师,别来十载,时值忌日,我用我天长地久的思念为您开祭!当您睿智之灵飘然莅临即将到来的盛会,我相信,您会含笑于九泉!

写于 2008 年 9 月 4 日
改于 2008 年 10 月 4 日

(作者为厦门市原作家协会主席、人大侨台外事委员会主任)

怀念大学时代的陈汝惠老师

周勇胜

一、大学时代的幸福生活

我对陈汝惠老师深切的怀念，是同我大学时代的幸福生活联系在一起的。

20世纪50年代初，年轻的共和国充满活力，在赢得抗美援朝战争的伟大胜利之后，立即开始了大规模的社会主义工业化建设，特别重视高等教育的发展和各种专门人才的培养。厦门大学在著名经济学家、教育家王亚南的主政下，努力改造旧教育制度，建立新教育制度，师生关系非常融洽，团结一心，勤奋进取，出现了一派欣欣向荣的景象。我一跨进校门，就有一种幸福感，天天像过节日一样的高兴。这种感受，来自三个方面。

一是大学生生活好。那时，不仅免除了一切学费，连吃饭都是免费供应，寒暑假也不例外。每天中晚两餐，都是四菜一汤，吃得饱，又吃得好，比如就连在当时来说是很昂贵的香炸黄花鱼，三五天就能吃到。我们每天吃的，比当时普通人家的年饭还要丰盛。我进校不久，根据教育部调查，发现大学生体质有所下降，又增加了营养费，每天上午课间操后，每人还可以喝一碗豆浆，吃一块糕点。除此之外，特困生都能享受生活补助费。

二是大学老师讲课好。新中国成立初期，学习苏联经验，推行教育改革，每个学科都成立了教研室（组），老师们担负着教书育人的重任，教

学非常认真。我们系有好几个老师,学识渊博,具有很高的教学艺术,听他们的课,是一种其乐无穷的精神享受。陈汝惠老师就是其中的一个,受到学生们的普遍尊重和爱戴。

三是我们的文学专业好。这是一个令人羡慕的幸福专业。新教育制度建立后,课堂教学实行六节一贯制,一天的课堂教学都集中在上午完成,下午和晚上作为学生自由支配时间。六节一贯制的好处,是给学生更大的学习主动权,充分调动学生的学习自觉性和积极性,有利于学生自由全面的发展。六节一贯制,特别适应我们文学专业学习的特点,在下午和晚上,我们可以到图书馆去读古今中外文学艺术作品,也可以跑到市区去看电影、看戏剧。一般大学生只有在假日才能享受到的文学艺术生活,对我们来说,却是正课和日课。

二、深受教益的两门课

陈汝惠老师是1950年由新中国首任教育部长马叙伦推荐,随王亚南校长来厦门大学任副教授的。他先后给我们班讲授教育学和儿童文学,整整两个学期。唐人姚铉说:"辞人咳唾,皆成珠玉。"陈老师讲课,也是谈笑风生,妙语连珠,这是大学时代我深受教益的两门课。教育学这门课的讲义,是陈汝惠老师根据我国社会主义建设的需要编写的,是学校确定的文科各系的必修课,中心思想就是:培养什么样的人才?为谁培养?怎样培养?这门课在学习苏联经验,全面进行教学改革期间,曾经发挥了重要的推动作用,对大学生的成才有着积极的深远影响。通过这门课的学习,我们初步了解了马克思主义教育理论的基本观点,加深了对教育发展规律、教育基本原则和教育方法的认识,同时更加明确我们的努力方向,自觉地按照合格的社会主义建设人才的标准来要求自己。1955年,陈汝惠老师在校领导的支持下,进一步总结了多年的教学经验和研究成果,编写了一部适合高等学校使用的《高等学校教育学讲义》。这部教材由于种种原因,未能正式出版,但1957年曾作为内部教材与全国各大专院校交流,先驱之作,功不可没。

陈汝惠老师讲授儿童文学，更是得心应手，妙趣横生。当时，我们只知道他哥哥陈伯吹是我国著名儿童文学作家，还不知道他本人在20世纪40年代也是一个有丰富创作经验的作家。他具有敏锐的艺术感觉，善于观察生活，深谙儿童心理，对儿童的生活细节体察入微。儿童的一举一动、童贞、童趣，经过陈汝惠老师的演示，无不表现得惟妙惟肖，往往引起阵阵笑声，而他自己却不动声色，很有幽默感。学习这门课，我最大的收获是改变了轻视儿童文学的错误观念，发现儿童有一个往往被忽视的无比奥妙、无限广阔的生活世界，第一流的儿童文学作家，不愧是人类灵魂的工程师。

三、学报校刊的支持者

办好《厦门大学学报》，是王亚南校长重要的办学思想。《厦门大学学报》是1952年7月全国第一家复刊的学报。陈汝惠老师是学报积极的支持者，发表了很多重要学术论文，其中如《〈实践论〉与教育原则》《〈实践论〉与教育过程》《试论人底全面发展的统一性高度性和党性》《论儿童文学的专门特点》《鲁迅与中国儿童文学》，等等，都与他讲授的教育学和儿童文学两门课有密切的关系。可以说，这些文章既是在教学基础上进一步的概括和发挥，同时又大大地丰富、扩展了原有的教学内容。值得一提的是，在2006年我参加编写《厦门大学校史》第2卷（1949～1991），在评述《厦门大学学报》复刊这段历史时，重读了陈汝惠老师这些学术论文，敬佩之余，不免心存疑惑：陈老师1950年就是副教授，凭着这些突出的科研成果和教学业绩，早就应该晋升教授，何以到20世纪80年代初他退休离开厦大，教授职称还久拖不决呢？

1957年，我大学毕业留校，曾当了多年校刊《新厦大》的编辑，陈汝惠老师热情赐稿，给我很大支持和鼓舞。陈汝惠老师非常了解校刊的性质和特点，写杂文、写小品、写短剧，构思新颖，文字简练生动，思想性和文学艺术性都很强，读者反映很好。有人还问过我，这位写作高手是哪一系的？这段时间，我跟他接触较多，更增加了师生情谊。

四、难忘的北京聚会

1979年春,我和陈汝惠老师有过一次难忘的北京聚会。党的十一届三中全会过后不久,《红旗》杂志社约请我校领导写一篇有关探索教育规律、办好高等教育的文章,学校成立了以潘懋元老师为首的写作小组,我和王增炳同志也参加起草工作,并到北京《红旗》杂志社修改稿子。恰好陈汝惠老师和潘懋元老师也来京参加全国教育工作大会。有一天,潘老师来到《红旗》杂志社看望我们,告诉我们两件事,一件是,陈汝惠老师的历史问题解决了,现调任高等教育研究所副所长,这次来京参加全国教育工作大会,心情欢畅,要请我们吃全聚德烤鸭。另一件是,《红旗》杂志社已把我们的文章清样送给全国教育工作会议的著名专家审阅,征求意见,总的反映不错,特别是对其中关于凯洛夫"智育第一"观点的评析很感兴趣。有的说:"我们多年争论不下的问题,这篇文章算是说得比较清楚。"凯洛夫这一观点,在"文化大革命"期间曾受到批判,连教过教育学的陈老师、潘老师也不能幸免。据说,凯洛夫很不服气,声称他的观点来自马克思,但却没有指明具体出处。原来凯洛夫根据的是马克思在第一国际第一次代表大会期间写的《临时中央委员会就若干问题给伦敦代表的指示》,原话是:"我们把教育理解为三件事:第一,智育;第二,体育……;第三,技术教育。"1866年10月18日,马克思在致库格曼的信中,曾对他的"指示"作了这样的说明:"我故意把纲领局限于这样几点,这几点使工人能够直接达成协议和采取共同行动,而对阶级斗争和把工人组织成为阶级的需要则给予直接的滋养和推动……"显然,凯洛夫歪曲了马克思的原意,他首先把"第一,智育",企曲为"智育第一";其次又把马克思在特定历史条件下作为工人阶级合法斗争需要的指示,说成是马克思给无产阶级教育下的定义。马克思致库格曼的信,是马克思历史唯物主义的重要文献,曾收入马克思恩格斯历史唯物主义二十封通信(即《马克思恩格斯书简》)中。但长期以来,由于学科的分离,熟知马克思恩格斯历史唯物主义通信的哲学家,未必关心凯洛夫"智育第一"的观点;而研

究凯洛夫教育思想的教育家,也未必关注到马克思这封通信,因此,使凯洛夫的谬误多年得不到匡正。

陈汝惠老师请我们吃烤鸭,留给我们难忘印象的,是他和师母李荷珍一片精诚之至的真情。古人说得好:"不精不诚,不足以动人。"北京全聚德烤鸭,闻名遐迩,座无虚席。吃一顿烤鸭,必须站在餐桌边耐心等待,走一个补一个。他们的经营作风,颇有时代特色,不分贫贱富贵,一律平等,谁先来谁先上桌,似乎还没有预定包厢之说。所以,陈汝惠老师和师母,很早就赶来全聚德排队,先占好了座位,然后两人分工,师母在餐厅等候,陈老师在门口迎接我们。宴会自然是丰盛的,除了烤鸭,还点了不少菜。可是万万想不到,北京分手,竟是我们师生最后的一别。

五、篇末感言

陈汝惠老师离开我们已有10年了。不久前,我读到了我校校友陈梦熊先生编辑的《陈汝惠文集》,封面上那帧年轻英俊的照片,正是大学时代他留给我们的形象;扉页里佐湟小学毕业留影的题词,疏朗隽永,也是我们所熟悉的陈老师的手迹;读着他在"孤岛"沦陷时期所写的充满爱国主义情怀的精彩华章,我的心情很不平静。我感到,在陈汝惠老师的身上,鲜明地体现着中国知识分子热爱祖国、热爱人民的可贵品质。在日寇侵占祖国的时候,他不畏强暴,挺身而出,发出战斗的呼号;新中国成立后,立即投入人民教育事业中,满腔热情地为培养社会主义建设人才,贡献了自己的聪明才智,即使一时遭受不白之冤,依然无怨无悔,矢志不渝。陈汝惠老师的教诲,使我终身受益,他的人格魅力,也深深地激励着我,我十分敬重他,永远怀念他!

(作者为厦门大学出版社原总编辑)

怀念陈汝惠先生

卢润祥

陈汝惠先生是我在厦大中文系求学时的老师，他是著名儿童文学家陈伯吹的胞弟，因此，为我们开的儿童文学课程，自然是生动而丰富。印象中他是儒雅而闲适的，为人处世不快不慢，眉宇间自有一种沧桑感，表情坚毅而祥和，亲切而文静，有一种淡淡的素雅。和当时大多数教授的西装革履不一样，他一身洗得发白而朴素的中山装，脚登布鞋，显得格外质朴无华，留给我的印象至今难以忘怀！最近，学长陈梦熊赠我由他参编的《陈汝惠文集》，读后更勾起我对老师的回忆和深深的怀念。自我在《新民晚报》上发表了《陈汝惠与抗战文学》一文后，收到了解放前陈先生在上海二部为小学执教时的一位学生任德祥的信（这封信是由报社转来的），信中所言更加深了我对先生的尊敬与爱戴。信上说，陈老师住在上海南昌路时，任德祥有一次去探望他。尽管陈老师当时并不宽绰，但还是要任把仅有的一点好大米，走时带点回去。以后，任读初中，仍与陈老师保持来往。在老师影响下，他也开始文学创作，曾在《启示月刊》上发表过散文及译作，后由于生活所迫进了国棉七厂，当上供应科长，后退休，现已79岁，但对陈老师的怀念却与日俱增。当知道《陈汝惠文集》出版后，很想读到，信上问此书出版单位与购买方法。信上还提供了陈先生曾于《人民日报》发表《鲁迅在厦门》的信息。另外，任德祥还告诉我，在《新闻日报》或《大公报》上读过陈老师的《平面生活与立体生活》等文章。信上还寄赠一首自己创作的诗《怀念恩师陈汝惠》：

受教曾经岁，获益贯一生。无奈别离后，难忘师生情。赠书又遗粮，助我续藜羹。抱憾未成材，惭愧成老翁。冰心在玉壶，慰公天国听。

陈汝惠研究

陈汝惠先生的小说与散文创作，生动地反映了沦陷区志士仁人、青年学子团结抗日的生动情景，散发着浓郁的爱国主义情绪，充满了对日本军国主义侵华战争的无比痛恨与强烈的批判。其字里行间无不与抗战斗争息息相关。他是一介书生，虽不能上战场杀敌，但他尽自己所能，以笔代枪，投身于抗日民族解放运动的铁血烽火之中，矢志不渝。这一切不能不令人肃然起敬。在抗日战争60周年胜利的今日，重温陈汝惠先生的热血文字就更引起我们的怀念了。他既平凡而又光辉的一生也是值得我们后辈景仰与怀念的。

（作者为陈汝惠在厦门大学时的学生）

怀念恩师陈汝惠先生

苏景昭

陈汝惠先生是我的导师。1964年,我从复旦大学中文系毕业,被分配到厦门大学中文系任教。中文系党总支书记万平近老师对我说,按中文系的传统,凡新到的年轻教师,不管他日后将从事哪个方向的教学工作,都得先从事一段时期的写作课教学工作。于是他让我去当陈汝惠老师的助教。万平近老师还对我说:"陈老师是有名的教育学专家,也是一名作家,有丰富的写作理论知识和文学创作经验,你就好好跟着他吧。"

我未曾见过陈汝惠先生,但在上海读书时,与教现代文学史老师的闲谈中,隐约得知他是"孤岛"时期一位颇有名气的文学青年。世界的确很小,我万万没有想到,20多年前追求光明进步的文学青年而今成了自己的导师,内心充满激动与自豪。

1964年9月上旬的一天,节气已是白露,但鹭岛依然十分炎热。我到映雪楼的中文系写作教研室拜访导师陈汝惠先生。走至教研室门口时,我有些惶恐,犹豫了一下,轻轻地在门上敲了两下。"请进!"一个十分熟悉而亲切的上海口音从里面传出,我断定他就是陈汝惠先生了。于是我走上前去,说:"陈老师,您好!"他站了起来,看着我,试探地问道:"你是新来的苏老师?"我点头称是。他热情地拉起我的手:"欢迎你来和我一起工作!"他拉了一把椅子让我坐,顺手递过一把扇子,转身倒了一杯开水。亲切的举止令我十分感动。陈老师中等身材,一件白衬衫塞在蓝色的卡叽布中山装的裤子里,头发梳得很齐整,显得精神、干练,风度翩翩,但岁月也已悄悄在他两鬓留下了风霜的印记。他见我还呆站着,拍着我的肩让我坐下,说:"咱们随便聊聊。你工作的事,万平近老师已经跟我讲过了。我本想抽空去看你,没想到你先来了!"接着他十分仔细地询问我住宿安排、家里的情况、生活是否习惯等琐事,在这闲谈中,我紧张的心渐渐地舒缓下来。

在谈及日后应该怎样教学时,陈老师从书包里拿出一份用行书写的阅读书目交给我,要我抽空把这些书看完。他恳切地说:"读书,是我们行内的事,一看你就知道哪些书应该泛读,哪些该精读。这样,对教学和科研都有好处。"我扫了一眼这些书单,范围很广,古今中外的都有。有的在大学里已读过,还有相当一部分从未涉猎。我感到陈老师治学的认真与严谨,益发佩服。

从此,我全心全意地投入到写作课中去,一面听课,认真做课堂笔记,陈老师每讲完一个章节,我就着手对笔记做一番整理,增补一些内容,使之更为完善、系统化。另一方面,帮陈老师批改作业,努力学习陈老师在批改作业时的那种高度负责的精神。他在改学生作业时,对学生作文的每一点成就都加以肯定,对缺点与不足则分别给予指出,还探讨如何改正的方法。他的这些做法,使我在思想上和业务上有了显著的进步。那时年轻力壮,精力旺盛,陈老师所开给我的阅读书目都迅速地看完,并做了不少阅读卡片,分门别类地累积起来。有一次,陈老师到我宿舍来,他见我桌头上摆放着读书卡片,赞赏地说:"搞学问,要下一定的苦功,能这样做很好!"我的勤奋学习,获得导师的首肯,心里也乐滋滋的。陈老师对我是这样,对学生也是如此,循循善诱,给我留下了深刻的印象。

有一次,我在批改学生作文时,看到一篇作文,其中有一个情节,描写一位女生由于读书时精神过于集中,下楼时没看路,从台阶上摔下来,她惊慌失措,尿了一裤子。另一位教写作的老师在批改该文时,认为这种情节描写十分拙劣,不合情理,便很生气地在作文中批道:"放屁!""胡闹!"把该文判为不合格。学生不服,找上门来讨说法。学生说,他写的都是事实,有名有姓的,不信可以去调查,怎么能说"放屁"呢?尽管该老师向他说明一些文学写作要对生活素材有所取舍的道理,但该学生就是听不进去,对立情绪很浓。后来该生去找陈老师评理。陈老师读完了该生的作品,倾听了学生的申诉之后,亲切地问学生:

第三编　怀念与记忆

"你写作时,对故事的主人公是带着赞赏呢,还是带着鄙视呢,或是什么情感也没有,只是就事写事?"

该生坦率地说:"我只是对事件如实描绘,并没有褒贬之意。"

陈老师接着说:"你能如此坦诚地告诉我你的写作动机,说明你为人坦率,这很好。作品的问题就出在写作的动机上。如果换一个角度,你对主人公充满着真诚的爱,你会把这段小插曲附在主人公身上吗?"

该生不假思索地回答:"不会!"

"这就对了!"陈老师高兴地说,"我们学写作,就是要学习对爱憎、褒贬、美丑、善恶等情感的表达方式,要弘扬什么、批评什么,须了了分明,这就是文学与法律最根本的区别。法律是摆明事实真相,是非曲直任人评判;文学是感情宣泄,以情感人,以情动人。"学生听了这一席话,心服口服。通过陈老师的言传身教,我深深感到要当一名合格的教师,光有基本的专业知识还不够,还得具有广泛的人文知识和丰富的阅历,方能胜任。

很遗憾,我跟随陈老师一起工作只有一个学期,便被调去参加农村社会主义教育运动。当我从农村返校后,还来不及向他汇报我的农村工作的心得体会,"文化大革命"就爆发了,"横扫一切牛鬼蛇神"的社论一出来,平静的校园立即沸腾起来了。

大字报铺天盖地,贴满了校园的各个角落,首当其冲的便是那些负有盛名的教授。陈汝惠老师也"榜上有名"。人们怀着惶惑不安的心情,今天才看见自己的同事名字上了大字报,被朱笔打×贴在墙上或吊在绳子上;次日,自己的名字也被朱笔打×汇入大字报的海洋中,那星星点点被朱笔打×的名字,犹如一只只小船,失去了舵桨,在文字的狂涛中起伏不定,随风飘荡。紧接着,"牛鬼蛇神"们一个个被押上台,接受批斗。更有恶作剧者,对他们进行人格的侮辱或肉体的折磨。有的双手被涂上墨汁,为揪出反革命的"黑手";有的被罚跪在石子堆上,为向革命群众"认罪"……

尽管如此,人间尚有真情在。也有人以大批判的名义,端上一盆清水,名为让"牛鬼蛇神金盆洗手";也有人冲上台去,把跪在石子堆上的

陈汝惠研究

人提起来，并在场上兜一圈，名曰让广大革命群众"相相脸"，然后勒令站着接受批斗。在一切价值观念都被扭曲了的特殊时代、特殊环境里，这种批判方式，明眼人总会看得出来，他们在用这种特殊的方式在保护被批斗的对象，只是彼此心照不宣而已。

"十年人事空流水，二月风光已杜鹃。"在人类历史长河中十年只是一瞬间，但在人生旅程上，却是一段漫长的道路。陈汝惠老师已从两鬓凝霜变成满头斑白，而我也从而立之年步入了不惑之年，正处于上有老下有小的人生最艰辛的阶段，已从教写作转入教现代文学方向。陈老师则从中文系转到校部从事教育科学研究。因此，彼此相处的机会就少了。然而，毕竟师徒一场，陈老师与师母傍晚出来散步时，也常到东边社我的住处来看我。他们得知我带着三个从农村转到厦门三中（华侨中学）借读的孩子，生活十分紧张。那时，城市的粮油及副食品都是按人口凭票供应的。我一个人的粮油及副食品票要供四个人生活，相当艰巨，不足部分都得到黑市里购买。陈老师深深体会这种拖家带口生活的艰辛，他总是用各种方式来关照我和孩子们，经常把他们节余的粮票送给我，大大减轻了我的经济负担。孩子们也很喜欢到陈老师家串门，每次串门，陈师母总是抓一大把用于招待客人的糖果、饼干塞到他们的口袋里，有时还送给孩子一些零钱，供他们买书和纸笔。

1979年年底，我父亲在老家得了重病，我经常要回家探望，陈老师得知情况后，多次主动借钱给我为父亲治病。这一年过年，为了减少花费，两个孩子都留在厦门自己过年，陈老师与师母还送给他们压岁钱。我与陈老师一起工作的时间虽很短，但彼此间建立起的情谊却很长。他在我工作、学习还有生活等方面，都给予无微不至的关心和照顾。在十年动乱中，他受了那么多的磨难，伤痕累累。一得解放，他还顾不得抚摸自己心灵的创伤，却把满腔的爱倾注在需要帮助的人身上。

陈汝惠老师的一生，是以大爱作为人生的理想和归宿。在民族生死存亡之际，他以爱国主义为强大的精神动力，拿起笔攻击敌人和一切反动势力，追求光明与进步；当人民当家做主之后，他爱护学生、关照晚辈，期待他们的进步与成长；在十年动乱的年代里，他宁愿自己受罪，也不愿

透露出对同事、朋友不利的信息,做一个堂堂正正的人;粉碎"四人帮"之后,他得到平反,既没有咬牙切齿地诅咒,也没有以眼还眼地报复,而是以平常的心态,继续勤奋地在教育园地里辛勤地耕耘……陈汝惠老师这种爱己、爱人、爱国的大爱精神和高尚品德,永远扎根在我和我的孩子们的心坎上。

在纪念陈汝惠教授学术研究与文学创作的大会上,我很想写点东西来纪念恩师,但由于视力不佳,看字模糊,无法通过阅读他的著作来参与学术讨论,缺憾不已。最近得知系里要出版一本纪念文集,便在强光灯下,以微弱模糊的视力,写下上述的文字,借此怀念恩师陈汝惠。

(作者为厦门大学中文系教授)

斯人已逝　慈颜永驻

——纪念陈汝惠先生

苏永卫

国庆期间回家看望父母，在父亲书架上偶然看见《陈汝惠文集》，便抽下翻阅，同时问起先生现状。父亲告诉我，陈先生业已辞世多年。我听后很是诧异，也很是悲伤，更多的是感激。跟先生接触的往事倏然萦绕心头。

那是在1979年的春节后，父亲把我带来厦门读初一。有一天晚上父亲说要带我去看望他的导师和同事——陈汝惠教授，顺便带点家乡土产。来到敬贤楼，我们摸黑走上三楼，敲了门。开门的便是陈先生——老先生个头不高，气度不凡，慈祥善良，说话轻声细语。他热情邀请我们就座，便忙着沏茶端点心，然后对我父亲送的礼物道了番谢意。而后亲切问我多大了，来厦门读书是否适应，还叮嘱我要好好读，不要辜负了父亲的栽培。我一一回答，并道了谢。和蔼，是我最初对先生的感觉。此后几日的一个傍晚，先生偕同夫人来到我们住地"勤业斋"——一间只有7平方米的小房间看望我们，还给我们送来了30斤粮票，临走时硬是塞给我5元钱，说是要给我做学费的。他很诚恳地对我说："你爸爸很不容易啊，你要好好读书。"我们很感激地送他出去。要知道在当时，他送来的钱与粮票，对捉襟见肘的父亲来说，简直就是雪中送炭。

后来我爷爷得了重病，父亲得从那仅有的每月58.5元中抽出30元寄回家给爷爷治病。我们父子的日子更是艰难了，每月5日领的工资，买了两个人的口粮及油、盐、酱、醋、煤之后，到10日左右，父亲的抽屉里

至多只剩 5 元钱，要熬到下个月，着实艰难。有时候确实无可奈何了，父亲就叫我去向先生借点钱渡难关。先生每每很爽快拿给我，接着问："够吗？"我说："够了！"他接着又说："不够再来！"还钱给他的时候，他接收了，但过不了两天定然会来我家，把钱再拿给我父亲，父亲再三辞谢，先生急了，说出很朴实而诚恳的话："起码我现在不像你这么艰难。收着吧，孩子正长身体，需要补充营养啊。"我知道当时先生并不富有，但是他的真挚待人与慷慨相助，至今回想起来依然让我感动，倍感温馨。

从此以后，每隔三两个月，先生一定会到我家来，捎上三五十斤粮票，有时候还要顺带几本书送我……此后他去了北京定居，音讯未通，不料竟成了永诀。

回想这些小事，先生的形象格外清晰地浮现在眼前，似乎又要用他那轻声细语和蔼地对我叮嘱点什么……当年对我们家的关照，仁慈的援手，于他，或许早已忘记；于我却是难于忘怀的。这些生活小事似乎与文学无关，然而先生毫无掩饰地流露出的真，与文学竟有着大关系的。

岁月悠悠，先生已经归道山十年了。

但愿遥远天国的光辉，永安他的魂灵！

（作者为厦门市第三中学教师）

师恩重如五老峰[*]

——忆陈汝惠教授二三事

孙立川

去岁重阳，访书于富春江边，游学于武林城中。某日于西子湖边重吊岳坟，想起这青山绿水之中长眠着许多英烈忠良和文化名家，又记起恩师陈汝惠教授终焉于此，却不知墓园所在地，不能以一炷拜祭，怅然而归。返港后曾于《大公报》"小公园"上撰一短文述及此事。汝惠师已辞世多年，但他在我们这些弟子心目中却永远是难以忘怀的恩师。

30年前的一个秋日里，我们这一批"工农兵学员"踏入厦门大学中文系。汝惠师被分配到我这个小组当"写作"指导老师。他是老师，却一点架子都没有，反而对着我们这些高唱着"上大学，管大学"的学员们很是礼让。在课堂上，他授课十分认真，板书一丝不苟，语调平缓，条理清楚。他批改作业时常以红色的圆珠笔写上评语，连同学们的错别字、标点符号都一一给予改正。有的时候，他会参加我们的小组讨论，无非是学习"两报一刊"社论或中央文件、大批判文章，等等，他总是以和蔼的目光看着我们，从不高声说话，好像还心事重重。后来我们才知道，汝惠师刚从"牛棚"中被"解放"出来，属于"改造利用"的分子，他不得不小心翼翼，生怕行差踏错，再遭无妄之灾。我后来才听说，汝惠师在抗战时在上海坚持地下斗争，为抗日险些丧命，日本宪兵曾抄家要缉拿他，然而他虽虎口余生却不逃避，仍坚持斗争。抗战胜利时，上海光复，他所执笔的

---

[*] 本文原载2003年8月10日香港《大公报》。

《告上海市民书》散发百万份，人人争相索阅。"文革"中却因此被罗织罪名，惨遭批斗。他担任我们的老师时适是刚历此劫难不久，不免有些惴惴不安的余悸。

那时我们这一班的同学都还年轻，不免有些轻狂或自视甚高，我亦是其中的一分子罢。第一次交作业，大家用尽浑身解数都想拿个"5分"，不料结果却得了"4分"，我的同学中有人拿了5分的，我觉得文笔也不怎么样，对陈先生就有点不以为然。后来又有在课堂上当场作文交卷的，这一次汝惠老师却给了我一个红5分。此后每有评分，我总是拿了5分。过了好多年，有一次，与汝惠老师聊天，他却主动提起此事。问我还记得第一篇文章拿4分的事吗？我当然记得且告诉他当时是如何的不开心。汝惠师正色说道："我当时就看出你是会写文章的，不过，你当时有急于逞能的倾向，我得煞煞你的傲气，尤其是当时那种政治环境。"他的这番苦心，我是后来才深深体会到的。可以说，这些语重心长的教诲使我终身受益匪浅。

与汝惠师结下深深的师生之谊却是在同安县的农舍之中。1973年冬天，我们班的同学到同安农村去劳动锻炼，名曰"体验生活"。白天下田干活，晚上"访贫问苦"。我自告奋勇去厨房当下手，当伙夫兼买菜。汝惠师也得陪我们下乡，因为他年纪大，加上"政治上不可靠"，不让他去"访贫问苦"，就把他安排在"后勤"做记账和帮工。我因一早就要上城里去买菜，不与同学们住在一起，这一来，就与汝惠师合住一个房间，得以"秉烛夜谈"。那时同安的生活条件很差，没有电灯，只有马灯，真真正正是"秉烛作彻夜谈"。那些冬夜很是漫长，又冷又冻，肚子饿了当然也没有夜宵吃，汝惠师就将几块饼干给我充饥。长夜中那忽明忽暗的灯光，熹微的灯光下我们常做长谈。那种温馨的感觉至今犹历历在目，我永远也忘不了他的那些充满智慧而又人情味十足的谆谆教诲。

同安的乡下生活使我和汝惠师的心贴近了，虽然后来他没有再给我们上课，我却时常找他请教。1976年，我毕业留校后，被分配到写作教研组去，那时要找一位老先生作导师，我就选了汝惠师，他也很高兴。他时常告诫我："还是好好搞业务，你也是知识分子家庭出身，千万不要翘尾巴啊！"当时听了只是以为那是他小心做人的人生教条，现在想来，这可是他经历了许多苦难而得出来的教训。

汝惠师为人正派，从不在同事中说三道四，搞不正当的挑拨离间，更不会拉帮结党，党同伐异。他是温良恭俭让的正人君子。特别是经历了"文革"之后，他对于那种落井下石、背信弃义之人更是深恶痛绝，即使如此，他也只是从心里鄙视之，现实中与之保持距离。有一件事让我铭感五内，没齿难忘。留校不久，我因在泉州工作的周焜民兄（亦为汝惠师的弟子）受政治迫害而为之执言，不料竟亦为此受株连。中文系领导不知就里，也对我大兴问罪之师，要我大会小会做检查。在一片讨伐之声中，没想到的是两位老先生挺身为我辩护说情，汝惠师力言我年轻无知，属于无心之失，坚持认为我认识了就应被解脱；另一位老师是李戎珍教授。他们乃是《劝学》所言"积德行善，而神明自得，圣心备焉"。如今汝惠师已作古多年，每想及于此，不免感念万分。

在生活上，汝惠师自奉甚俭，但我从来不曾听他抱怨过什么。他经常穿着一套洗得干干净净发白的中山装，家里也收拾得清清爽爽。他待人彬彬有礼，儒雅温文，却富有人情味。我有时候上他家去串门，看到他与陈师母两人相濡以沫，过着简朴的生活，当时的厦门物资供应紧缺，连供水都限制。想到他们出生于大上海，本来可以过着舒适的生活的，如今却在这海隅校园这样地度日，不免鼻子发酸。我印象深刻的另一面是汝惠师十分重视家庭亲子的感情。那时佐洱兄在福州工作，我每有上福州评高考考卷，汝惠师总让我捎一包东西去给他们。佐湟先生要赴美留学，汝惠师与陈师母帮他补课，提高他的文学与英语水平。汝惠师同我说起此事时，舐犊之情溢于言表，此情此景给我留下极深之印象。他的家教很严，而今他的孩子个个都很出色，陈晴他们这些陈家第三代也都脱颖而出，汝惠师九泉之下有知，当可安息矣！

"文化大革命"后拨乱反正，汝惠师又被调回去搞老本行"高等教育研究"，我仍然经常去向他请教。记得有一次，写了一部中篇小说，先请他过目批评，他在稿子上密密麻麻地批了一通。后来他对我说："还是不要写小说吧！我看你还是写散文好。"从此，我自知樗材朽木，不可以去

第三编 怀念与记忆

写小说，也谨守先师的教导，不敢再去做"小说家"之梦。现在想来，汝惠师可能还有更深一层的意思，他也许心有余悸，不愿意我有一天也"走向反面"去了。"利用小说反党"，在当时可是一个莫大的罪名。在高等教育研究方面，他是国内资深的研究者之一。有一次我与他谈到现代教育家杨贤江先生，他就问我想不想考"高教"的研究生。可是我当时一门心思想到日本去留学，忤逆了先生的意思，也辜负了他老人家对我的一片深情厚意。但是，汝惠师不将我的不敬放在心上，他对我的赴日留学一直持支持与关心的态度。在等待出国期间，有好几次他亲自跑到我所在的教师集体宿舍去找我，询问进展的情况，并嘱我不要着急。他是一位家国观念很强的人，总是希望我能顺利出国，学成之后归来报效祖国。

1983年10月，我考上日本国公费留学生赴日，因手续繁杂，差点耽误了行程。我行色匆匆地离开厦大，孰料与汝惠师的分手竟成了诀别。呜呼，"况修短随化，终期于尽。古人云：死生亦大矣。岂不痛哉！"从1973年投止汝惠师门下至1983年出国，这十年间亲炙汝惠师授业解惑，并在人生、研究、写作上屡受教泽，汝惠师于我，可谓恩重如山。20年来，漂泊海外，卜居香江，却无从得以当面拜谢业师的春风化雨之恩，每念及于此，总有隐隐的心痛。今日再撰此文以存汝惠师于厦大教书育人之点滴，亦以此表示吾辈学子对这位伟大师长的纪念仰止之心。

（作者为香港天地图书副总编辑、日本京都大学文学博士）

默默为厦门大学耕耘的园丁

——陈汝惠老师

朱立文

陈汝惠老师出生并长在上海，任过中小学教师，乃至大夏大学教育系副教授。1950年6月，他放弃已有熟悉与良好安定的工作环境，怀着伟大的抱负，接受中央教育部长马叙伦的推荐，离开上海大都市，随刚被政务院任命为厦门大学校长王亚南教授，奔赴坐落炮火连天海防前线厦门岛上的厦门大学任职，受聘为教育系副教授。从此，他默默地为履行神圣的园丁职责，在这块热土里辛勤地耕耘着。

一

王亚南校长来到厦门大学，秉承中央旨意按新中国教育方针办学，建设新厦大。1950年8月，厦门大学成立教学计划研究部，号召全校各系有重点地组织教学研究指导组，而教育系则积极响应，并于8月26日召开系务会议，经过讨论后确定成立教育学教研组。9月15日，召开第一次教研组会议，研究通过教学计划（包括教学大纲、教学方法和教学进度），并推李培囿教授为组长。教学大纲方面确定上学期为七章：第一章，什么是教育学；第二章，教育的本质；第三章，教育的目的与任务；第四章，教育的方法；第五章，教育的生物学基础；第六章，教育的社会学基础；第七章，教育的哲学基础。分别由系教师主讲，教学方法总原则是由集体教学与小组讨论，包括演讲、讨论、检讨、考查等。陈汝惠老师主讲

第三编　怀念与记忆

第三与第四两章。他认真备课讲授,特别重视对学生的学习辅导。他还就批改作业中发现的问题,以及如何培养学生自学的独立思考、独立工作能力等问题,撰文在校刊公开发表、给予指导。他在教研组内也善于团结互助,主动分担他人工作,指导老师撰写讲稿,等等。

1954年7月,厦门大学教育系奉命调整到福建师范学院,著名教授李培囿、杜佐周等均调出,本校为了继续开展教育科学的教学与研究工作,仍保留教育学教研组,并作为学校的直属单位,并由陈汝惠老师任该教研组主任。为加强学科建设以及向部分系开设教育学课程的需要,陈汝惠老师主持组织人员编写《高等学校教育学讲义》,该讲义分十二章,陈汝惠老师自己承担六章。由于讲义内容新颖,较切合我国实际,故印发全国师范院校和综合大学交流,曾产生较大的影响,被誉为"我国第一部《高等学校教育学讲义》",被视为20世纪80年代正式出版的《高等教育学》的雏形,乃至建立高等教育学新学科的尝试,等等。

陈汝惠老师为紧密配合、推动学校教学工作的开展,经常组织教师及时总结教学经验。例如,1956年1月,他曾以教研组名义发表关于中文、生物等系"教学实习"的总结报告;4月初,同样以教研组名义,集体讨论总结撰写题为"在教育学与教学法课程中,贯彻理论联系实际方针的经验"文章,在校庆期间举办的全校教学经验交流会上进行交流。

二

陈汝惠老师除了主持教研组和承担教学工作外,还努力加强自身的学术研究,不断提高学术水平,曾先后在《厦门大学学报（社科版）》《学术论坛》和《新厦大》校刊、北京《文艺报》、福州《园地》、《福建日报》、厦门《江声报》、《厦门日报》等刊物上发表文章30多篇。1953年,学校组织全体教师系统学习辩证唯物主义和历史唯物主义,包括毛泽东的《实践论》《矛盾论》等著作,陈汝惠老师则联系教育学基本理论与教学实践,撰写了题为《实践论与教学原则》的学术论文。他又于1955年至1957年间,撰写题为《试论人底全面发展的统一性、高度性和党性》和《实践论与教学过程》等两篇的论文,富有独到见解,有一定的理论高度和现实意义,堪为他教育学方面的代表作(均发表于《厦门大学学报》)。

《实践论与教学原则》一文篇幅较大,约有2.8万字,内容分五个部分。首先,阐述实践论是教育科学工作者的头脑,认为只有马克思主义的认识论——"实践论",才能为教学理论指引一条正确的途径,而教学原则乃是教学过程的理论概括。其次,指明"实践论"与教学原则在哲学战线上的一致性,体现其阶级性和实践性,并具体分析批判教学过程的主观主义的倾向。再次,文章还阐述教学认识的特殊性、教学过程基本环节与教学原则的相互关系,并认为教学原则主要是在人们根据教学过程基本环节要求而进行的教学实践中提出的。最后,文章揭示教学原则的内在联系,着重分析凯洛夫教育学提出的五个基本原则,包括直观性、自觉性、积极性、巩固性、系统性、连贯性、通俗性、可接受性等。文章最后指明,要正确运用教学原则,必须分析研究教学原则的各自特点,以及它们共同的一致性。《厦门大学学报》发表如此大篇幅的文章尚不多见。

《试论人底全面发展的统一性、高度性和党性》一文,从唯物辩证法与史观出发,阐明贯彻全面发展的教育方针的重大意义。陈汝惠认为,在培养各级干部工作中,保证质量的中心问题,就是贯彻全面发展的教育方针。在全面发展过程中具有内部条件的统一,就是体育、智育、综合技术教育、德育和美育的和谐的发展,彼此有机地联系,并且相互渗透着。其本身包含着理论与实践的统一,普通教育与综合技术教育(基本生产技术教育)的统一,教育与生产劳动的统一,等等,这也符合当今倡导的科学发展观的思想。他在文章中还指明人的全面发展,体现内外条件的统一,是全部体力和智力的发展,是以社会主义的觉悟为基础的,所以,它是高度性的发展。而这里的统一性和高度性,就是党性的表现。他认为教育工作者应该接受党的领导,执行党的政策,与工农群众相结合并为工农服务,坚定地站在共产主义的思想立场上,培养社会主义新人。

《实践论与教学过程》一文,是陈汝惠老师为纪念毛泽东著《实践论》发表20周年而写的。在文章中,他首先阐明《实践论》是教育工作者的理论武器,教育学和《实践论》是站在同一条哲学战线上,教育

学是一门党性的科学,它研究和总结了教育的实践,特别是在社会主义社会条件下的教育实践,以便探求新生一代的教育规律,应在《实践论》指导下掌握教学过程。其次,文章还指明《实践论》在分析教学过程本质中的指导意义。他认为教学过程,包括教师与学生活动的两个方面:教学与社会需要相适应,教学与学生身心发展规律相适应的两种关系。教学过程的基本规律,指在教学中教师以系统的知识、技能、技巧武装学生的同时,保证学生的身体健康,全面地培养学生的共产主义世界观与道德品质,发展学生的认识能力与劳动创造能力。要实现这个基本规律,则要求加强教学的科学性、教育性和知识的实践性。文章最后还阐述认识与实践的统一,是教学过程基本环节的内在联系,它表现于学生对教材的感知、理解、巩固,运用知识于实践,以及教学原则中的认识与实践诸方面。

陈汝惠老师学术研究涉及的领域较广,除了关于教育学方面,还有关于文学,尤其是儿童文学方面具有较深的造诣。他曾论述过儿童文学的专门特点、类型,以及现实主义与浪漫主义特征,等等。他还对民间童话、神话与传说进行过研究。在这些研究中,他的《鲁迅与中国儿童文学》一文更具特色,富有创见。他指出鲁迅是保卫儿童的战士,他推动了儿童文学的萌芽,催生、护育和支持着儿童读物中的神话、传说和童话,同时不容许任意贬低儿童文学的地位和质量,等等。陈汝惠老师主张在儿童文学阵地上发扬、发展鲁迅的传统。

三

陈汝惠老师来到厦门大学后充满激情,视野开阔,富有时代感。他一方面积极从事教学科研,另一方面关心政治,努力学习马列主义著作,热心参加社会活动,并注重联系实际。他热爱中国共产党和新生的共和国,拥护社会主义。他热望新生的厦门大学不断发展,并表现出主人翁姿态。这充分体现在他发表在厦大30周年校庆纪念日校刊《新厦大》的感言中,感言标题为《教育工作者的文艺学习——漫谈厦大文风》。他认为目前的教育工作者，必须把新爱国主义的学习作为中心任务，内容包括对于新社会制度——人民民主专政的优越性认识，对于吾土吾民的热爱，对于民族文化传统的自豪感等。其中，文艺学习应当是重要的方面，厦大作为一所人民的新型大学，应该进一步提高文风。

在抗美援朝时期，陈汝惠老师曾在厦门《江声报》发表有关文章，还改编出版连环画《最可爱的人》等。1951年，厦门市文学工作者联合会在厦门大学举行纪念五四爱国学生运动晚会，陈汝惠老师在会上做了《鲁迅先生在厦大》的报告。同年10月，这篇报告发表在著名作家丁玲主编的《文艺报》上，该报发表了一组文章纪念鲁迅诞辰70周年的文章，除了冯雪峰、王西彦外，便是陈汝惠老师这篇报告。该报告后来又为厦门《江声报》所转载。1952年，陈汝惠老师到福建安溪县榜寨乡参加土改运动，他看到农村经过土地改革后而发生的翻天覆变化，立即创作出《亲爱的同志，你再来》这首歌谣加以赞颂。他还创作散文、诗歌等作品，赞颂新时代，其中，《鲜红的五月，火红的世界》《人民，人民战士》等作品，就发表在厦门《江声报》"新文学"专栏上。

陈汝惠老师还热心社会工作，1951年，厦门大学成立中苏友好协会，王亚南校长任会长，郑朝宗教授任副会长，陈汝惠先后任副总干事、总干事，承担着大量的实际工作，还在校刊上发表有关文章。他还兼任本校海外华侨函授部副主任职务。

四

1960年4月，陈汝惠老师因历史问题受审查，行政职务被免了，他等待澄清，后又遭"文化大革命"严重冲击。继之，他调到中文系讲授写作课。他为恢复上讲坛当园丁而高兴，默默地辛勤培养年青一代。他的严谨教学作风，同样博得学生的好评。他对学生因材施教，不拘一格，善于鼓励和诱导，不少学生茁壮地成长，有的后来成为作家。1978年，他的历史问题终于得以澄清，遂又调回高等教育研究所任副所长，负责主编《建国三十三年高等教育大事记》，直至1981年退休。1998年9月4日，

第三编 怀念与记忆

陈汝惠老师终于走完他的人生道路。他为中华民族独立、人民解放和社会主义事业，乃至为厦门大学的发展所作的奉献，人们将永远铭记。愿陈汝惠老师英灵长存！

（作者为厦门大学图书馆研究员）

谈陈汝惠的为人与做事

陈伟钉

2008年10月25日,厦门大学举办了"陈汝惠教授创作及学术研究研讨会",与会者同声赞扬了陈汝惠的学问与为人,把被歪曲和被掩盖多年的真实陈汝惠,重现出来,还给历史一个公道。这就为我们进一步研究陈汝惠打通了一条道路并开了好头。

人常说,金碑银碑不如民众口碑。民众口碑在一个人死后才是最为真实的。陈汝惠去世多年后许多人仍在怀念他,颂扬他,何等难得!下面笔者就陈汝惠在立功、立言和立德几个方面的所作所为及其贤才落魄之原因等谈谈自己的看法,并以此请教有关专家。

一

陈汝惠,曾化名陈西强、张天泽,1917年1月出生于上海宝山;小时丧父,家境贫寒,由其母及长兄陈伯吹抚养长大。穷人孩子志不穷,他靠半工半读修完中学和大学课程。读中学和大学时,边读书,边写文章,边从教,14岁,开始发表文章,15岁,开始从事教育工作,从家教到小教到中教到中学校长到大学副教授;在困苦中磨炼,在磨炼中成长。

陈汝惠是个有血性的男儿,他年轻力壮之时亦即他读书、写作和从教的十几岁到二十几岁时,正是国难当头,民不聊生之时,他亲眼看到了"河山的破碎,家乡的毁灭,烽火再度举起"。"侵略者的横暴,刺伤了孩子的心,这仇痕是这样的深红,而且不可磨灭"。披上血衣的祖国怒吼了。

第三编　怀念与记忆

先烈的血迹在脚下闪烁。祖国需要勇敢坚决的战士，历史的巨轮，要我们用血和力去推动。面对当头的大难，面对祖国无声的命令，陈汝惠一边读书，一边教书，一边拿起笔当刀枪，"勇敢地站起来"，投入火热的全民抗日战争中去，用笔墨"告诉大家我所知道的"。陈汝惠除了在当时中共地下党支持的报刊，如《译报·前哨》《申报·自由谈》和《正言报》等发表一大批表现抗日的杂文和散文，还在顾冷观主编的《小说月报》和《茶话》月刊等发表了《死的胜利》《小雨》《斗牛士》《共死生之》等表现抗日斗争的小说。那些杂文、散文和小说，犹如一把把刺刀和利剑，刺进日本侵略者的胸膛，也像一声声号角，向中国人民呐喊：起来抗战救国！陈汝惠冒死抗日，曾遭到日本宪兵追踪抄家，可他没有惊恐，更没有屈服，就这样，陈汝惠为民族独立洒下自己年青的热血，以青春和生命换取抗战的胜利。

1945年抗战胜利，中国人民欢天喜地，大家都以为从此能过上自由民主的生活，陈汝惠想着如何专心于教育工作，为重建家园培养造就一批新型的建设人才。只是事不如人愿，国民党当权者不顾劫难之后人民的死活，大刮民膏民脂，没多久造成大多财富集中到少数官僚手中，他们只知道有己不知还有别人，成了独夫民贼。这不免引起民众的不满与反抗。而国民党的当权者则通过特务组织杀害民主人士和进步知识分子，在南京、上海、昆明等地接连不断地制造惨案，有人被杀，有人被殴，有人被辱。"我们活着，却梦见死亡"。对此，陈汝惠满腔怒火。此前，为了抗日斗争，他参加三青团，现在眼见国民党如此残酷，他毅然登报，声明退出三青团，并与中共上海地下党取得联系，将自己创办的《启示》杂志无条件地转让给中共地下党组织加以出版发行；还按地下党的指示，继续承担刊物的法人责任。为了自由教育的独立和发展，为了促使学生学习到真正的民主生活，陈汝惠一边继续从事教育工作，一边继续不停笔地写文章，尽一切力量来维护"立言人的思想"。他表示：我们决不能让一切老牌的、新牌的、冒牌的、无牌的法西斯细菌，有一个复活。他在《正言报》上发出"特工必须退出学校"的呼声。这不免引起国民党统治者的惊慌，急忙下令追查，结果陈汝惠被迫离开他主笔的《正言报》。

陈汝惠研究

这前后,陈汝惠在上海江湾创办了江湾中学,自任校长,聘请一批进步教师和中共地下党员到校任教,一时该校民主与进步空气大为发展,学生质量大为提高。江湾中学成了隐伏民主的堡垒。也是在这前后,陈汝惠专心研究了有关教育问题,发表了许多有关教育的论著,受到各方面的注目,上海大夏大学(华东师范大学的前身)特聘他为教育系副教授。这时他才31岁。

不难看出,抗日战争期间,陈汝惠是个爱国者。抗战胜利后至上海解放前,他成了教育界文化界的一个民主斗士,为新中国诞生做出过积极的贡献。他就这样让自己年青的灵魂放出奇光异彩,让自己的人生活出了尊严。

二

1949年,上海的解放和新中国的诞生,为陈汝惠的教育事业带来了春天。陈汝惠从心底发出由衷的高兴。他欢呼祖国的新生,也欢呼自己事业新的开始。

由于个人才干和在外的影响,陈汝惠得到新中国首任教育部长马叙伦的重视。马部长上任后不久,即向新任厦门大学校长王亚南推荐了陈汝惠,王亚南正求才若渴,赴任时特从北京转上海,偕同陈汝惠一起来到被称为"南方之强"的前线高等学府厦门大学,并聘之为厦大教育系副教授。

到厦大后,陈汝惠以"实践论"的观点和方法作为自己学习、工作、科研和社会活动的指导原则,投身到思想改造和各项工作中去,先后承担过教育学、心理学和文学写作等课程,几年中在《厦门大学学报》和有关报纸杂志上发表过几十篇学术论文和杂感,硕果累累,受到师生们的好评。

1955年前后,全国高等院校院系调整,厦大教育系并到福建师院去,陈汝惠留校担任新成立的校直属教育学教研组主任(相当于系主任),继续从事教育学的研究工作。在不长的时间里,取得两项引人瞩目的成果:

一是主持建设了一个有朝气的年轻的教育科学研究实体；二是主持编撰了一部《高等学校教育学讲义》，开拓出一门新学科——高等学校教育学。在校长王亚南的授意与支持下，"高等学校教育学讲义"编撰成功，是我国教育科学的一项首创，标志着一门新的学科成功开拓。它成了厦门大学教育科研的一块富有特色的基石。陈汝惠不愧为一位以科学实践理论指导教育科研的先驱者，一位新学科的开拓者。

三

1959年，厦大和全国一样，开展了"政治普查"工作，以清查反动组织和政治不纯分子。有人举报揭发陈汝惠曾参加过反动三青团。1960年，陈汝惠以"隐瞒反动历史"的罪名，作为重点清查对象，立案审查。

如前所述，陈汝惠年青时眼看日本侵略者蹂躏中国，热血沸腾，为了参加抗日斗争，曾在上海加入三青团。抗战胜利后，因不满国民党搞专制独裁残害人民，他甚表愤慨，毅然公开登报声明退出三青团，并以实际行动支持中共在上海的地下党。这些都是有案可稽的，但有人抓住陈汝惠的这个"历史疑点"大做文章，屡次以组织名义找陈汝惠进行严厉的谈话，要陈老老实实交代问题。摆在陈汝惠面前的那些问题，虽属莫须有的罪名，可令陈汝惠痛苦不堪。在不断加温、升级的压力下，陈汝惠只好违心地就参加三青团及担任过的职务等，作了深刻的反省和自我批判。

陈汝惠来到厦大后，工作认真，为人正派，从不拉帮结派和党同伐异，平时就给同事们印象甚好。因此，周围的人无不对他深表同情。只是，这些均无济于事。结果，陈汝惠被撤掉直属教育学教研组主任之职，被当成"另类分子""内控人员""控制使用""废物利用"。为此，陈汝惠被转去中文系教写作课，并时时与学生一道下乡参加劳动锻炼，改造思想，以观后效。对陈汝惠来说，这样做虽然难免有些别扭，可倒也未必难受，因为它可省去不断地交代问题的折腾，省去不停地接受批判的思想负担，所以尽管问题未得解决，但可"轻松"了一些。

只是"好景"不长，1966年夏天，一场巨大风暴从中国大地刮起，陈汝惠在劫难逃，又面临可怕的灾难。十年动乱期间，他曾参加三青团的历史问题又重新被提出来。接着，他成了"牛鬼蛇神"被关进"牛栏"，白天在"造反派"监督下种地，扫马路，喂猪，夜间在灯光下写自己的"交待材料"或"自我批判"。

陈汝惠的人格被践踏，被侮辱，受损害，但他没有屈服。他做着自己该做的事情，常常不顾自己体弱而超负荷地工作，用正确思想和道德教育自己儿子和求学的学生们，每每得到学生和周围群众的好评与称赞。在逆境中表现出他的高尚的人格与品德。

直到 1978 年，随着全国的拨乱反正，陈汝惠的个人冤案也终于得到了澄清，得到了平反，让他重操旧业，而这时的陈汝惠已进入耳顺之年，已精疲力竭了。尽管如此，他的个人冤案总算得到了纠正，只是还不够，他的《讲义》冤案并没有得到澄清；他当了三十多年的副教授该晋升时未得晋升；他在上海时与中共地下党并肩战斗过，该享受离休待遇，也未享受到；他该得的种种荣誉，一个也没得到。他仍受到不公平的对待。

四

陈汝惠的为人如同流水，不求向高而往低处流。平时保持低调，不求名不为利；陈汝惠的做事，如同运动员的登山，有目标，往高处攀登，不达目的不休止。他一生中展现出的智慧灵光，自信精神，他一生所取得的成就，给后人留下了永久的精神财富。陈汝惠是个"真正大写的人"。

陈汝惠是个优秀的学者和教育家，是个智者。优秀指其个人内在品质，即有高尚的人格和真才实学。智者乃是与平庸者相比而显现出来的。智者平时爱思考问题而多沉默，话语不多，但句句含有浓浓的智慧，以最少的话语包含最多的内容。

陈汝惠是个德高的贤者，不计个人得失与荣辱，视权力荣誉如粪土，一生不停地追求真理，对人民事业不遗余力。除了教书育人，他写作过大量文章，现已发现的从 20 世纪 30 年代以来出版的著作有 14 部、文章 233 篇。那多是用血和泪写成的，是他对民族对历史责任感而迸发出的思

第三编 怀念与记忆

想光芒。他一生坎坷，泪尽尊枯，但经过种种困苦与磨炼，愈挫愈奋，辞充气沛，真理在胸无所惧，任何邪恶势力都压不垮他。

陈汝惠是个自信者。自信是一种从内心自然发出的带有谦让意义的无声光辉，通过毅力表现出自己不屈不挠精神和必胜信心的性格。他从14岁开始发表文章，15岁开始从事教育工作，可他从没说过自己14岁就有了文龄，15岁就有了教龄，从不自吹自擂。他当了三十多年副教授，在该转为正教授时，有人为打压他，有意贬抑他，说他没有文章，硬是不让他转正。对此，他不加计较，可谓"大海不与坎井争其清，雷震不与蛙蚓斗其声"。20世纪60年代和70年代，因冤案给他造成种种不幸，生活不如意，情感受挫，事业受阻，而他仍能面对现实，哀而不怨，不发牢骚，身处低谷而不丧失其志。面对成果被占，荣誉受损，他能冷静对待，这自是成熟的冷静，是一种睿智和自信。

总之，陈汝惠"荣辱不惊，去留无意"，为人正派，是个正人君子。君子有德有才深而不露，谦虚谨慎。

陈汝惠人生境界高尚，一生以善心忠心对待工作，从事文学创作和教育事业，发表过大量的文学作品，令人赏心悦目，培养了大批人才，在祖国建设事业中发挥出积极作用做出许多贡献，此乃有目共睹的。

（作者为厦门市老年大学退休人员）

敬挽陈汝惠先生

王翼奇

教泽长存　纵历艰难坎坷　无改素志丹忱　数沪上秋风　鹭门春雨

文光不灭　岂惟桃李芬芳　更看阶兰庭桂　有大苏雅望　雏凤清声

癸未岁暮　后学
（作者为著名古典文学家、中国楹联学会常务理事、浙江省政协文史馆员）

第三编　怀念与记忆

怀念陈汝惠教授

罗耀九

忆昔英姿勇率先，常闻宏论创新篇。
引经据典人钦佩，蹈矩循规友称贤。
世事如棋藏变化，人情似戏隐机玄。
阴霾散尽观佳景，拂洗珠玑复自然。

2008 年 8 月 30 日
（作者为厦门大学历史系教授）

陈汝惠教授创作及学术研究研讨会感赋

陈升法

西行驾鹤十春秋,
纪念盛场同展眸。
教泽恩长桃李颂,
文光隽永大家留。
嫉贤之辈暗无色,
崇德同仁明缘由。
学界赞言今告慰,
英名千古史歌讴。

(作者为厦门大学外文系教授)

陈汝惠赞

林其泉

惨遭横祸受冤情，
功绩沪闽民自清，
埋骨多年魂魄在，
丰碑闪耀颂英名。

陈汝惠教授十周年祭

——此赋代记先生危苦之思

林丽珠

陈汝惠教授（1917—1998）享年 81 岁，上海宝山人氏。他曾为教育事业投入毕生心血。早年家贫靠半工半读修完师范系列课程，从乡师、高师到大学教育行政系；15 岁从教，从家教而小教而中教而名校名师直到中学校长，而后是大学教授。他以精益求精取得每一阶段的教育实效和经验，并关注教育形势发展而进行研究，撰写了近百篇有关教育的文章；更难能可贵的是早在 1955 年就率先倡议、亲自动手并组织其班子成员初创我国第一部《高等学校教育学讲义》，影响深远，它为我国的高等教育学研究奠定了基础，功不可没。与此时，他还投身于时代洪流并创作了数以百篇计的文学作品，用优美和饶有哲理的笔法激励读者和忠实地记下时代、社会、民生和自己的情怀。这也是一笔不可多得的宝贵精神财富。但是，由于极左思潮的迫害，使他长期蒙受屈辱，业绩湮没无闻，并在老病的痛苦折磨中逝世。2008 年 10 月 25 日，在厦门大学召开"陈汝惠教授创作及学术研究研讨会"前后，悉知一般，不胜嘘唏，特以小赋代记此情事以为追悼。

> 敬悼先生遭世罔极兮，
>
> 喜今日冤情昭雪。
>
> 狂飙既驱远离兮，
>
> 彩虹终究破阴。
>
> 百尺楼头眺望兮，
>
> 重见曙光之赫奕。

嗟人生之多忧兮,
几颠簸而数穷。
忆昔阴霾万重兮,
鹤唳天风夜萧瑟。
浮云急风相驱逐兮,
空怀泰山之志!
卞璧灵珠价连城兮,
赤诚奉献却见欺。
等身著作无以避罪臣之祸兮,
何以知进退之宜?
首倡高等教育学兮,
又潜移梁柱而去。
何九稼之不获兮,
常苦心而劳形。
观世风日下伤悲兮,
抚寸心而悽恻。
朝暮痴痴何所似兮,
此情唯有天知!

天道无亲常与善人兮,
感造物主之伟力!
善有善报兮,
又复何疑?
乾坤不过坎和离兮,
石怀宝玉蚌腹藏珠妙显天机!
天怜忠厚之无助兮,
九泉之下安息。
魂眇眇而驰骋兮,
歌与光同尘。

越曲为之取乐兮,
鲁酒为之忘忧。
无称而称者其称不朽兮,
无用而用者其用不穷。
天之无言不能去苍苍之像兮,
风之无色不能闵萧萧之响。
善计者无所用其筹策兮,
善观者无需劳其俯仰。
虽可名可道而终默然兮,
沉默是金妙含哲理无遗!

2008 年 4 月 1 日

第三编 怀念与记忆

祭陈汝惠先生文

陆文虎 孙立川

维西元二〇〇五年,岁在乙酉,时为中秋后五日,门生陆文虎、孙立川谨以鲜花之奠,致祭先生於杭州南山。

呜呼哀哉!先生生於沪而葬於浙矣。西子湖畔,雷峰塔下,青山有幸埋忠骨。先生择此为归命之地,与岳武穆为邻,共赴国难,千古一心,此地多有英烈塚。波光潋滟,如见苏子与客泛舟;清风明月,又可与苏曼殊论诗,灵隐禅机,孤山鹤影,正合先生之文心矣!

遥想一甲子前,先生以文弱之身,抗日寇于黄浦江边,明节操于危难之中,虽处逆境而不惧,领导群英,地下抗战。胜利之日,亲书文告,万民争阅。然时过境迁,遭世罔极尽兮,章甫荐履,渐不可久矣,嗟苦先生!逆风而行,先生决起,与权贵割袍绝交。新中国立,先生欣然南下,执教于鹭江上庠。未几,逢时不祥,先生负屈自引而远浊世以自藏。"文革"大劫,焚书坑儒,冤狱遍地,赤子之诚竟遭厚诬,先生被执于牛棚,惶惶不可终日,九死一生,劫后倖存。吾等束发之时,适值"文革"乱世,蹉跎岁月,奄奄然于草莽。因缘际会,聚于厦大,得逢先生复出执教,投止门下,幸甚矣!先生以恂恂儒者之风,化吾愚顽。三十年弹指一挥间,今双鬓已白,忆及师门之恩,泪如泉涌。千里来拜南山,呜呼!先生已蝉蜕形骸,一瞑万里,墓木已拱矣!悲哉吾师,虽赍志以逝,其炯炯在乾坤。

呜呼伤哉,魂兮归来,先生先生,受吾等弟子一拜矣!

秋风飒飒,金露万钟,天长地久,人生几时?武林城中,尚有旧迹可寻否?千年古都,兴亡递替,饮水思源,来吊吾师,师恩如山,永存吾心。

呜呼哀哉！伏维尚飨。

公元二〇〇五年九月二十三日
农历八月二十 秋分　于杭州
（作者陆文虎为解放军艺术学院原院长、少将军衔）

第三编 怀念与记忆

百感交集 思念与感谢*

陈佐洱

今天与会，百感交集，首先是谢意。家父是中国千百万知识分子中普通一员，感谢校、院、系领导和与会的专家、老师们关心、支持，在他逝世10周年之际热情地建议、筹备，并拨冗出席了今天这个研讨会。

家父生活的时代，使他较早明白，只有共产党才能救中国，因为他热爱祖国，所以拥护共产党。他热爱教师这个神圣的职业，热爱工作和生活了30余年的厦大，在他全部的生命历程中，恐怕没有一个地方对他之重要性，可以与厦大相比了。虽然他没有什么突出的贡献，但一生勤劳，愿意学习，愿意进步，与人为善。当然，如果历史环境更好些，或许他能够多做些有益的事情。这都已成为过去。上世纪50年代，是家父人生最为美好的年代，这只要从他10年著述的部分目录可见，几乎每年都在《学报》有一篇或一篇以上的论文发表，还有散见于全国、省、市报刊的文章，以及每年在校的大量教学、科研活动、社会活动，等等。他从青年到中年，经历抗日战争、解放战争。日本宪兵抄家、张榜悬赏抓捕他；国民党当局上海警察局长毛森把他列入秘密追杀的"亲共分子"名单，他几乎一直过着颠沛流离的动荡生活。我清楚地记得上海解放那天早晨，他终于回到家，喜形于色地打了一个又一个电话，和亲戚朋友们相互庆祝、欢呼"解放了，上海解放了！"然后带我上霞飞路，看露宿街头、纪律严明的人民解放军，啧啧赞不绝口。1950年，他就由新中国第一任教育部长马叙

---

* 此文是2008年10月25日在厦门大学举办的"陈汝惠教授创作及学术研究研讨会"上的致词。

伦先生推荐，跟随王亚南校长跋山涉水来到厦门大学了。

我自幼视父亲为慈父、导师和挚友。我最早接触到的中外名著内容，是每天早晨钻进他的被窝里，以不讲一段故事我不起床，他也睡不成觉（时值他在《正言报》社上夜班）的方式获得的；后来又是他借助厦大图书馆让我读到了这些以及更多的原著。他教育我们三兄弟做"五爱"新人、对社会有用的人，鼓励我们争取入队、入团、入党，总是支持我们为实现理想而作的努力。他手把手地教我写作。家里最快乐的时光是一家人围坐着，边吃晚饭边海阔天空地多话题漫谈，这也正是父母亲对我们进行思想教育，灌输知识的时候。家父母都是学教育学的，擅长因势利导，正面教育，从不打骂，对他的批评可以抗辩，他注意地听，然后再民主讨论，以理服人。我们也常讨论时事政治。我清楚地记得50年代末，当时中苏关系还没公开破裂，有一次，谈到毛主席和苏共中央总书记赫鲁晓夫，父亲说："毛主席要伟大得多，如果让我替毛主席死，为了毛主席延年益寿，我情愿。"他晚年感恩邓小平同志。20世纪80年代，苏小明的《军港之夜》流行一时，家父很喜欢听。有一次，当听到"海浪把战舰轻轻地摇，年轻的水兵头枕着波涛，睡梦中露出甜蜜的微笑。"他好像想起自己已经结束了10多年的噩梦，错案获纠，也能够合目安睡，竟热泪盈眶，直呼小平同志，向北方鞠躬，感谢获得第二次解放。

20世纪90年代初，父母亲和我同住在北京。他知道我在参与谈判香港政权的交接问题，有时深更半夜才回家，见他还在默默地等我，几次对我说同一句话："英国是老狐狸，要小心！"1998年8月底，他逝世前的那个周末，我从南方出差回京，在杭州小停，从饭店里带了几个菜到家和他一起午饭，他已经不爱说话，但脑子清醒。我对父亲说，小时候你曾经告诉我作家就是最会讲故事的人。你给我讲过很多很多故事，你也写了很多很多故事，有给大人们看的，也有给孩子们看的。听到这里，他流泪了。我说我以后从部长岗位上退休了，也学你和大伯，再写作。他一面哭，一面连连点头。一周后，我在北京接到了他的噩耗。生老病死是生命规律，人之常情。而逝后还被纪念，那是很值得欣慰的。家父九泉之下有知，一定会深深感谢校、院、系领导，以及今天与会的各位。

第三编 怀念与记忆

今天，厦门大学人文学院、教育研究院和海外教育学院在这里联合举办"陈汝惠教授创作与学术研究研讨会"，纪念他逝世10周年，这对于家属不仅仅是荣幸，而且也是个很好的学习机会，可以向在座诸位学者、老师，青胜于蓝的后起之秀们学到、认识到许多宝贵的东西，相信会再对他作一个历史的实事求是的小结。

再次谢谢大家！

（本文作者为陈汝惠长子、全国政协常委、国务院港澳办原常务副主任）

回忆父亲

陈佐沂

父亲去世已经 5 周年了,我带着全家人的嘱托和怀念,前去杭州南山公墓他的坟上献花。沿着两旁树木整齐的墓道拾级而上,我来到依山面江、林木苍翠的一座小山坡上,默默地望着父亲墓碑上"教泽长存,纵历艰难坎坷,无改素志丹忱,数沪上秋风,鹭门春雨;文光不灭,岂惟桃李芬芳,更看阶兰庭桂,有大苏雅望,雏凤清声"这幅熟悉的挽联,心中涌起一阵动情的追思。想想这位长眠地下的老人,生前在新旧中国交替的时代大变迁里,度过了半个多世纪的风雨岁月,一生坎坷,历尽沧桑。"长太息以掩涕兮,哀民生之多艰"。老人如能活到今天和我们一起共享新时代的阳光雨露,他该有多么欣慰呵。

父亲早年家贫,凭他的天资和勤奋,半工半读完成学业,在近 60 年从未间断过的执教生涯中,先后担任过家教、小教、中教,直至大学教授。

抗战期间,时年二十多岁的父亲怀着一腔爱国热情和对日寇的仇恨,在上海沦陷区投身地下三青团抗日活动。在组织屡遭敌伪破坏后,他仍在青年学生及知识分子中积极发展地下抗日队伍,虽遭敌伪在上海各地张榜通缉,严密搜捕,但仍冒着生命危险坚持留在上海继续从事抗日活动,并成长为一支以大学生和职业青年为主体,活跃于全上海的组织严密的地下抗日队伍的领导人。面对抗战胜利的历史时刻,是他向翘首期盼光复的上海市民散发了数百万份他亲自执笔的《告上海市民书》,号召上海市民沉着冷静,迎接一个新的历史时期的到来。

第三编 怀念与记忆

然而，历史车轮滚滚向前，抗战胜利的喜悦很快过去了，代之而起的是他对国民党当局挑起内战、专制腐败的失望和愤懑，父亲毅然拒绝高官厚禄利诱和各种威胁警告，公开登报声明脱离三青团。在辞官任教、甘守清贫的日子里，为了理想和信仰，同时也为生计，他曾广泛兼职，一面任教，一面出书办报，编辑杂志。父亲文思敏捷，无论小说散文，还是文艺评论或杂文，他都能驾轻就熟，挥笔成章。那时他正当壮年，精力充沛，往往连夜赶稿，黎明交印。从现在尚能收集到的他在 20 世纪 40 年代已发表的近百篇作品来看，父亲是当时上海文坛上一名颇为活跃的撰稿人。

我哥哥清晰地记得他七岁那年，上海解放前夕，为逃避国民党特务头子毛森的追捕而藏身在外的爸爸突然回到家中。他兴奋地带着全家人拥在窗前眺望上海闸北一带的炮火，盼望上海历史新一页的揭开。黎明，睡意朦胧的哥哥见到爸爸正满怀欣喜地、接二连三地向诸亲友们打电话："解放了，上海解放了！"

解放后，父亲由新中国首任教育部部长马叙伦先生推荐到厦门大学任教。我童年时代的爸爸，正值他在厦门大学全身心地忙于工作，很少有时间顾及我们几兄弟的学业和生活。印象中，那时的爸爸眉宇间透着一股朝气，既精神又自信。他一再教育我们要热爱党，热爱新社会，要努力争取进步。20 世纪 50 年代初，父亲如饥似渴地阅读了《踏破辽河千里雪》《暴风骤雨》《钢铁是怎样炼成的》等大量解放初期的小说和革命战争回忆录，亲身参加闽南山区的土改运动，耳目为之一新。他第一次深切地了解到，在他熟悉的上海文坛上的笔耕生涯以外，还有那么生动感人、波澜壮阔的群众运动和严酷的战争烽火。同时，他又满怀欣喜地看到新中国成立后带来的新气象和新风气。这个新生的共和国多么美好呵！这不正是他多年来梦寐以求的自由民主新中国吗？他从心底里产生对共产党、对解放军、对老干部极为真诚的敬意。"路漫漫其修远兮，吾将上下而求索。"他心悦诚服地彻底否定了自己的过去，就连他在上海沦陷区里坚持地下抗日斗争的经历，在他心中也成了一种"为蒋介石假抗日装点门面，客观上损害了人民革命利益"的负罪感。正是 20 世纪 50 年代初建立起来的这些信念，成为他日后历次政治运动中几经磨难，"虽九死其犹未悔"的精神支柱。

父亲对毛泽东一向无比崇拜。记得1958年，一次在家庭聚餐桌上，他曾深情对全家人说："毛主席是中国有史以来最伟大的领袖，就是让我为他去死，我也心甘情愿，因为中国需要毛主席的领导。"仰止之情，溢于言表。至今我们弟兄聚首，谈起此事仍历历在目，印象殊深。

父亲对解放军怀有特殊的好感和信任。我读初中时，暑假里要独自一人出门远行，临行前爸爸一再叮咛我旅途上尽量找解放军叔叔同座同行，因为"只要有解放军结伴同行，一路上便尽可放心无恙"。

父亲为人一贯温文尔雅，从不摆家长威风，向来提倡家庭民主，遇到孩子们犯错时，他不是一味责骂，更无动手打过孩子，他往往先允许孩子自我申辩，甚至可以辩论再三，然后循循善诱，指出其错误所在，以理服人，直到孩子心服认错为止，既严厉又民主。由于爸爸的言传身教，无形中使我们从小知晓并养成凡事都要"讲道理"的好习惯。

在家里，父亲多数时间都在书桌前伏案工作。他虽不善理家务，却是很爱这个家，很爱孩子的。我们在整理爸爸为数甚少的遗物中发现，他经历了这么多年的磨难，还一直把我们三兄弟四十多年前从上海写给远在厦门的爸爸的信件珍藏在身边，信纸上还有爸爸的批语和感想等手书。这些年久发黄了的信纸和充满童真稚气的文字，无言而生动地映出一位慈父的舐犊深情，如今睹物思人，不禁潸然泪下。

60年代起，随着一次次政治运动的不断升温，父亲因抗战时留下的"负罪感"的历史包袱越背越沉，终于因枉"有历史疑点"而被错划为"内控人员"，成了人群中的"另类分子"。从此，他的言行、工作、待遇等都受到"内部控制""屈心而抑志兮，忍尤而攘垢"。那时我刚上初中，对这类事一知半解，只知道爸爸不再担任厦大华侨函授部副主任等行政工作，被调到中文系教书了。在外虽经常受到无形的监控，但爸爸在家人面前尽量表现轻松，以保持家庭气氛少受冲击。孩子们虽"少年不识愁滋味"，但也感觉到爸爸眉宇间的愁容时时可见。他的言谈举止变得谨小慎微，不再那么自信和精神了。之后，那些令父亲惴惴不安的事情果然接踵而来了：我们三兄弟的入团、升学、选专业等，自然都因父亲的"内控"

第三编　怀念与记忆

而受到种种牵连。

爸爸默默承受着内疚和自责的煎熬，从不在我们面前说一句怨天尤人的话。他把一切委屈和痛苦统统一人吞下，深埋心底。他始终怀着一丝希望，无时不在望眼欲穿地期盼着当年那些同他一起合作过的、受过他掩护或资助的中共地下党员中，有人能出面提供证明；或者组织上能派人去外查内调；哪怕能找他本人当面核查一下也好，这都可有助澄清他的"历史疑点"。岂知就在这种期盼中，"文化大革命"降临了。父亲在劫难逃，惨遭更严厉的冲击。那年月里，我印象很深的是他每次从"牛棚"里放风回家，总不忘对我们"做思想工作"，说自己盲目抗日，错投三青团门下，铸成终身大错，留下历史"污点"，上对不起党，对不起人民，下对不起家人，贻误子女前程，再三要我们正确对待"家庭问题"，等等。这些话我不知听他讲过多少遍，几乎能背出来。看似苦口婆心，正面开导，实则寸草春晖，用心良苦。他实在是生怕我们因他的问题而对当时的形势产生不满再遭无妄之灾。

在那些岁月里，父亲白天在监督下种地，扫街，喂猪，夜里还要在灯下写那似乎永无休止的"交代材料"和"自我批判"。"文化大革命"后期，他终于被允许给工农兵学员讲授写作课程，爸爸兴奋得夜不能寐。他除了课堂讲授外，还把学员们逐个邀到家中当面辅导，对每一篇作文都斟字酌句地仔细批改，几乎天天工作到深夜。因此，他在学员中颇受好评。虽然他这样不顾年老体弱超负荷地工作，但精神上很兴奋，毕竟经历了8年关"牛棚"的日子，终于又回到了他熟悉的教室里来了呀。

"四人帮"倒台，"文化大革命"结束，父亲历史问题中的"疑点"很快就得以澄清，摘掉"内控"帽子，全家人重见天日，喜极而泣，庆幸第二次解放。可惜这时的父亲已经身心交瘁，虽有伏枥之志，然已无力重新握管。1978年10月，父亲在一张旧照片背面留下了这样一段话："等待、申述18年。喜逢抓纲治国大好形势，真相大白，终于彻底纠正了错案。往事已矣，只恨白发生。人生能有几个18年？千金难买青春少。"

父亲一直心存夙愿，要写一部他几十年心路历程的回忆录，可惜直到最后去世也没能实现。

今承蒙《上海四十年代文学作品系列》编委会的编委和父亲生前老友们的热心奔走，支持、帮助和指导，终于编辑出版了《陈汝惠文集》。幸逢当今中国百年未有之清明盛世，这些上世纪40年代的文字竟能出版问世，恐怕父亲当年亦不曾料到吧？

沧海桑田，情天亦老。

母亲和我们全家人谨以此书纪念九泉之下的先父陈汝惠。

（作者为陈汝惠次子、浙江大学工学博士）

第三编 怀念与记忆

再见爷爷

陈 晴

爷爷，我来了，来看您了！

车子沿着崎岖的霜冻的山路行驶；怀里捧着为您亲手编制的花篮，我的心越来越急切。这么远，这么久，终于回到了祖国，回来看望您了。

下了车，已经能够望见山头上的青松翠柏。我的眼睛开始湿润，腿也开始微微颤抖。最后的几个台阶几乎是跑着冲到您的面前。双膝跪下，伏在您的墓碑旁，我泪流满面。

爷爷，我来看您了！穿过了千山万水，终于来到您的身边。我来迟了。

惊闻您去世的噩耗，是在一年多以前。那一天，我正与几个朋友在西部印第安部落的沙漠里宿营。夜晚，躺在睡袋里辗转反侧，久久不能入睡。我看见帐篷的顶端像是有星星绕着似的，亮亮的，很是好看。当晚，我做了个奇怪的梦，梦见爷爷来看我。您穿着旧时的长袍，手里捧着许多诗书文稿，很潇洒轻松的模样，人看起来也比我记忆中的要年轻健康得多。我向朝着我微笑走来的爷爷请安。爷爷拍拍我的肩，将那叠诗书文稿交到我怀里，好像说是要出远门了，很久以后才可以再相见，嘱咐我要多回家看看奶奶……等我睁开眼睛，已是早晨9点钟。我们拆了帐篷，告别了印第安朋友，回到了半岛都市。一回家，就听到了父亲从太平洋彼岸打来的电话录音：爷爷于昨天——9月4日去世了。

爷爷去世了？这怎么可能？昨夜我还梦见爷爷！莫非昨天真是您托梦来告别？莫非您的这趟远行竟走到另一个世界那么远吗？

长长的哀痛后，我终于接受了这个事实。爷爷已患病卧床多年，生活早已不能自理。特别是近期以来，老年痴呆症恶化到连亲人都难以辨认的地步。想到昨夜梦中那么泰然潇洒，是否显示告别这尘世是一种解脱呢？

去年，得知您逝世的消息后不久，本想赶回来祭拜。谁知母亲又得了重病。所以，爷爷，对不起，我来迟了。我相信，您是理解的，去年，对于我们家来说是那么艰难。如今，妈妈正在积极稳定的康复中。这一定也是您所期望的，是吗？

爷爷，我的爷爷！如今让我燃起香，点上蜡烛，摆好花篮，全身心地拜祭您。

家人给您安排在这个依山面水的好地方——杭州有名的南山公墓。这儿背靠葱郁的玉皇山，面对南宋皇帝的八卦田，远眺浩荡的钱塘江，而不远处就是您生前十分喜爱的西湖。父亲曾动情地回忆，他少年时您带他来游西湖，您情景交融地把苏东坡的"欲把西湖比西子，淡妆浓抹总相宜"两句讲解得异常透彻。从此，这位宋朝大诗人给他留下了极其深刻的印象。

您的追悼仪式我虽然没能赶回来参加，但父亲早已一一向我描述。尽管家人没有对外张扬，只举行了一个小小的至亲告别礼，但海内外学界、商界、政界的不少友好还是闻讯送来了花圈，发来了唁电。那天，您安详地闭目躺在鲜花丛中，奶奶带领儿孙们呼喊着您，向您鞠了一个又一个躬。在众多挽联中，以当代古典文学家王翼奇教授写的那副最为点睛，上下50字比较完整地概括了您的一生：

教泽长存，纵历艰难坎坷，无改素志丹忱，数沪上秋风，鹭门春雨

文光不灭，岂惟桃李芬芳，更看阶兰庭桂，有大苏雅望，雏凤清声

想当初第二次世界大战期间，您在上海沦陷区，团结一批热血青年学子，冒死抗日。日本宪兵追踪抄家，奶奶抱着襁褓里的爸爸，流亡了两年才与您团聚。抗战刚胜利，您起草的《告上海市民书》，一时为万人争相传阅，奔走相告。您一生淡泊名利，富有正义感，不为抗战胜利后的高官厚禄所诱，登报声明退出了三青团，回大学执教笔耕，为刚刚诞生的新中国默默做着贡献。从上海到厦门，爷爷不知发表过多少小说、散文、杂文

和学术论文。您培养出来的学生有些后来成了著名作家、评论家、教育家。在20世纪60年代后的很长一段时间，您竟蒙受不白之冤，不仅被戴上"牛鬼蛇神"的高帽子，天天担米泔水喂猪，而且时不时地被脸上涂上墨，赤脚游街挨批斗。一家老小都遭受牵连。

爷爷从一名乡村小学教员、中学教师到大学教授，一生靠自己的努力增长才干，教书育人，辛勤写作，著作能够等身。父亲正是在您的影响下，也心仪笔耕，他从政前留下了好几本散文特写集和译著。到了我们第三代，也没人敢懈怠，我从七岁半记日记，九岁开始阅览中外名著，还发表了数篇文章在中小学生的报纸杂志上。我一直都会记得在梦中您临走前将那盈诗书文稿交到我怀里的情景。您放心，爷爷，即使身在海外，我也时刻记住我是炎黄子孙。奶奶至今依然神清目朗，身体健康。您的儿孙们也都成长为对国家对社会有责任、有贡献的人，陈氏兄弟的名字和故事经常被报纸、广播传为佳话。我们家虽不是什么名门望族，然而书香门第却是可以代代相传的。

爷爷，不知不觉地，已在您墓前说了一下午的话。终于回到您的身边来，尽点孝心，我心底那个画了一年多的未完的句号，总算可以画完了。这样跪坐在您面前跟您说话，仿佛觉得时光倒流。儿时您牵着我的手教我背唐诗，帮我改作文的情景仿佛就在昨日。可是现在我又要走了。陪我来的堂弟们一定在山下等了好久。天快黑了，要下雪了，山路怕是要更不好走了。现在我先将墓边的杂草拔掉，扫清落叶，烧些纸钱，再给您磕三个头。爷爷，我这一走又是千山万水。可是无论我浪迹何处天涯，您一直都在我心里。只要想起您，想与您说话，我会拿出您的照片摆在面前，燃起香……

再见爷爷！

（作者为陈汝惠孙女、联合国儿童基金会香港委员会副主席）

附　录

陈汝惠年谱

李荷珍

1917年1月17日出生于上海市宝山区罗店镇。

1925年　9岁时，其父因贫病交加，中年早逝。由母亲和长兄陈伯吹抚养成长。

1930～1932年　入学江苏省立上海中学主办的乡村师范学校。求学期间，开始文学创作，在北新书局的期刊《小学生》上发表寓言、诗歌、故事、常识等儿童读物。

1932年　乡师毕业，担任小学教师，同时插班就读于上海建国中学主办的高等师范学校。

1934～1939年　高师毕业，受聘于上海立德中学任初中语文教师。

1934～1938年　入大夏大学，其间常在《大夏周报》及中共上海地下党主办的期刊《译报》上发表针砭时弊的杂文。靠超等奖学金以及在校外兼职任教和稿费收入，完成了教育行政系的全部课程。

1936年　由中华书局、北新书局首次出版儿童文学专著《我们的新生活》。同年，由儿童书局出版《我们研究国防》《我们研究航空》等儿童读物。

1938年　在《译报》编辑（中共地下党员王任叔、蔡若虹等人）的帮助下，自选历年来发表的杂文，编撰成《断章取义集》，由新流书店出版。

1938～1940年　在《大夏半月刊》《申报自由谈》及《小说月报》等刊物上发表杂文、小说和部分翻译作品。

附 录

1939年　应聘于上海立德中学、育才中学任高中语文教师。

1940年　在《小说月报》上连载中篇小说《女难——多余的喜剧》，初步奠定了在"孤岛"文坛上的地位。

1940~1944年　在《小说月报》接连发表《女曼殊》《淡水》《死的胜利》《小雨》《捕珠手》《斗牛士》《熊的故事》《最后一张牌》等一系列作品，包括译作《最后的解决》、狄更斯的中篇小说《焦炭市》。

1941年元月　在上海沦陷区秘密加入地下三青团组织，坚持与日伪斗争直至抗战胜利。

1943~1946年　发表文艺理论探讨以及文艺评论的文章，如《文学十讲》《小说漫谈》等，散见于《小说月报》《春秋》等期刊。

1945年8月15日　日寇无条件投降。亲笔起草并组织印发《告上海市民书》，百万上海市民争相传阅。

1946年　在中共地下党和民主人士（如马叙伦等）影响下，创办了以宗教色彩为掩护的进步刊物《启示》。1948年将《启示》无条件转让给地下党编辑发行，并按地下党指示继续承担法人责任，直到1949年遭国民党当局查封。

1946年　在《上海教育》刊物1946（1）、（2）上发表《普通教学法补充教程》及其续篇。

1946年　任上海《正言报》教育版编辑、主笔，在该报《小言》专栏发表大量旗帜鲜明的反内战、反饥饿、反迫害的时事随笔如《请勿掩耳盗铃》《特工退出学校》等，引起国民党高层震怒，为此报社受到警告，作者受到训斥而被迫离开。

1947年　在6月反动党团合并之前，拒绝高官厚禄的利诱，公开登报声明脱离三青团。

1947年　由金屋书店出版短篇小说集《三人行》（启示丛刊之一）。

1947~1949年　创办上海市江湾中学，任校长，聘请多名中共地下党员担任训导主任、教导主任和骨干教师，在校内推行民主运动，资助师生投奔解放区，使江中成为蒋管区内"一个隐伏的民主堡垒"。

1947年　由商务印书馆出版教育学专著《父母与子女》（1971年台北

商务印书馆再版）。

1948年　在《茶话》期刊连载以上海沦陷区抗日斗争为背景的自传体长篇小说《风尘》及其《后记》。尤其《后记》是作者继1947年登报声明退出三青团后，又一次公开表明政治观点的战斗檄文。

1948年　由金屋书店出版杂文集《长短集》。

被大夏大学聘为教育系副教授。

1949年　积极协助原上海市副市长吴绍澍起义，被特务头子毛森列入追杀黑名单，直至解放才结束颠沛流离的生活。

1950年　由中华人民共和国首任教育部长马叙伦推荐，随校长王亚南赴厦门大学任教育系副教授。

1951年　参加厦大闽南山区土改工作队，受到深刻的教育、震撼和鼓舞。

1951~1952年　在《文艺报》（北京）第四卷第11、12期上发表纪事散文《鲁迅先生在厦大》。根据魏巍著名报告文学《谁是最可爱的人》改编的、适合中小学生阅读的连环画《最可爱的人》由商务印书馆出版。

1952年　任厦门大学中苏友协总干事。

1952~1959年　受厦门市教育局邀请，多次给各中小学领导及骨干教师讲学，赴市教育实验基地指导。

1954~1960年　任厦门大学直属教育学教研组主任。

1956年　由福建人民出版社出版《儿童文学论稿》。

1956~1957年　按王亚南校长指示，主持编写了我国第一部《高等学校教育学讲义》，为厦大及全国多所大学采用。

1956~1960年　任厦门大学海外华侨函授部副主任。

1956年　在福建省文联主办的刊物《园地》9月号上发表《鲁迅关怀少年儿童读物》。

1954~1960年　在厦大校内发表的主要论文：

《实践论与教育原则》，载《厦大学报（社科版）》1954年第1期；

《论儿童文学的专门特点》，《厦大学报（社科版）》1954年第1期；

《向〈红楼梦〉研究中的颓废主义作斗争——兼评俞平伯先生在〈红楼梦

研究〉中的错误》，《厦大学报（社科版）》1955 年第 1 期；

《论儿歌、儿童诗和谜语的形式问题》，《厦大学报（社科版）》1955 年第 4 期；

《试论人底全面发展的统一性、高度性和党性》，《厦大学报（社科版）》1955 年第 4 期；

《鲁迅与中国儿童文学》，《厦大学报（社科版）》1955 年第 4 期；

《民间童话与神话、传说的区别及其传统形象》，《厦大学报（社科版）》1956 年第 6 期；

《如何培养学生独立思考独立工作的能力》，《新厦大》1956 年 12 月 1 日；

《实践论与教学过程》，《厦大学报（社科版）》1957 年第 2 期；

《学校党委负责制必须继续加强》，《学术论坛》1957 年第 12 期；

《教师主导作用的客观性和局限性》，《新厦大》1959 年 6 月 27 日；

《在儿童文学阵地上实践革命的现实主义和革命的浪漫主义》，《厦大学报（社科版）》1959 年第 12 期。

1959 年　由福建教育出版社出版《怎样指导中学生课外阅读》。

1960 年　在《儿童文学研究》1960 年第 1 期发表论文《陶行知的儿童诗》。后被收入北师大中文系儿童文学教研组编写的《儿童文学教学研究资料》。

1960 年 4 月　因政审中被怀疑"隐瞒反动历史"而被免去厦门大学海外华侨函授部副主任等行政职务，划为"内部控制使用人员"，调中文系执教写作课程。

1978 年　"文化大革命"结束后平反，调任厦大高等教育研究所副所长，主持编写了《建国三十三年高等教育大事记》。

1984 年　正式退休。

1988~1998 年　定居北京、杭州。

1998 年 9 月 4 日病逝在杭州家中。享年 81 岁。

（作者为陈汝惠遗孀，原厦门大学外文系教师）

陈汝惠研究

陈汝惠著作及文章目录

周建昌　朱立文

陈汝惠先生著作和文章非常多，可谓著作等身。由于能力有限，我们仅能搜集到陈先生部分著作，只能挂一而漏万。在搜集过程中，我越搜索就越感受到陈先生的才学，感佩陈先生的勤奋。

本目录在注录时，因全都是陈汝惠的作品，因此，我们除有合作者或属译作特别注明外，全部省去【著者】一项；而【年份】一项格式按"年，卷（期）.-起始页-结束页"注录，如 1929，2（1）.-83-85，即 1929 年第 2 卷（第 1 期），第 83 页始到第 85 页止，由于来源不同详略不均，也有其他注录方式，请读者详察。

本目录中以"白榆"和"惠"为笔名的文章虽大部分都经由专家确认，但仍不免有错漏，敬请高明指正。本目录部分内容参考了朱晓明等专家学者的文章，在此深表感谢。由于时间有限，错误和错漏在所难免，敬请大家批评指正。

一、著作目录

1.【著作】我们研究国防【出版】儿童书局，总发行所（上海四马路四二四号）【年份】1936 年【备注】见《青岛教育》第四卷第五期"论著"——"小学非常时期应用要籍"。

2.【著作】我国研究航空【出版】儿童书局，总发行所（上海四马路四二四号）【年份】1936 年【备注】见《青岛教育》第四卷第五期"论

著"—"小学非常时期应用要籍"。

3.【著作】断章取义集【出版】新流书店【年份】1938年10月初版【备注】142页，32开。收陈汝惠抗战初期作品《火园》《孤军血泪》《十块钱》等杂文59篇。有《火圈》《去年的今日》《冷眼旁观》《官场生活》《苹果美谈》等。书前有《初见世面》代序。

4.【著作】著述与闲谈【出版】新流书店【年份】1938年【备注】被李宁编选的《小品艺术杂谈》誉为1938年的"中国现代主要小品散文"之一。

5.【著作】三人行【出版】上海启示出版社【年份】1943.10初版【备注】154页，32开，属启示丛书1，是陈汝惠自选的小说集，收陈先生写成于20世纪40年代前半期的内容都以描写中国爱国青年在抗战时期的英勇奋斗和苦难经历的《三人行》《死的胜利》《小雨》《沉船》《共死生之》5篇小说，细腻的描写，苍凉的情绪，使读者不得不为书中人所流的血泪而歌哭与共，更激起了爱人爱真理的热与力。（参见《启示》1947年第6期上的售书广告）另：该书在1946年10月又由上海金屋书店再版发行，属启示丛书一；规则：154页；18 cm×13 cm。

6.【著作】父母与子女【出版】上海：商务印书馆【年份】1947年11月【备注】128页，18cm。该书从遗传、环境、适应及生活指导等方面，对父母子女的心理卫生进行论述，包括家庭的组织，人格的形成，环境与顾问，心理秘密的发掘，适应是合理的发展，贤父良母的座右铭七章。书后附情绪测验。该书在1971年由台北商务印书馆再版。

7.【著作】文学十讲【出版】上海金屋书店【年份】20世纪40年代。

8.【著作】英儿之友等5种【出版】上海新书局【年份】20世纪40年代。

9.【著作】日本研究等14种【出版】上海儿童书局【年份】20世纪40年代。

10.【著作】航空研究等12种【出版】上海儿童书局【年份】20世纪40年代。

11.【著作】风尘（1—31）（长篇小说）【出版】发表于《茶话》月刊【年份】1948年第2~27期。

12.【著作】中学国文教学的研究【出版】【年份】1948年9月29日【备注】刊于上海市江湾中学一周年纪念册。

13.【著作】长短集【出版】上海启示出版社【年份】1948年10月【备注】启示丛刊之五。共120页。原名《断章取义集》，1938年10月初版。收《七年路程》、《上海的冒险家》、《关于星期剧团》等散文69篇。另该书还有由上海金屋书店印行的版本，书影详见姚志敏等主编的《书影（上册）》，上海远东出版社2003年版，第81页。

14.【著作】最可爱的人（连环画）【出版】商务印书馆【年份】1952年1月。

15.【著作】儿童文学论稿【出版】福建人民出版社【年份】1956年6月【备注】该书可为教学参考。该书以马克思列宁主义文艺学、教育学、儿童心理学的观点、原则，就儿童文学的发生、发展，它的专门特点、它与人民口头创作的血缘以及表现为诗歌、谜语、神话、传说、童话、寓言、故事、剧本等形式的特征，作比较系统的论述分析。已经完成的稿有七篇，其中论儿童文学的专门特点，论儿童歌、儿童诗和谜语的形式问题发表于厦门大学学报，全部论稿在1955年与福建人民出版社订立合同。

16.【著作】怎样指导中学生课外阅读【出版】福建人民出版社【年份】1959年12月版。

17.【著作】高等学校教育学讲义（油印本）【出版】本校油印发行【著者】厦门大学教研组编（陈汝惠、潘懋元、张曼茵等）【年份】1956~1957年。

18.【著作】建国三十三周年高等教育大事记【出版】厦门大学高等教育科学研究室印行【年份】1982年12月【备注】高等教育，大事记，中国，1949~1982年。

19.【著作】陈汝惠文集【出版】上海社会科学院出版社【年份】2005年1月版。

20.【著作】陈汝惠（高等教育家、现代作家）【出版】中共党史出版社【编者】中共上海市宝山区委党史研究室，上海宝山区档案局编【年份】2009年4月版【备注】该书收录了"新民主主义革命时期陈汝惠文学作品选"19篇，共187页。此外还收录了2008年10月25日在由厦门大学人文学院、高等教育学院、海外教育学院联合主办的"陈汝惠教授创作及学术研究研讨会"的部分研究文章及相关报道。

二、文章目录

1.【题名】日本最近之乡村教育【著者】杨卫玉讲；陈汝惠记【出处】大夏月刊【年份】1929，2（1）.-83-85

2.【题名】两封不平常的信【出处】大夏月刊【年份】1930（1）

3.【题名】传说：山歌的来历【出处】小学生（上海1931）【年份】1931（5）

4.【题名】三日简评：出发北平干吗？【著者】惠（陈汝惠的别名）【刊名】民众三日刊【年份】1931，1（7/8）.-4

5.【题名】寓言：公正的报应【出处】小学生【年份】1931，（6）.-31-33

6.【题名】传说：烟斗的功劳【出处】小学生【年份】1931，（9）.-19-23

7.【题名】摇船曲【出处】小学生【年份】1931，（11）.-41

8.【题名】诗歌：小绵羊【出处】小学生【年份】1931，（12）.-2

9.【题名】故事：两封没有字的信【出处】小学生【年份】1931，（13）.-7-8

10.【题名】常识：萤火虫怎样可以不死【出处】小学生（上海1931）【年份】1931，（13）.-32-34

11.【题名】常识：人类进化的故事（一）【出处】小学生（上海1931）【年份】1931，（17）.-19-21

12.【题名】常识：人类进化的故事（二）【出处】小学生（上海1931）【年份】1931，（18）.-17-18

13.【题名】常识：人类进化的故事（三）【出处】小学生（上海

1931)【年份】1931,（19）.-17-18

14.【题名】新山歌【出处】小学生（上海1931）【年份】1932,（23）.-2

15.【题名】左手不要【出处】小学生（上海1931）【年份】1932,（23）.-28-30

16.【题名】小老人的话【出处】小学生（上海1931）【年份】1932,（25）.-5-12

17.【题名】奋不顾身【出处】小学生（上海1931）【年份】1932,（25）.-22-24

18.【题名】象大哥的故事（一）【出处】小学生（上海1931）【年份】1932,（27）.-16-23

19.【题名】象大哥的故事（二）【出处】小学生（上海1931）【年份】1932,（28）.-25-31

20.【题名】象大哥的故事（三）【出处】小学生（上海1931）【年份】1932,（29）.-16-23

21.【题名】牧羊人歌【出处】小学生（上海1931）【年份】1932,（31）.-48

22.【题名】一根尾巴的交易【出处】小学生（上海1931）【年份】1932,（32）.-39-46

23.【题名】做一个偷儿【出处】小学生（上海1931）【年份】1932,（35）.-42-45

24.【题名】老祖母（太阳）【出处】小学生（上海1931）【年份】1932,（37）.-21-26

25.【题名】血和泪（小说）【出处】小学生（上海1931）【年份】1933,（41）.-3-10

26.【题名】冷饭与白眼【出处】小学生（上海1931）【年份】1933,（45）.-5-10

27.【题名】轧轧利松鼠少爷【出处】小学生（上海1931）【年份】1933,（46）.-5-13

附 录

28. 【题名】宋将军【出处】小学生（上海1931）【年份】1933, (49). -31-32

29. 【题名】喜峰口【出处】小学生（上海1931）【年份】1933, (50). -5-9

30. 【题名】同黄莺比唱歌的鸡【出处】小学生（上海1931）【年份】1933, (55). -23-26

31. 【题名】小鲁鲁的眼泪【出处】小学生（上海1931）【年份】1933, (57). -3-10

32. 【题名】淡水【出处】小学生（上海1931）【年份】1933, (59). -3-7

33. 【题名】公主的忧愁【出处】小学生（上海1931）【年份】1933, (60). -38-47

34. 【题名】公主的忧愁【出处】小学生（上海1931）【年份】1933, (61). -34-40

35. 【题名】公主的忧愁：五公主的忧愁【出处】小学生（上海1931）【年份】1933, (62). -39-45

36. 【题名】剥衣裳的故事【出处】小学生（上海1931）【年份】1933, (66). -19-26

37. 【题名】夜袭【出处】小学生（上海1931）【年份】1933, (67). -1-5

38. 【题名】战壕里的弟兄【出处】小学生（上海1931）【年份】1933, (68). -15-20

39. 【题名】博明音符的探讨【出处】大夏周报【年份】1934, 11 (5). -145-146

40. 【题名】研究学术的四个态度【出处】大夏周报【年份】1934, 11 (13). -395-396

41. 【题名】诗歌：真实的理道【出处】儿童杂志：高级【年份】1934 (38)

42. 【题名】急救常识：创伤急救法【出处】小朋友【年份】1934

(616)

43.【题名】学生国货年之学生作品（节录）：四个本位倡用国货方法【出处】国货月报（上海 1934）【年份】1935，2（4）

44.【题名】随笔：青年与苏子赤壁赋【出处】大夏周报【年份】1935，11（25）.-688-689

45.【题名】恭祝吾校诞辰纪念【出处】大夏周报【年份】1935，11（27/28）.-727

46.【题名】随笔：三不管与四不管【出处】大夏周报【年份】1935，12（6）.-127-128

47.【题名】发怒的熊（童话）【出处】小学生【年份】1935，5（15）.-4-9

48.【题名】史地故事：埃及的风光：三、平民的生活【出处】小朋友【年份】1935（639）

49.【题名】史地故事：埃及的风光：四、奇异的风俗【出处】小朋友【年份】1935（640）

50.【题名】史地故事：埃及的风光：五、光荣的古迹【出处】小朋友【年份】1935（641）

51.【题名】史地故事：埃及的风光（续）：五、光荣的古迹（续）【出处】小朋友【年份】1935（642）

52.【题名】短篇小说：母亲【出处】小朋友【年份】1935（643）

53.【题名】故事诗：碎西瓜【出处】小朋友【年份】1935（662）

54.【题名】传记：甘地和印度【出处】小朋友【年份】1935（675）

55.【题名】科学谈话：南极探险记【出处】小朋友【年份】1935（677）

56.【题名】常识故事：北极熊为什么是白的【出处】小朋友【年份】1935（682）

57.【题名】游侠文学和骑士文学【出处】中锋【年份】1935（创刊号）

58.【题名】民族英雄故事：十九岁的女英雄：冯婉贞的故事（附图

【出处】儿童杂志【年份】1936（新10）

59.【题名】唐宋的传奇（一）（附图）【出处】儿童杂志【年份】1936（新4）

60.【题名】唐宋的传奇（二）（附图）【出处】儿童杂志【年份】1936（新5）

61.【题名】唐宋的传奇（三）（附图）【出处】儿童杂志【年份】1936（新6）

62.【题名】唐宋的传奇（四）（附图）【出处】儿童杂志【年份】1936（新8）

63.【题名】民族英雄故事：大胆将军（附图）【出处】儿童杂志【年份】1936（新9）

64.【题名】十五万万支光的灯（小科学）（附照片）【出处】儿童世界（上海1922）【年份】1936,37（10）

65.【题名】道听途说【著者】惠（陈汝惠别名）【出处】上海邮工【年份】1936,（4）.-15

66.【题名】人格型与内分泌腺（附照片）【出处】中华教育界【年份】1936年第24卷第3期

67.【题名】悲壮的黄花岗纪念：悲壮沉痛的黄花岗纪念，在这春色迷离的阳春三月中，又将给时间的轮齿转到了【出处】中锋【年份】1936（10）

68.【题名】论着：勿叛离总理【出处】大夏周报【年份】1936,12（12）.-259

69.【题名】文艺：你竟撒手长暝【著者】汝惠【出处】大夏周报【年份】1936,12（12）.-271

70.【题名】五月纪念文：染红了的五月【出处】大夏周报【年份】1936,12（16）.-366-367

71.【题名】校庆与校训（附照片）【出处】大夏周报【年份】1936,12（18）.-421-422

72.【题名】挽诗：遥慰千里师灵【出处】大夏周报【年份】1936,

12（20）.-504

　　　73.【题名】滑稽故事：一场虚惊【出处】小朋友【年份】1936（713）

　　　74.【题名】常识故事：鸭嘴兽：一种奇特的哺乳动物【出处】小朋友【年份】1936（716）

　　　75.【题名】新发明故事：新奇的自由车【出处】小朋友【年份】1936（725）

　　　76.【题名】慰劳（续）（附图、歌曲）【著者】汝惠【出处】儿童杂志【年份】1936（新5）

　　　77.【题名】慰劳（附图）【著者】汝惠【出处】儿童杂志【年份】1936（新4）

　　　78.【题名】故事新语【出处】共信【年份】1937，1（3）

　　　79.【题名】断章取义：查"中华"两字【出处】共信【年份】1937，1（6）

　　　80.【题名】断章取义：有目共赏【出处】共信【年份】1937，1（7）

　　　81.【题名】断章取义：天下之禁【出处】共信【年份】1937，1（8）

　　　82.【题名】断章取义：车前提携【出处】共信【年份】1937，1（9）

　　　83.【题名】断章取义：乌龟哲学【出处】共信【年份】1937，1（10）

　　　84.【题名】断章取义："详查"云云【出处】共信【年份】1937，1（11）

　　　85.【题名】断章取义：无知的热闹【出处】共信【年份】1937，1（12）

　　　86.【题名】断章取义：新十字军【出处】共信【年份】1937，1（13）

　　　87.【题名】征战文学【出处】共信【年份】1937，1（14）

　　　88.【题名】断章取义：颜色与野蛮【出处】共信【年份】1937，1（14）

　　　89.【题名】断章取义：闲话招兵【出处】共信【年份】1937，1

(15)

90.【题名】断章取义：如此壮举【出处】共信【年份】1937, 1 (16)

91.【题名】断章取义：不利己的新义【出处】共信【年份】1937, 1 (17)

92.【题名】断章取义：拯救灵魂者【出处】共信【年份】1937, 1 (18)

93.【题名】断章取义：以失为得【出处】共信【年份】1937, 1 (22)

94.【题名】宝山的孩子们（附图）【出处】儿童杂志【年份】1937（新 11）

95.【题名】飞将军李广（民族英雄故事）（附图）【出处】儿童杂志【年份】1937（新 12）

96.【题名】打鸟的父女（民族英雄故事）（附图）【出处】儿童杂志【年份】1937（新 13）

97.【题名】欺骗交易（民族英雄故事）（附图）【出处】儿童杂志【年份】1937（新 15）

98.【题名】孩子们的血痕（民族英雄故事）【出处】儿童杂志【年份】1937（新 17）

99.【题名】死守八十一天（民族英雄故事）（附图）【出处】儿童杂志【年份】1937（新 18）

100.【题名】日本客人（时事谈话会）【出处】儿童杂志【年份】1937（新 19）

101.【题名】桃源春梦：昙花一现【出处】沙乐美【年份】1937, 2 (2)

102.【题名】动物招待员：伦敦的一个"驯良动物园"（附照片）【出处】儿童世界（上海 1922）【年份】1937, 38 (7)

103.【题名】科学故事：不用土壤的耕种法【出处】小朋友【年份】1937（749）

104.【题名】常识：夜行鸽和照相鸽【出处】小朋友【年份】1937（766）

105.【题名】书信：一封不快意的信【出处】小朋友【年份】1937（768）

106.【题名】独幕剧：波兰曲【出处】小朋友【年份】1937（770）

107.【题名】常识谈话：美丽的鸟【出处】小朋友【年份】1937（776）

108.【题名】我的打算【出处】青年界【年份】1937年第1期

109.【题名】青年作文指导特辑：我的打算【出处】青年界【年份】1937, 11 (2)

110.【题名】我愿意你复活【出处】孤岛【年份】1938, 2 (4)

111.【题名】诗经新诠【出处】决胜【年份】1938 (8)

112.【题名】论着：难民的德育与群育【出处】中国红十字会月刊【年份】1938, (34). -8-10

113.【题名】勋章与阉羊【出处】申报（自由谈）【年份】1938.10.25

114.【题名】孔子的政治学说【出处】大夏半月刊【年份】1938, (5). -66-71

115.【题名】教育生物学之任务【出处】大夏半月刊【年份】1939, 2 (1). -54-57

116.【题名】我们的"旁贝"【出处】大夏半月刊【年份】1939, 2 (1). -80

117.【题名】十五年来大夏的回忆【出处】大夏半月刊【著者】卢绍稷，吴志骞，朱绍曾，刘逸青，盛粹之，陈汝惠，杨同芳，杨醒民，虞舜，薛福明【出处】大夏半月刊【年份】1939年第1期

118.【题名】初学英语者的读本问题：介绍陈鹤琴编著的最新英文读本【出处】时代教育（上海）【年份】1940, 1 (3)

119.【题名】法兰西的分裂【著者】陈汝惠节译【出处】上海生活（上海1937）【年份】1940, 4 (12). -84-86

附 录

120.【题名】孔子的政治学说【出处】说文月刊【年份】1940.8（2：5）

121.【题名】梦里的星光【著者】（英）迭更斯 Dickens，C. 陈汝惠译【出处】小说月报（上海1940），第1期【年份】1940.10【备注】短篇小说

122.【题名】女难（多余的喜剧）【出处】小说月报（上海1940）【年份】1940（2）

123.【题名】女难（中）（多余的喜剧）【出处】小说月报（上海1940）【年份】1940（3）

124.【题名】女难（下）（多余的喜剧）【出处】小说月报（上海1940）【年份】1941（4）

125.【题名】战士遗书——展开光荣的旗【出处】正言报【年份】1941年3月

126.【题名】自由的翅膀——炉边述异【出处】小说月报（上海1940）【年份】1941（6），1941年3月【备注】短篇小说，后载于《启示》第7期

127.【题名】我们的"旁贝"——大夏校址的凭吊【出处】正言报【年份】1941年4月10日

128.【题名】女曼殊【出处】小说月报（上海1940）【年份】1941（9），1941年6月【备注】短篇小说

129.【题名】淡水（上）【出处】小说月报（上海1940）【年份】1941（11），1941年8月【备注】短篇小说，两期连载

130.【题名】淡水（下）【出处】小说月报（上海1940）【年份】1941（12），1941年9月

131.【题名】死的胜利【出处】小说月报（上海1940），14期【年份】1941.11【备注】短篇小说，1946年收入陈汝惠小说集《三人行》一书中

132.【题名】自由的教育【著者】陈汝惠译【出处】正言教育月刊【年份】1941，1（1）.-38-39

133.【题名】教育生物学之任务【出处】正言教育月刊【年份】1941，1（3）.-16-18

134.【题名】家庭的环境与子女的倾向【出处】正言教育月刊【年份】1941，1（5，6）.-22-25

135.【题名】小雨【出处】小说月报【年份】1942（21），1942年6月【备注】短篇小说，1946年收入陈汝惠小说集《三人行》一书中

136.【题名】最后的解决【著者】陈汝惠、顾惠人合译【出处】小说月报（上海1940）【年份】1942（24），1942年9月【备注】梦幻小说，原著作者：Henry Van，原名：A Dream Story

137.【题名】捕珠手：颗颗明珠，滴滴血泪【出处】小说月报（上海1940）【年份】1942（25），1942年10月【备注】小说

138.【题名】诗人华铃【出处】小说月报（上海1940）【年份】1942（26），1946年11月1日出版，第26期。又见华铃著《火花集》，第173页，海峡文艺出版社，1989年

139.【题名】熊的故事【著者】罗荃（陈汝惠笔名）【出处】小说月报【年份】1942.12【备注】短篇小说，复印件上未注期刊，只有完稿日期。又名《熊》载于《幸福》第7期

140.【题名】斗牛士【出处】小说月报（上海1940）【年份】1943（28），1943年1月【备注】小说

141.【题名】琴【著者】罗荃（陈汝惠笔名）【出处】小说月报（上海1940）【年份】1943（28），1943年1月【备注】短篇小说，后载于1946年《启示》1卷2期

142.【题名】马家坡【出处】小说月报（上海1940）【年份】1943（32），1943年5月【备注】短篇小说，又载于《启示》1946年，1（5），改名为《鬼》

143.【题名】最后的一张牌【出处】小说月报（上海1940）【年份】1943（33/34），1943年7月【备注】短篇小说

144.【题名】雷雨之外【出处】小说月报（上海1940）【年份】1943（36），1943年9月【备注】文艺评论

附 录

145.【题名】《视察专员》观剧记【著者】白榆(陈汝惠笔名)【出处】小说月报(上海1940)【年份】1944 (41),5月【备注】文艺评论,《视察专员》即果戈里的《钦差大臣》剧

146.【题名】焦炭市【著者】陈汝惠译【出处】小说月报(上海1940)【年份】1943 (38)【备注】长篇小说,译著,原作者狄更斯(英),原名:*Hard Times*,第38~45期连载,时间:1943. 12~1944. 11

147.【题名】焦炭市:六,施蓓齐夫人和施蓓齐奶奶【著者】陈汝惠译【出处】小说月报(上海1940)【年份】1943 (39)

148.【题名】文学十讲(上)【出处】小说月报(1940)【年份】1943 (39),12月【备注】文艺理论,自编高校教学讲义提纲

149.【题名】小说漫谈(上)【出处】第二代【年份】1944 (1)

150.【题名】文学十讲(下)【出处】小说月报(1940)【年份】1944 (40)

151.【题名】共死生之【出处】文潮【年份】1944 (3)

152.【题名】焦炭市:九,工人司梯芬巴拉甫【著者】陈汝惠译【出处】小说月报(上海1940)【年份】1944 (40)

153.【题名】焦炭市:十一,一个奇异的老婆子【著者】陈汝惠译【出处】小说月报(上海1940)【年份】1944 (41)

154.【题名】焦炭市:十三,一个伟大的创造者【著者】陈汝惠译【出处】小说月报(上海1940)【年份】1944 (42)

155.【题名】焦炭市:十五,贝特比的喜事【著者】陈汝惠译【出处】小说月报(上海1940)【年份】1944 (43)

156.【题名】焦炭市:十六,在银行里【著者】陈汝惠译【出处】小说月报(上海1940)【年份】1944 (44)

157.【题名】焦炭市:十七,金莫先生【著者】陈汝惠译【出处】小说月报(上海1940)【年份】1944 (45)

158.【题名】兰屋【著者】罗荃(陈汝惠笔名)【出处】小说月报(1940)【年份】1944 (43),7月【备注】短篇小说,又载于《启示》1卷5期。略作修改后,易名为《海上生明月》再载于《新中华半月刊》12卷

9 期

159.【题名】沉船【出处】春秋【年份】1944 年 10 月刊【备注】该文于 1946 年又刊登于《启示》1 卷 1 期

160.【题名】文坛琐闻【著者】白榆（陈汝惠笔名）【出处】小说月报，45 期【年份】1944.11【备注】动态报道

161.【题名】是好方法吗?【出处】小朋友【年份】1945 复刊（2）

162.【题名】山顶上的眺望【出处】小朋友【年份】1945 复刊（3）

163.【题名】滑翔机表演【出处】小朋友【年份】1945 复刊（5）

164.【题名】电话游戏【出处】小朋友【年份】1945 复刊（6）

165.【题名】笨哥哥的问题【出处】小朋友【年份】1945 复刊（8）

166.【题名】空军之母：周老太太【出处】小朋友【年份】1945 复刊（9）

167.【题名】游击队之母：赵老太太【出处】小朋友【年份】1945 复刊（10）

168.【题名】《告上海市民书》【年份】1945 年抗战胜利后陈汝惠起草并组织印发全市

169.【题名】去年今日之回忆：回忆在上海【出处】中国国民（上海 1946）【年份】1946，1（2）

170.【题名】每月座谈：一、世界纷扰的焦点【著者】白榆（陈汝惠笔名）【出处】启示【年份】1946（1）

171.【题名】每月座谈：二、动刀者死于刀【著者】白榆（陈汝惠笔名）【出处】启示【年份】1946（1）

172.【题名】每月座谈：三、事实少于标语【著者】白榆（陈汝惠笔名）【出处】启示【年份】1946（1）

173.【题名】每月座谈：四、请勿掩耳盗铃【著者】白榆（陈汝惠笔名）【出处】启示【年份】1946，1（1）

174.【题名】每月座谈：一、威尔斯先生去了【著者】白榆（陈汝惠笔名）【出处】启示【年份】1946（2）

175.【题名】每月座谈：二、不该有而不得不有的工作【著者】白榆

（陈汝惠笔名）【出处】启示【年份】1946，1（2）

176.【题名】每月座谈：三、半身铜像胜过炮台【著者】白榆（陈汝惠笔名）【出处】启示【年份】1946，1（2）

177.【题名】游猎十日记（附图）（未完）【著者】白榆（陈汝惠笔名）【出处】启示【年份】1946（3）

178.【题名】每月座谈：三、不愿意与不了解【著者】白榆（陈汝惠笔名）【出处】启示【年份】1946（3）

179.【题名】每月座谈：二、带给人民希望与事实【著者】白榆（陈汝惠笔名）【出处】启示【年份】1946（3）

180.【题名】每月座谈：一、不以兵强天下【著者】白榆（陈汝惠笔名）【出处】启示【年份】1946（3）

181.【题名】游猎十日记：五、猛虎的末日；六、转移目标……【著者】白榆（陈汝惠笔名）【出处】启示【年份】1946（4）

182.【题名】每月座谈：话剧的凶年【著者】白榆（陈汝惠笔名）【出处】启示【年份】1946（4）

183.【题名】每月座谈：回答一个苦笑【著者】白榆（陈汝惠笔名）【出处】启示【年份】1946（4）

184.【题名】每月座谈：所谓英雄【著者】白榆（陈汝惠笔名）【出处】启示【年份】1946（4）

185.【题名】每月座谈：特工退出学校【著者】白榆（陈汝惠笔名）【出处】启示【年份】1946，1（4）

186.【题名】每月座谈：世界在团结，中国不能分裂【著者】白榆（陈汝惠笔名）【出处】启示【年份】1946（4）

187.【题名】游猎十日记：八、一条黑影、九、可怕的蚊难……（下期续完）【著者】白榆（陈汝惠笔名）【出处】启示【年份】1946（5）

188.【题名】蓝屋【著者】白榆（陈汝惠笔名）【出处】启示【年份】1946（5）

189.【题名】每月座谈：从自由讲学说起【著者】白榆（陈汝惠笔名）【出处】启示【年份】1946（5）

190.【题名】每月座谈：再谈文教大会【著者】白榆（陈汝惠笔名）【出处】启示【年份】1946（5）

191.【题名】每月座谈：巴黎，全世界瞧着你【著者】白榆（陈汝惠笔名）【出处】启示【年份】1946（5）

192.【题名】小说漫谈【出处】春秋（上海1943）【年份】1946年第1期复刊号，又1946，1（3）

193.【题名】风尘【出处】茶话【年份】1946（2）

194.【题名】长篇连载：风尘（未完）：二秘密寓所【出处】茶话【年份】1946（3）

195.【题名】长篇连载：风尘（未完）：四初会【出处】茶话【年份】1946（6）

196.【题名】长篇连载：风尘（续）：六将有远行【出处】茶话【年份】1946（7）

197.【题名】光在何处【著者】惠（陈汝惠别名）【刊名】乡音【年份】1946，1（1）.-16

198.【题名】一般评论：重大的保证【著者】惠（陈汝惠别名）【刊名】一般评论【年份】1946，（1）.-1-2

199.【题名】普通教学法补充教程【出处】上海教育（上海1946）【年份】1946，（1）.-15-17

200.【题名】普通教学法补充教程（续）【出处】上海教育（上海1946）【年份】1946，1（2）.-11-14

201.【题名】琴：一、仲夏夜的梦，像一幕不可捉摸的幻景……【出处】启示【年份】1946（2）

202.【题名】黑纱【出处】幸福【年份】1946（3期），7月【备注】短篇小说，由《三人行》最后一章节（第五节）改写

203.【题名】南洋游猎记：一、长夏的南洋【著者】白榆（陈汝惠笔名）【出处】小朋友【年份】1946（797）

204.【题名】南洋游猎记（三）：三、山林的魔王【著者】白榆（陈汝惠笔名）【出处】小朋友【年份】1946（799）

附 录

205.【题名】南洋游猎记：四、猛虎的末日【著者】白榆（陈汝惠笔名）【出处】小朋友【年份】1946（800）

206.【题名】南洋游猎记：五、干杯【著者】白榆（陈汝惠笔名）【出处】小朋友【年份】1946（801）

207.【题名】南洋游猎记（六）：六、一片漆黑的森林【著者】白榆（陈汝惠笔名）【出处】小朋友【年份】1946（802）

208.【题名】南洋游猎记：七、一条黑影【著者】白榆（陈汝惠笔名）【出处】小朋友【年份】1946（803）

209.【题名】南洋游猎记：九、罗罗茜河【著者】白榆（陈汝惠笔名）【出处】小朋友【年份】1946（804）

210.【题名】南洋游猎记：十、大鳄鱼上了钩【著者】白榆（陈汝惠笔名）【出处】小朋友【年份】1946（805）

211.【题名】南洋游猎记：十一、警报【著者】白榆（陈汝惠笔名）【出处】小朋友【年份】1946（806）

212.【题名】南洋游猎记：十二、却利失踪了【著者】白榆（陈汝惠笔名）【出处】小朋友【年份】1946（807）

213.【题名】南洋游猎记：十三、响尾蛇【著者】白榆（陈汝惠笔名）【出处】小朋友【年份】1946（808）

214.【题名】南洋游猎记：十四、蛇的舞蹈【著者】白榆（陈汝惠笔名）【出处】小朋友【年份】1946（809）

215.【题名】南洋游猎记：十五：逃出了"坟头地"【著者】白榆（陈汝惠笔名）【出处】小朋友【年份】1946（810）

216.【题名】父母子女1【出处】正言报—《家庭教育新论专栏》【年份】1946年1月29日

217.【题名】从"敬师"说到"良师"【著者】白榆（陈汝惠笔名）【出处】正言报—《小言》【年份】1946年1月29日

218.【题名】父母子女2【出处】正言报—《家庭教育新论专栏》【年份】1946年1月30日

219.【题名】谈造就人才【著者】白榆（陈汝惠笔名）【出处】正言

报—《小言》【年份】1946 年 1 月 30 日

220.【题名】父母子女 3【出处】正言报—《家庭教育新论专栏》【年份】1946 年 1 月 31 日

221.【题名】教育家与教育事业【著者】白榆（陈汝惠笔名）【出处】正言报—《小言》【年份】1946 年 1 月 31 日

222.【题名】鬼：我们寄宿的旅馆……【出处】启示【年份】1946（5）

223.【题名】一般评论：民主与猎官【著者】惠（陈汝惠别名）【刊名】一般评论【年份】1946，（2）．-1-2

224.【题名】父母子女 4【出处】正言报—《家庭教育新论专栏》【年份】1946 年 2 月 7 日

225.【题名】父母子女 5【出处】正言报—《家庭教育新论专栏》【年份】1946 年 2 月 8 日

226.【题名】喜惧之馀【著者】白榆（陈汝惠笔名）【出处】正言报—《小言》【年份】1946 年 2 月 9 日

227.【题名】父母子女 6【出处】正言报—《家庭教育新论专栏》【年份】1946 年 2 月 9 日

228.【题名】速作公正合理的解决【著者】白榆（陈汝惠笔名）【出处】正言报—《小言》【年份】1946 年 2 月 10 日

229.【题名】父母子女 7【出处】正言报—《家庭教育新论专栏》【年份】1946 年 2 月 10 日

230.【题名】父母子女 8【出处】正言报—《家庭教育新论专栏》【年份】1946 年 2 月 11 日

231.【题名】教育事业与专业精神【著者】白榆（陈汝惠笔名）【出处】正言报—《小言》【年份】1946 年 2 月 11 日

232.【题名】父母子女 9【出处】正言报—《家庭教育新论专栏》【年份】1946 年 2 月 12 日

233.【题名】教师专业化的前提【著者】白榆（陈汝惠笔名）【出处】正言报—《小言》【年份】1946 年 2 月 12 日

附 录

234.【题名】好的开始【著者】白榆（陈汝惠笔名）【出处】正言报—《小言》【年份】1946年2月13日

235.【题名】父母子女9【出处】正言报—《家庭教育新论专栏》【年份】1946年2月13日

236.【题名】师资！师资！【著者】白榆（陈汝惠笔名）【出处】正言报—《小言》【年份】1946年2月14日

237.【题名】父母子女10【出处】正言报—《家庭教育新论专栏》【年份】1946年2月14日

238.【题名】父母子女11【出处】正言报—《家庭教育新论专栏》【年份】1946年2月15日

239.【题名】"要求良师建国"【著者】白榆（陈汝惠笔名）【出处】正言报—《小言》【年份】1946年2月15日

240.【题名】学费太贵【著者】白榆（陈汝惠笔名）【出处】正言报—《小言》【年份】1946年2月16日

241.【题名】父母子女12【出处】正言报—《家庭教育新论专栏》【年份】1946年2月16日

242.【题名】太浅与太深【著者】白榆（陈汝惠笔名）【出处】正言报—《小言》【年份】1946年2月17日

243.【题名】救救儿童【著者】白榆（陈汝惠笔名）【出处】正言报—《小言》【年份】1946年2月18日

244.【题名】学校驻军问题【著者】白榆（陈汝惠笔名）【出处】正言报—《小言》【年份】1946年2月19日

245.【题名】父母子女12【出处】正言报—《家庭教育新论专栏》【年份】1946年2月20日

246.【题名】从教师进修到合理保障【著者】白榆（陈汝惠笔名）【出处】正言报—《小言》【年份】1946年2月20日

247.【题名】再谈学校驻军问题【著者】白榆（陈汝惠笔名）【出处】正言报—《小言》【年份】1946年2月21日

248.【题名】父母子女13【出处】正言报—《家庭教育新论专栏》

【年份】1946年2月21日

249.【题名】互助！合作！【著者】白榆（陈汝惠笔名）【出处】正言报—《小言》【年份】1946年2月22日

250.【题名】父母子女14【出处】正言报—《家庭教育新论专栏》【年份】1946年2月22日

251.【题名】多事之秋【著者】白榆（陈汝惠笔名）【出处】正言报—《小言》【年份】1946年2月23日

252.【题名】父母子女15【出处】正言报—《家庭教育新论专栏》【年份】1946年2月23日

253.【题名】父母子女16【出处】正言报—《家庭教育新论专栏》【年份】1946年2月24日

254.【题名】护权。示威。罢课【著者】白榆（陈汝惠笔名）【出处】正言报—《小言》【年份】1946年2月24日

255.【题名】也谈民众教育【著者】白榆（陈汝惠笔名）【出处】正言报—《小言》【年份】1946年2月25日

256.【题名】父母子女17【出处】正言报—《家庭教育新论专栏》【年份】1946年2月25日

257.【题名】开学、文具涨、教科书荒【著者】白榆（陈汝惠笔名）【出处】正言报—《小言》【年份】1946年2月26日

258.【题名】孔子的政治哲学【出处】启示【年份】1946（3）

259.【题名】一般评论：东北是我们的【著者】惠（陈汝惠别名）【刊名】一般评论【年份】1946，（3）.-1

260.【题名】东北热——再谈学生罢课【著者】白榆（陈汝惠笔名）【出处】正言报—《小言》【年份】1946年3月2日

261.【题名】父母子女18【出处】正言报—《家庭教育新论专栏》【年份】1946年3月3日

262.【题名】父母子女19【出处】正言报—《家庭教育新论专栏》【年份】1946年3月4日

263.【题名】父母子女20【出处】正言报—《家庭教育新论专栏》

附 录

【年份】1946年3月5日

264.【题名】父母子女21【出处】正言报—《家庭教育新论专栏》【年份】1946年3月7日

265.【题名】父母子女22【出处】正言报—《家庭教育新论专栏》【年份】1946年3月12日

266.【题名】父母子女23【出处】正言报—《家庭教育新论专栏》【年份】1946年3月13日

267.【题名】父母子女24【出处】正言报—《家庭教育新论专栏》【年份】1946年3月22日

268.【题名】认识自己【著者】白榆(陈汝惠笔名)【出处】正言报—《小言》【年份】1946年3月29日

269.【题名】青年节与青年之路【出处】正言报—《小言》【年份】1946年3月29日

270.【题名】一般评论：大家注意东北【著者】惠(陈汝惠别名)【刊名】一般评论【年份】1946，(4)．-1-2

271.【题名】高论远见【著者】惠(陈汝惠别名)【刊名】大光明【年份】1946，(4)．-10

272.【题名】从尊师运动想到乡村教师【著者】白榆(陈汝惠笔名)【出处】正言报—《小言》【年份】1946年4月12日

273.【题名】不曾使失(？)龙【著者】白榆(陈汝惠笔名)【出处】正言报—《小言》【年份】1946年4月13日

274.【题名】集中力量援助教师【著者】白榆(陈汝惠笔名)【出处】正言报—《小言》【年份】1946年4月14日

275.【题名】父母于女【著者】白榆(陈汝惠笔名)【出处】正言报—《小言》【年份】1946年4月15日

276.【题名】父母子女【著者】白榆(陈汝惠笔名)【出处】正言报—《小言》【年份】1946年4月16日

277.【题名】解决这件事【著者】白榆(陈汝惠笔名)【出处】正言报—《小言》【年份】1946年4月19日

278.【题名】第二次决斗【著者】白榆(陈汝惠笔名)【出处】正言报—《小言》【年份】1946年4月20日

279.【题名】罢教怠教停教【著者】白榆(陈汝惠笔名)【出处】正言报—《小言》【年份】1946年4月21日

280.【题名】理智战胜情感【著者】白榆(陈汝惠笔名)【出处】正言报—《小言》【年份】1946年4月23日

281.【题名】通过胃达到心【著者】白榆(陈汝惠笔名)【出处】正言报—《小言》【年份】1946年4月24日

282.【题名】谁来代言【著者】白榆(陈汝惠笔名)【出处】正言报—《小言》【年份】1946年4月26日

283.【题名】青年的市长【著者】白榆(陈汝惠笔名)【出处】正言报—《小言》【年份】1946年4月28日

284.【题名】盗宝【著者】白榆(陈汝惠笔名)【出处】正言报—《小言》【年份】1946年5月1日

285.【题名】向市参议员要求两点【著者】白榆(陈汝惠笔名)【出处】正言报—《小言》【年份】1946年5月2日

286.【题名】论课外活动光荣的史页【著者】白榆(陈汝惠笔名)【出处】正言报—《小言》【年份】1946年5月3日

287.【题名】光荣的史页【著者】白榆(陈汝惠笔名)【出处】正言报—《小言》【年份】1946年5月4日

288.【题名】还都献曝【著者】白榆(陈汝惠笔名)【出处】正言报—《小言》【年份】1946年5月5日

289.【题名】可敬的学院教授【著者】白榆(陈汝惠笔名)【出处】正言报—《小言》【年份】1946年5月6日

290.【题名】二期学费的收款与分配【著者】白榆(陈汝惠笔名)【出处】正言报—《小言》【年份】1946年5月8日

291.【题名】一线曙光【著者】白榆(陈汝惠笔名)【出处】正言报—《小言》【年份】1946年5月9日

292.【题名】高峰远景【著者】白榆(陈汝惠笔名)【出处】正言

报—《小言》【年份】1946年5月10日

293.【题名】断炊【著者】白榆（陈汝惠笔名）【出处】正言报—《小言》【年份】1946年5月11日

294.【题名】郭沫若说错了【著者】白榆（陈汝惠笔名）【出处】正言报—《小言》【年份】1946年5月13日

295.【题名】智慧之果【著者】白榆（陈汝惠笔名）【出处】正言报—《小言》【年份】1946年5月15日

296.【题名】哲人其萎【著者】白榆（陈汝惠笔名）【出处】正言报—《小言》【年份】1946年5月16日

297.【题名】问明究竟【著者】白榆（陈汝惠笔名）【出处】正言报—《小言》【年份】1946年5月17日

298.【题名】面粉事件【著者】白榆（陈汝惠笔名）【出处】正言报—《小言》【年份】1946年5月18日

299.【题名】真理是具体的【著者】白榆（陈汝惠笔名）【出处】正言报—《小言》【年份】1946年5月19日

300.【题名】调整市民心理【著者】白榆（陈汝惠笔名）【出处】正言报—《小言》【年份】1946年5月20日

301.【题名】补充几句【著者】白榆（陈汝惠笔名）【出处】正言报—《小言》【年份】1946年5月21日

302.【题名】世界头脑【著者】白榆（陈汝惠笔名）【出处】正言报—《小言》【年份】1946年5月23日

303.【题名】小学课程问题【著者】白榆（陈汝惠笔名）【出处】正言报—《小言》【年份】1946年5月24日

304.【题名】专家游学问题【著者】白榆（陈汝惠笔名）【出处】正言报—《小言》【年份】1946年5月27日

305.【题名】明日之课程【著者】白榆（陈汝惠笔名）【出处】正言报—《小言》【年份】1946年5月30日

306.【题名】课程以外【著者】白榆（陈汝惠笔名）【出处】正言报—《小言》【年份】1946年5月30日

307.【题名】"益者二友"【著者】白榆（陈汝惠笔名）【出处】正言报—《小言》【年份】1946年6月1日

308.【题名】五件平凡事【著者】白榆（陈汝惠笔名）【出处】正言报—《小言》【年份】1946年6月4日

309.【题名】教界元老【著者】白榆（陈汝惠笔名）【出处】正言报—《小言》【年份】1946年6月10日

310.【题名】即知即传【著者】白榆（陈汝惠笔名）【出处】正言报—《小言》【年份】1946年6月11日

311.【题名】向青年军致敬【著者】白榆（陈汝惠笔名）【出处】正言报—《小言》【年份】1946年6月12日

312.【题名】请勿掩耳盗铃【著者】白榆（陈汝惠笔名）【出处】正言报—《小言》【年份】1946年6月16日

313.【题名】谈内战【著者】白榆（陈汝惠笔名）【出处】正言报—《小言》【年份】1946年6月17日

314.【题名】青白眼【著者】白榆（陈汝惠笔名）【出处】正言报—《小言》【年份】1946年6月18日

315.【题名】不愿意与不了解【著者】白榆（陈汝惠笔名）【出处】正言报—《小言》【年份】1946年6月20日

316.【题名】夏丏尊的幽默【著者】惠（陈汝惠别名）【刊名】大光明【年份】1946，(10).-9

317.【题名】每月座谈：教会面临危机【著者】白榆（陈汝惠笔名）【出处】启示【年份】1947（6）

318.【题名】游猎十日记：（十二）警报……【著者】白榆（陈汝惠笔名）【出处】启示【年份】1947（6）

319.【题名】每月座谈：教师的悲哀【著者】白榆（陈汝惠笔名）【出处】启示【年份】1947（6）

320.【题名】每月座谈：让蒙难同志先说话【著者】白榆（陈汝惠笔名）【出处】启示【年份】1947（6）

321.【题名】每月座谈：涩谷事件的判决【著者】白榆（陈汝惠笔

附 录

名)【出处】启示【年份】1947（6）

322.【题名】每月座谈：并驾齐驱【著者】白榆（陈汝惠笔名）【出处】启示【年份】1947（6）

323.【题名】自由的翅膀【著者】汝惠【出处】启示【年份】1947（7）

324.【题名】伯大尼孤儿乐园的访问：一块适宜孤儿生长的土地【著者】白榆（陈汝惠笔名）【出处】启示【年份】1947（7）

325.【题名】新作家与新丛书【著者】白榆（陈汝惠笔名）【出处】启示【年份】1947（8）

326.【题名】怕"四知"的杨震【著者】白榆（陈汝惠笔名）【出处】小朋友【年份】1947（830）

327.【题名】每周新闻：人类的福音【著者】白榆（陈汝惠笔名）【出处】小朋友【年份】1947（831）

328.【题名】熊：啊，熊真高兴……【出处】幸福世界【年份】1947，1（7）

329.【题名】中国文学史的特征【刊名】前锋（上海 1947）【年份】1947（2）

330.【题名】北海诗魂王国维【刊名】前锋（上海 1947）【年份】1947（3）

331.【题名】长篇连载：风尘（续）：八　一宿无话【出处】茶话【年份】1947（8）

332.【题名】长篇连载：风尘（续）：九　所谓遗嘱【出处】茶话【年份】1947（11）

333.【题名】长篇连载：风尘（续）：十一　一缕黑烟【出处】茶话【年份】1947（12）

334.【题名】长篇连载：风尘（续）：十三　绳子的发迹【出处】茶话【年份】1947（15）

335.【题名】长篇连载：风尘（续）：十四　没有家谱的家族【出处】茶话【年份】1947（17）

336.【题名】长篇连载：风尘（续）：十五　三个夜行者【出处】茶

话【年份】1947（19）

337.【题名】三人行【出处】青年界【年份】1947，3（1）

338.【题名】熊【著者】陈汝惠【出处】幸福，7期【年份】缺（1947年）【备注】短篇小说，曾载于《小说月报》，取名《熊的故事》，原件中无注明日期

339.【题名】成功者的故事：一代乐圣卡罗稷：他的母亲赤脚上街【著者】白榆（陈汝惠笔名）【出处】幸福世界【年份】1947，1（9）

340.【题名】成功者的故事：神秘世家温特尔：他的鞋底足足有一寸厚【著者】白榆（陈汝惠笔名）【出处】幸福世界【年份】1947，1（10）

341.【题名】绢花（附图）【著者】谢紫，白榆（陈汝惠笔名）【出处】幸福世界【年份】1948，2（2）

342.【题名】《风尘》后记——论上海青年团的逆转【出处】幸福世界【年份】1948（27）

343.【题名】中学国文教学的研究【出处】上海教育【年份】1948，5（5）．-3-5

344.【题名】特务必须退出学校【出处】正言报【年份】1948年，【备注】陈汝惠因此到江湾中学当校长

345.【题名】中学国文教学的研究【出处】上海教育【年份】1948，(5)

346.【题名】梅花滩【出处】幸福世界【年份】1948，2（7）

347.【题名】神秘世家温特【著者】白榆（陈汝惠笔名）【出处】幸福世界【年份】缺【备注】散文，原件中无注明日期

348.【题名】《南中国的画像：汪刃锋连环叙事木刻集》序【出处】金屋书店【年份】1948【备注】规格：25，10页；图；25 cm×18 cm。该书亦属启示出版社

349.【题名】争取持久和平中基督徒的考验【出处】天风【年份】1949（184）

350.【题名】真理与革命的胜利：一个基督徒看政局【出处】启示【年份】1949（新5）

附 录

351.【题名】艺术与社会进步——介绍刃锋的木刻叙事画集【出处】启示【年份】1949（新2）

352.【题名】海上生明月【出处】新中华【年份】1949，12（9）【备注】短篇小说，即小说《兰屋》，曾载于《小说月报》和《启示》两期刊。本篇略作改动

353.【题名】抗美援朝是保卫世界和平的继续与发展【出处】江声报【年份】1950年11月23日

354.【题名】斯大林——我们胜利的旗帜【出处】厦门日报【年份】1950年12月26日

355.【题名】教育工作者的文艺学习——漫谈厦大文风【出处】新厦大【年份】1951年4月6日

356.【题名】鲜红的五月，火红的世界——向新的战斗，新的胜利前进【出处】江声报（厦门）【年份】1951年4月23日

357.【题名】人民，人民战士（诗）【出处】江声报【年份】1951年7月30日

358.【题名】鲁迅先生在厦大【出处】文艺报（北京）【年份】1951，4（11）【备注】本文又见《江声报》1951年10月13日

359.【题名】鲁迅——伟大的爱国者【出处】福建日报【年份】1951年10月19日

360.【题名】亲爱的同志你再来【出处】新厦大【年份】1952年2月5日

361.【题名】在发展过程中把组织巩固起来【出处】新厦大（中苏友好专刊）【年份】1952年11月24日

362.【题名】通过积极的思维，正确组织讲稿的论点【出处】新厦大【年份】1953年3月21日

363.【题名】牛虻的性格（书刊介绍）【出处】新厦大【年份】1953年10月17日

364.【题名】厦大中苏友协一年来的工作与今后展望【出处】新厦大【年份】1953年11月13日

365.【题名】实践论与教学原则——学习"实践论"与苏维埃教学原则的一些体会【出处】厦门大学学报（社会科学版）【年份】1954（1）

366.【题名】论儿童文学的专门特点【出处】厦门大学学报【年份】1954（5）

367.【题名】在一次学生独立作业中发现的问题【出处】新厦大【年份】1954年4月10日

368.【题名】怎样走好第一步——谈在自学中培养独立思考独立工作能力的问题【出处】新厦大【年份】1954年5月22日

369.【题名】向《红楼梦》研究中的颓废主义作斗争——兼评俞平伯先生在《红楼梦研究》中的错误【出处】厦门大学学报【年份】1955，（1）。后被收录到舒芜、陆侃如、程千帆、李希凡等著，作家出版社编辑部编《红楼梦问题讨论集2集》北京作家出版社1955年版

370.【题名】论儿歌、儿童诗和谜语的形式问题【出处】厦门大学学报【年份】1955，（4）.-99

371.【题名】试论人底全面发展的统一性高度性和党性【出处】厦门大学学报（社会科学版）【年份】1955，（6）.-65

372.【题名】民间童话与神话、传说的区别及其传统形象【出处】厦门大学学报（社会科学版）【年份】1956，（3）.-1-16

373.【题名】鲁迅关怀少年儿童读物【出处】园地（福建省文联主办）【年份】1956（3）

374.【题名】鲁迅与中国儿童文学【出处】厦门大学学报（社会科学版）【年份】1956.10，（5）.-55

375.【题名】如何培养学生独立思考独立工作的能力【出处】新厦大【年份】1956.12.1

376.【题名】"实践论"与教学过程—纪念"实践论"发表二十周年【出处】厦门大学学报（社会科学版）【年份】1957，（2）.-71

377.【题名】儿童读物中的神话和传说【出处】学术论坛【年份】1957，（2）.

378.【题名】学校党委负责制必须继续加强【出处】学术论坛【年

份】1957,(3).-12

379.【题名】捕思走笔【出处】新厦大【年份】1957年6月22日

380.【题名】在共和国的旗帜下【著者】弗朗索凡·皮佑著;惠(陈汝惠别名)译【刊名】国际问题译丛【年份】1958,(2).-7

381.【题名】中非联邦【著者】休果·拉思博恩著;惠(陈汝惠别名)译【刊名】国际问题译丛【年份】1958,(5).-34

382.【题名】马达加斯加人民争取独立的斗争【著者】皮埃尔·布瓦托著;惠(陈汝惠别名)译【刊名】国际问题译丛【年份】1958,(5).-42

383.【题名】社会主义国家的历史作用和修正主义者的谰言【著者】亚历山德·罗夫著;惠(陈汝惠的别名)译【刊名】国际问题译丛【年份】1958,(6).-34

384.【题名】怎么指导中学生课外阅读【出处】收录于福建人民出版社编辑的《勤工俭学经验选编》一书中【年份】1959

385.【题名】在儿童文学阵地上实践革命的现实主义和革命的浪漫主义【出处】厦门大学学报(社会科学版)【年份】1959,(1).-55

386.【题名】学习苏共二十一次代表大会有关发展教育、科学问题的一些体会【出处】新厦大【年份】1959年2月23日

387.【题名】仁至义尽和任重道远【出处】新厦大【年份】1959年5月22日

388.【题名】铁托过生日(剧本)【出处】新厦大【年份】1959(1)

389.【题名】教师主导作用的客观性和局限性【出处】新厦大【年份】1959年6月27日

390.【题名】笔谈:教学与科学研究能不能大跃进?能不能搞群众运动?【著者】王增炳、林坚冰、陈汝惠、刘贤彬、杨仁敬、陈辰嘉、林鹏【出处】论坛【年份】1959(6)

391.【题名】歌唱人民的世纪【出处】新厦大【年份】1959年9月30日

392.【题名】教学的特殊性和教学的大跃进【出处】论坛(厦大)

【年份】1959（6）

393.【题名】陶行知的儿童诗【出处】儿童文学研究【年份】1960年第1辑。该文后被收录于北京师范大学中文系儿童文学教研组编写的《儿童文学教学研究资料（三）（内部参考）》，1979年版

394.【题名】教育科学为四化服务和教育科学研究现代化问题——本刊编辑部座谈会纪录（摘要）【出处】教育研究【年份】1979（2）【备注】其中有陈汝惠发言摘要

395.【题名】日寇侵犯北津港【书名】阳江文史【年份】1985（3）

三、编辑期刊

1.【期刊】《正言报》教育版【编辑】陈汝惠是该版的编辑和主笔【年代】1946～1949年。【备注】陈汝惠在"小言"专栏上发表大师的反内战、反饥饿、反迫害的时事随笔、杂文

2.【期刊】《启示》【主编】陈汝惠【年代】1946～1949年。【备注】上海金屋书店发行，国图有缩微胶卷备查

附 录

陈汝惠研究论文编目（部分）

周建昌

由于研究陈汝惠的文章仅仅是初步开始，有关资料大都散见于研究与陈汝惠有关的论文和报道中。有部分资料仅仅是与陈汝惠有关的报道或收录陈汝惠文章的索引，仅供研究者参考。注录格式：作者. 标题（论文和图书）．[J]．（杂志）／[N]．（报纸）／[M]．（图书），发表年月日，（期号）．

1. 校闻：读书运动演讲竞赛，第二陈汝惠．[J]．大夏周报．1935，11（24）．-676．

2. 校闻：第二陈汝惠．[J]．大夏周报．1936，12（18）．-456．

3. 校友消息（四）：陈汝惠．[J]．大夏周报，1947，23（5）．-9．

4. 本刊编辑部．一九五九年全国各高等院校学报文学论文综述．[J]．文学评论，1960，(1)．

5. 艾材．我校首次举行人才问题座谈讨论会．[J]．厦门大学学报（自然科学版），1980，(2)．

6. 福建省教育学会成立．[J]．中国教育学刊，1981，(1)．

7. 王观泉．不要林冠陈戴．[J]．鲁迅研究月刊，1985，(6)．

8. 袁义勤．四十年代后期上海报纸一瞥．[J]．新闻与传播研究，1987，(2)．

9. 钦鸿．《申报·自由谈》作者笔名辑录．[J]．绥化学院学报，1988，(2)．

10. 方卫平．理论的迷误与理论的建设——中国当代儿童文学研究的历史描述. [J]. 浙江师范大学学报（社会科学版），1989，(3).

11. 蒋风. 回顾：为了更快的前进——建国以来我国儿童文学研究发展之轨迹. [J]. 浙江社会科学，1990，(6).

12. 吴向北. 被遗忘的上海文艺作家协会（上）. [J]. 新文学史料，1997，(3).

13. 李荣合. 鸳鸯蝴蝶派小说与四十年代解放区通俗小说比较论. [J]. 孝感学院学报，1997，(4).

14. 顾育豹. 陈佐洱、陈佐湟兄弟. [J]. 世纪行，1997，(9).

15. 马重奇. 福建语言文字研究概述. [J]. 福建论坛（文史哲版），1998，(2).

16. 1949 年上海电影公司及话剧社调查. [J]. 档案与史学，1999，(5).

17. 孙立川（港）. 教泽长存文光不减——怀念陈汝惠教授. [N]. 泉州晚报海外版·华夏风情，2001-6-5.

18. 钱今昔. 腊梅寒香忆另境——怀念与另境三十四年间的深挚友情. [J]. 新文学史料，2002，(3).

19. 苗怀明. 青史凭谁定是非从学术史角度对 1954 年批判俞平伯运动的重新考察. [J]. 明清小说研究，2004，(1).

20. 严家炎. 救亡与启蒙的二重奏——对抗战文学的一点认识. [J]. 河北学刊，2005，(5).

21. 徐中玉，贾植芳，罗洪，丁景唐，沈寂. 抗战·文学·记忆——上海老作家回忆抗战生活. [J]. 上海文学，2005，(8).

22. 孙立川（港），陆文虎. 祭陈汝惠文. [N]（香港）大公报. 2005-11-13. 文学副刊第 746 期.

23. 王鹏飞. "孤岛"时期文学期刊研究. [D]. 华东师范大学博硕士论文，2006.

24. 吴文俊. 高等教育制度功能的经济学分析. [D]. 华东师范大学博硕士论文，2006.

25. 徐鲁. 默默无声的点灯人——纪念儿童文学家陈伯吹诞辰 100 周

年. [J]. 少年文艺（上海），2006，(3).

26. 朱鹭琦，王莹，泓莹，陈照寰，吴静吟. 反映本土生活培养地方人才——陈照寰、吴静吟访谈. [J]. 厦门文学，2006，(Z1).

27. 徐鲁. 远去的长春——纪念儿童文学家、教育家和编辑家陈伯吹诞辰100周年. [J]. 出版广角，2006，(6).

28. 郭建玲. 1945~1949年中国现代文学格局转型研究. [D]. 华东师范大学博硕士论文，2007.

29. 卢润祥. 怀念陈汝惠先生. [J]. 厦门大学上海校友通讯，2006，(3).

30. 应锦襄. 有一页尘封的历史. [J]. 厦门文学，2007，(1).

31. 沈寂. 爱国作家陈汝惠. [J]. 厦门文学，2007，(1).

32. 钱今昔. 化作春泥忆汝惠. [J]. 厦门文学，2007，(1).

33. 李荷珍. 陈汝惠年谱简编. [J]. 厦门文学，2007，(1).

34. 王羽. "一种借尸还魂的东西"——四十年代海派"故事新编"小说对鲁迅《故事新编》的继承. [J]. 鲁迅研究月刊，2007，(4).

35. 方成智. 建国初期中小学教科书的变革. [J]. 湖南师范大学教育科学学报，2007，(5).

36. 王翼奇. 《绿痕庐吟稿》选登. [J]. 炎黄纵横，2007，(5).

37. 沈寂. 爱国作家陈汝惠. [J]. 厦门文学，2007，(1).

38. 王雪. 民国时期服饰简论. [D]. 吉林大学博硕士论文，2008.

39. 韩伟伟. 《茶话》（19461949）研究 [D]. 华东师范大学博硕士论文，2008.

40. 李均. 中国高等教育科学研究的先锋——厦门大学高等教育科学研究室的创建及其历史意义. [J]. 大学教育科学，2008，(4).

41. 孙立川. 师恩重如五老峰——怀念高校教育学家陈汝惠教授. [J]. 炎黄纵横，2008，(8).

42. 林其泉. 陈汝惠与我国第一部《高等学校教育学讲义》. [J]. 炎黄纵横，2008，(8).

43. 追忆爱国作家陈汝惠. [N]. 厦门日报，2008-10-23.

44. 厦门卫视. 我们的父亲. 厦门卫视, 2008-10-25.

45. 厦门卫视. 厦门大学举行研讨会, 纪念爱国作家、教育家陈汝惠. 厦门卫视, 2008-10-25.

46. 李静. 我校举行研讨会, 追忆爱国作家、教育家陈汝惠. 厦门大学有线电视台, 2008-10-25.

47. 中新社, 陈悦, 杨伏山. 陈佐洱厦门深情忆父亲: 慈父、导师和挚友. [N]. 中新社, 2008-10-25.

48. 福建新闻网. 纪念陈汝惠教授逝世十周年——厦大举办学术研讨会. 福建新闻网, 2008-10-25.

49. 陈慧瑛. 悲怆十年祭——缅怀厦门大学教授、恩师陈汝惠. [J]. 炎黄纵横, 2008, (11).

50. 方友德. 陈佐洱、陈佐湟为厦大学子举办报告会受热烈欢迎. [J]. 炎黄纵横, 2008, (11).

51. 方友德. 陈汝惠教授创作及学术研究研讨会在厦大举行. [J]. 炎黄纵横, 2008, (11).

52. 李正心. 教育科研的先驱者——陈汝惠. [N]. 光明日报, 2008-12-8.

53. 陈汝惠文学创作年谱简编. [N]. 厦门日报, 2008-10-26.

54. 文坛大腕忆陈汝惠. [N]. 厦门日报, 2008-10-26.

55. 黄静芬（记者）, 应锦襄. 陈汝惠思路广阔, 笔涉四面八方. [N]. 厦门日报, 2008-10-26.

56. 应锦襄. 生前身后的思念. [N]. 厦门日报, 2008-10-26.

57. 陈汝惠. 捕珠手（节选）. [N]. 厦门日报, 2008-10-26.

58. 龚小莞. "失踪"六十年的作家——厦门大学纪念爱国作家、教育家陈汝惠. [N]. 厦门晚报, 2008-10-24.

59. 林舒婕, 傅敏. 大话八闽: 陈汝惠三子皆成大才——一代宗师门出四杰. [N]. 香港《文汇报》, 2008-10-29.

60. 编辑部: 关于《高等学校教育学讲义》主编之争议. [J]. 炎黄纵横, 2009, (8).

61. 朱崇实. 这样的知识分子形象是厦大的骄傲——在陈汝惠教授创作及学术研究研讨会上的讲话. [M]. 陈汝惠（现代作家、高等教育家）. 中共党史出版社 2009，4（290-291）.

62. 朱晓明. 爱国作家教育家陈汝惠先生从事抗日和革命活动，迎接上海解放及从事文学创作教学研究的初考试. [M]. 陈汝惠（现代作家、高等教育家）. 中共党史出版社 2009，4（292-298）.

63. 李正心. 以科学的理论指导教育科研的先驱者——纪念陈汝惠先生. [M]. 陈汝惠（现代作家、高等教育家）. 中共党史出版社 2009，4（299-308）.

64. 沈寂. 爱国作家陈汝惠. [M]. 陈汝惠（现代作家、高等教育家）. 中共党史出版社 2009，4（309-315）.

65. 李无未. 陈汝惠教授炽热的爱国热情和学术研究上的创新精神. [M]. 陈汝惠（现代作家、高等教育家）. 中共党史出版社 2009，4（316-318）.

66. 陈梦熊. 陈汝惠先生新中国成立前在上海的文学创作活动. [M]. 陈汝惠（现代作家、高等教育家）. 中共党史出版社 2009，4（329-334）.

67. 钱今昔. 化作春泥忆陈汝惠. [M]. 陈汝惠（现代作家、高等教育家）. 中共党史出版社 2009，4（335-339）.

68. 金石欣. 怀念陈汝惠老师. [M]. 陈汝惠（现代作家、高等教育家）. 中共党史出版社 2009，4（340-342）.

69. 孙立川. 师恩重如五老峰——忆陈汝惠教授二三事. [M]. 陈汝惠（现代作家、高等教育家）. 中共党史出版社 2009，4（343-346）.

70. 陈慧瑛. 悲怆十年祭——纪念厦门大学教授陈汝惠. [M]. 陈汝惠（现代作家、高等教育家）. 中共党史出版社 2009，4（347-354）.

71. 苏永延. 烈火，在地下奔突. [M]. 陈汝惠（现代作家、高等教育家）. 中共党史出版社 2009，4（355-365）.

72. 罗耀九. 怀念陈汝惠教授. [M]. 陈汝惠（现代作家、高等教育家）. 中共党史出版社 2009，4（366）.

73. 周勇胜. 怀念大学时代陈汝惠老师. [M]. 陈汝惠（现代作家、高等教育家）. 中共党史出版社 2009，4（367-371）.

74. 朱立文. 默默为厦门大学耕耘的园丁陈汝惠. [M]. 陈汝惠（现代作家、高等教育家）. 中共党史出版社 2009，4（372-377）.

75. 刘再复. 缅怀和怜惜——纪念陈汝惠老师逝世十周年. [M]. 陈汝惠（现代作家、高等教育家）. 中共党史出版社 2009，4（378-379）.

76. 苏永卫. 斯人已逝，慈颜永驻——纪念陈汝惠先生. [M]. 陈汝惠（现代作家、高等教育家）. 中共党史出版社 2009，4（380-381）.

77. 陈佐沂. 回忆我的父亲陈汝惠. [M]. 陈汝惠（现代作家、高等教育家）. 中共党史出版社 2009，4（382-386）.

78. 陈晴. 再见爷爷. [M]. 陈汝惠（现代作家、高等教育家）. 中共党史出版社 2009，4（387-389）. 又见陈晴. 蝴蝶飞. [M] 百花文艺出版社 2001.

79. 刘再复. 怀念与惋惜——纪念陈汝惠老师逝世十周年. [N]. 香港《明报》，2008-10-26.

80. 陈佳洱. 小叔父. [N]. 上海《文汇报》，2009-4-5.

81. 苏永延. 水底鱼龙欲奋扬——陈汝惠小说创作的异彩. [N].《文艺报》，2009-4-28.

82. 中共上海市宝山区党史研究室、上海市宝山区档案局. [M]. 陈汝惠（现代作家、高等教育家）. 中共党史出版社 2009，4.

83. 蔡如鹏. 高等教育学《讲义》风波. [J]. 中国新闻周刊，2009（35）.

84. 范威，李顺义，杨尚. 从文本看《高等学校教育学讲义》"前言"的作者是陈汝惠. [J]. 东岳论丛，2009（12）-142.

（截至 2009 年）